中国式现代化的企业力量

蓝迪平台企业发展报告

2022

THE POWER OF ENTERPRISES ON THE CHINESE PATH TO MODERNIZATION
DEVELOPMENT REPORT OF RDI PLATFORM ENTERPRISES 2022

主　编　赵白鸽　黄奇帆
副主编　陈　璐　姚玉芹　马　融

中国经济出版社
CHINA ECONOMIC PUBLISHING HOUSE

·北京·

图书在版编目（CIP）数据

中国式现代化的企业力量：蓝迪平台企业发展报告 2022 / 赵白鸽，黄奇帆主编 . --北京：中国经济出版社，2023.12

ISBN 978-7-5136-7617-5

Ⅰ．①中… Ⅱ．①赵… ②黄… Ⅲ．①网络公司-企业发展-研究报告-中国-2022 Ⅳ．①F492.6

中国国家版本馆 CIP 数据核字（2023）第 235479 号

责任编辑　姜　莉　李玄璇
责任印制　马小宾

出版发行	中国经济出版社
印　刷　者	北京富泰印刷有限责任公司
经　销　者	各地新华书店
开　　　本	710mm×1000mm　1/16
印　　　张	22
字　　　数	302 千字
版　　　次	2023 年 12 月第 1 版
印　　　次	2023 年 12 月第 1 次
定　　　价	99.00 元

广告经营许可证　京西工商广字第 8179 号

中国经济出版社　网址 www.economyph.com　社址 北京市东城区安定门外大街 58 号　邮编 100011
本版图书如存在印装质量问题，请与本社销售中心联系调换（联系电话：010-57512564）

版权所有　盗版必究（举报电话：010-57512600）
国家版权局反盗版举报中心（举报电话：12390）　　服务热线：010-57512564

编 委 会

主　　编　赵白鸽　黄奇帆

副 主 编　陈　璐　姚玉芹　马　融

编　　委　温诗琳　杨林林　尚李军

　　　　　李新蕊　过国锐

序 言

当今世界百年变局叠加世纪疫情，世界加速进入动荡变革期。2022年，无论是国际还是国内形势，都存在诸多不稳定性和不确定性因素，人类发展面临严峻挑战，人类社会现代化进程又一次来到历史的十字路口。

面对世界经济的艰难复苏，区域发展差距的不断扩大，生态环境的持续恶化，中国力挽狂澜，坚定站在历史正确的一边、站在人类文明进步的一边，铿锵有力地向世界贡献了中国智慧，提出中国方案——以中国式现代化全面推进中华民族伟大复兴。中国方案为世界注入的稳定性和正能量，是对充满不确定性和不稳定性世界的方向引领，是为破解全球发展难题提出的新思路、新支撑，是为世界发展贡献的中国力量。

今天的中国，是紧密联系世界的中国。中国对世界的影响，从未像今天这样全面、深刻、长远。以担当贡献力量，以智慧凝聚共识。

我们将积极推动构建人类命运共同体的伟大观念，始终坚信并秉持命运与共不是一种憧憬，而是人类共同美好生活的中国，在推动建设开放型世界经济和构建人类命运共同体方面只会加速，不会放慢脚步。携手合作是中国在推动构建人类命运共同体征程上的选择，持之以恒是中国对世界的承诺。因此，中国在实现自身发展的同时，会更加注重加强与国际社会的协调合作，以中国的新发展为世界提供新机遇，扩大利益汇合点，画出最大同心圆。共同把全球市场的蛋糕做大、把全球共享的机制做实、把全球合作的方式做活，共同努力推动后疫情时代全球经济的复苏和接续发展。

我们将自身发展置于国际体系变迁大势之中，清楚地认识中国的历史地位和在世界格局中所发挥的作用。把中国人民利益同各国人民共同利益结合起来，在紧密联系世界中发展自身，又以自身发展促进世界繁荣稳定。在统筹国内国际两个大局的基础上，在错综复杂的形势下和瞬息万变的国际环境中，稳中求进。通过深化改革、扩大开放和激励创新，最大限度把中国这个最大规模单一市场的活力激发出来，因为中国这个超大规模单一市场，是稳定全球产业链、供应链的关键力量。中国需要建立更具韧性与竞争力的产业链体系，打造全球要素资源的强大引力场，以自身高质量发展的确定性，来应对一切未来和外部的不确定性。

我们将认真学习党的二十大提出的中国式现代化理论，并大胆实践。作为世界上最大的发展中国家，中国自身的持续稳定发展就是对世界和平与发展的最大贡献。2008年以来，中国是世界经济增长中的最大增量，2013—2021年，中国对世界经济增长的平均贡献率为38.6%。过去三年，中国经济年均增长4.5%，高于世界1.8%左右的平均水平，在世界主要经济体中保持领先，成为世界经济增长的主要稳定器和动力源。作为全球贸易复苏的重要贡献者，中国的发展离不开世界，世界的繁荣也需要中国。在新冠疫情席卷全球、能源危机与俄乌冲突之际，国际舆论对中国持续释放动能、对中国推动全球经济稳步复苏和增长充满期待，国际社会期待听到中国声音，希望看到中国方案。因此，中国式现代化新道路的探索实践不仅具有民族性，而且具有世界性；不仅是中国的，更是世界的。

作为国家新型智库，蓝迪国际智库在服务模式方面，进行了深入的探索与创新，形成了以"政企两手抓、双促进""打通'双循环'关键堵点""挖掘—培育—促进"为主要特征的服务模式，并以高层咨询会、研究报告、企业服务为核心内容，打造一流应用型智库品牌。

转眼间，2022年已成为历史。但世界在新的坐标系下裂变的一幕幕，依然记忆深刻，党的二十大明确方向、中国式现代化提速、G20峰会求同存异等历史画卷历历在目。

2023年，是全面贯彻落实党的二十大精神的开局之年，是实施"十四五"规划承上启下的关键之年，也是中国"一带一路"倡议发出的十周年。开局关乎全局，起步决定后程。

我们相信，中国经济复苏的基础会进一步夯实，中国经济这艘巨轮在百年未有之大变局中会穿越惊涛骇浪，驶向更加繁荣的未来。伟大的中华民族也定将不负使命，继续创造新的辉煌！

十二届全国人大财经委员会副主任委员
重 庆 市 原 市 长　　黄奇帆
蓝迪国际智库专家委员会联合主席

2023 年 5 月

目 录

第一部分 全球经贸及中国发展态势分析 …………………………… /1
第一章 坚持中国式现代化的正确方向 ………………………………… /2
 一、新发展格局下的中国，应如何促进国民经济高质量发展 …… /3
 二、百年变局看全球政经格局嬗变，沉着应对确保稳中求进
  谋发展 ……………………………………………………………… /18
 三、应对全球性挑战，加强国际合作势在必行 ………………… /28
 四、提升金融服务实体经济的能力和水平 ……………………… /34
 五、抓住 RCEP 机遇，在服务大局、把握大势中推进更高水平
  开放 ……………………………………………………………… /42
第二章 发掘全球一体化经贸机遇 ……………………………………… /48
 一、法国：高扬合作的风帆，中法友谊乘风破浪、历久弥坚 … /49
 二、埃及："一带一路"正成为中阿关系发展的"新引擎" … /57
 三、德国：中德合作共创美好未来 ……………………………… /64
 四、日本：战胜价值观分歧，推进双边经贸合作 ……………… /69
 五、韩国：一衣带水友好邻邦 …………………………………… /74
 六、巴基斯坦：巩固中巴友谊，促进民心相通 ………………… /78
 七、中国香港："一国两制"下，需发挥所长，服务国家所需
  ………………………………………………………………… /83

八、中国澳门：开创具有澳门特色的"一国两制"实践新局面 …………………………………………………………… /90

第三章 深耕细分产业链，创造与挖掘产业价值 ………… /97
　一、数字经济产业：元宇宙是硬核技术的战场，将推动科技革命进入新阶段 …………………………………… /98
　二、电子信息产业：新一轮科技革命的领军者 ………… /103
　三、可持续发展产业：全力打造实现碳中和目标的技术支撑体系 ……………………………………………… /109
　四、先进制造产业：全球科技创新主阵地 ……………… /116
　五、医药大健康产业：助力实现健康中国战略目标 …… /124
　六、文旅产业：开放加速文旅产业发展 ………………… /134
　七、媒体产业：展示真实、立体、全面的中国 ………… /139
　八、教育产业：大力发展适应新技术和产业变革需要的职业教育 ……………………………………………… /148

第二部分 蓝迪平台整合优势资源，赋能经济发展的模式 …… /155
第四章 打造中国特色的新型应用型智库 ………………… /156
　一、政企两手抓、双促进，切实解决产业痛点 ………… /158
　二、打通"双循环"关键堵点，国内外资源网络精准对接 …… /160
　三、"挖掘—培育—推介"为潜力企业插上梦的翅膀 …… /161
　四、形成"应用型"成熟服务范式，加强平台型智库品牌建设 ………………………………………………… /167

第三部分 蓝迪关注的重点行业与企业 …………………… /189
第五章 重点关注行业 ……………………………………… /190
　一、医药大健康 …………………………………………… /193

二、新能源及可持续发展 …………………………………………… /207

三、消费科技 …………………………………………………………… /217

四、智能制造 …………………………………………………………… /227

第六章 重点关注企业 …………………………………………………… /235

一、基石企业 …………………………………………………………… /236

（一）中国电子科技集团有限公司 ………………………………… /236

（二）海尔集团 ……………………………………………………… /240

（三）浪潮集团有限公司 …………………………………………… /242

（四）晶科能源股份有限公司 ……………………………………… /244

（五）远景能源科技有限公司 ……………………………………… /247

（六）特变电工股份有限公司 ……………………………………… /249

（七）新奥能源控股有限公司 ……………………………………… /251

（八）泰豪科技股份有限公司 ……………………………………… /253

（九）远东控股集团有限公司 ……………………………………… /255

（十）养生堂有限公司 ……………………………………………… /257

二、"专精特新"企业 ………………………………………………… /260

（一）广联达科技股份有限公司 …………………………………… /260

（二）安世亚太科技股份有限公司 ………………………………… /263

（三）上海天数智芯半导体有限公司 ……………………………… /265

（四）武汉兰丁智能医学股份有限公司 …………………………… /267

（五）布瑞克（苏州）农业互联网股份有限公司 ………………… /269

（六）山东天壮环保科技有限公司 ………………………………… /272

（七）盈创建筑科技（上海）有限公司 …………………………… /273

（八）广东合一新材料研究院有限公司 …………………………… /275

（九）柒贰零（北京）健康科技有限公司 ………………………… /277

（十）特来电新能源股份有限公司 ………………………………… /278

三、创新企业 …………………………………………………… /280
 （一）浙江强脑科技有限公司 ………………………………… /280
 （二）鉴真防务技术（上海）有限公司 ……………………… /282
 （三）深圳行云创新科技有限公司 …………………………… /284
 （四）上海泷洋船舶科技有限公司 …………………………… /286
 （五）飞诺门阵（北京）科技有限公司 ……………………… /287
 （六）北京上奇数字科技有限公司 …………………………… /290
 （七）珠海镓未来科技有限公司 ……………………………… /292
 （八）珠海一微半导体股份有限公司 ………………………… /293
 （九）广州极飞科技股份有限公司 …………………………… /294
 （十）北京蓝晶微生物科技有限公司 ………………………… /296

第四部分　蓝迪国际智库重点合作省市 …………………………… /299
第七章　重点合作省市 ……………………………………………… /300
一、珠海：横琴粤澳深度合作，助推产业多元发展 ………………………………………………………… /301
二、青岛："智造"新动能开放不停步 …………………… /307
三、苏州：工业强市创新不止 ……………………………… /315
四、宁波：加速锻造科创"强引擎" ……………………… /323
五、青海："零碳产业园"首落青藏高原 ………………… /330
展　望 …………………………………………………………… /335

第一部分

全球经贸及中国发展态势分析

第一章　坚持中国式现代化的正确方向

国家经济实力是国家的核心竞争力，经济水平在很大程度上影响一个国家的国际地位，经济发展与经济关联也是世界格局变化的基础。对于全球经济而言，2022年是动荡不安的一年，全世界的高通胀、高债务、高杠杆和俄乌冲突引发的能源、粮食、难民危机，新冠疫情引发的公共卫生危机，以及产业链、供应链断链导致的产业危机等多重叠加，使世界经济面临着空前的压力，呈现严重的衰退趋势，经济全球化处于历史十字路口。

作为世界第二大经济体的中国，在世界经济极大不确定、不清晰、不稳定的2022年，面临较多的内外部冲击，顶住压力持续发展，实现3%的增速，充分反映出我国经济的韧性、潜能和活力。中国经济能够在风高浪急的国际环境中稳重前行，主要是把握住了世界经济和中国经济发展的大方向和大趋势，坚持以中国式现代化全面推进中华民族伟大复兴，坚持稳中求进的工作总基调，全面贯彻新发展理念与构建新发展格局，统筹好疫情防控和经济社会发展，克服经济运行中的重重困难和挑战，保持坚定的战略定力和战略耐力而取得的成果。而中国经济的发展，也必将为推动世界经济发展增添新的动能。因为一个开放、自信、稳定的中国市场，将为世界经济复苏和发展注入更多动力。中国式现代化的新成就也将为世界发展提供新机遇，为人类对现代化道路的探索提供新助力，为人类社会现代化理论和实践创新作出新贡献。

回顾2022年，在中国经济逐渐成为推动世界经济增长最大引擎的过程中，蓝迪国际智库的专家们审时度势、贡献智慧，积极建言献策并提供解决方案。将命运与共视为人类共享美好生活的基石，在推动构建人类命运共同体稳健发展的道路上不懈努力。着眼未来，中国将持续加大对外开放力度，以海纳百川的广阔胸襟，与世界相交，与时代相通，在开放中创造机遇，在合作中破解难题。在坚持以中国式现代化全面推进中华民族伟大复兴、实现自身高质量发展的同时，为全球发展贡献中国力量。通过加强与国际社会的协调合作，共同把全球市场的蛋糕做大、把全球共享的机制做实、把全球合作的方式做活，共同努力推动后疫情时代全球经济的复苏和可持续发展。

一、新发展格局下的中国，应如何促进国民经济高质量发展

黄奇帆[①]

当前，我们正处于"两个一百年"的交汇点，处于全面小康后成为现代化大国、现代化强国的新阶段，是我们向百年强国发展目标迈进的关键阶段。2022年，国内外形势仍存在很多不稳定性、不确定性因素，形势更趋复杂严峻。从外部形势看，全球通胀、供应链短缺、国际局势等问题短期内难以完全解决，经济复苏和增长仍面临不确定性的挑战。从内部形势看，我国经济发展面临需求收缩、供给冲击、预期转弱等压力。站在百年未有之大变局的历史关口，在新冠疫情深刻冲击世界经济的大背景下，特别是在一些国家不负责任地"甩锅""脱钩"的背景下，要通过深化改革、扩大开放和激励创新，最大限度把中国这个最大规模单一市场的活力激发出来，进而打造全球要素资源的强大引力场，以自身高质量发展的确定性应对一切未来和外部的不确定性，未来十五年，构建以内循环为主体、国内国际双循环相互促进的新发展格局是新阶段中国经济发展的必然要求。我们需要始终把握世界经济和中国经济发展的大方向和大趋势，保持我们的战略定力和战略耐力，坚持以中国式现代化全面推进中华民族伟大复兴，为全球发展贡献中国式力量。如此，才能促进国民经济高质量发展，推动实现国民经济再上新台阶。

[①] 黄奇帆，十二届全国人大财经委员会副主任委员，重庆市原市长，蓝迪国际智库专家委员会联合主席。

（一）中国经济发展面临的六大挑战

受新冠疫情、俄乌冲突、主要发达国家通胀高企等多重因素影响，世界经济复苏增长严重受挫，全球性、系统性的经济和金融风险持续累积。而当前我国经济也面临需求收缩、供给冲击和预期转弱三重压力。在这样的大背景下，当前和今后我国至少面临以下六个方面的挑战：

一是外部环境不确定性加大。当前，新冠疫情深度冲击世界经济，主要发达国家货币超发，大宗商品价格大幅波动，全球性通货膨胀渐行渐近。国际经贸秩序深度调整，反全球化逆流时有回潮，确保产业链供应链稳定面临更多挑战。"灰犀牛""黑天鹅"层出不穷，对我国宏观经济稳定造成压力。

二是我国全要素生产率偏低。2008年以来，我国的全要素生产率的增速趋于下降。2019年，我国全要素生产率的增速在1.25%左右，全要素生产率水平是美国的40%、德国的43%、日本的63%。到2035年我国基本实现现代化时要达到美国60%的水平，也就是我国全要素生产率增速必须达到2.7%。如果未来十五年我国GDP增速达到5%左右，2.7%就意味着它对GDP增长的贡献率要达到54%，做到这个很难。[①]

三是资源环境约束偏紧。我国在成为制造业第一大国、货物贸易第一大国的同时，也成为资源能源消耗大国，石油、天然气、铁矿石等重要资源进口依赖度过高。长期以来形成的大进大出、粗放发展的经济模式在日益偏紧的资源环境约束面前难以为继，迫切需要向绿色发展、低碳发展转型。特别是我们宣布了"3060"目标（"双碳"目标），要实现它们需要付出艰辛的努力。

四是科技和产业革命日新月异。以数字产业化和产业数字化为核心内容的数字经济，以细胞免疫、基因编辑、合成生物学等技术突破和应用为代表的生物经济，以零碳、低碳技术开发和推广等为代表的绿色经济正在

---

① https://www.iii.tsinghua.edu.cn/info/1131/3612.htm.

重构产业链、供应链、价值链和创新链。加上不断拓展的深海、深空探测、脑机协同、人机互动、虚拟现实和增强现实等，未来产业在不断更新迭代。如何把握机会，参与甚至是引领这些科技革命，是中国作为全球重要经济体应当承担的重要使命。

五是社会层面包容发展任务繁重。比如，人口老龄化趋势日益凸显。根据第七次全国人口普查的结果，2020年，我国60岁及以上人口为2.64亿人，占总人口的18.70%，比第六次全国人口普查上升了5.44个百分点。预计到2035年前后，我国将进入重度老龄化社会。又如，我们虽然解决了绝对贫困问题，但还存在大量人群的相对贫困问题，而且解决相对贫困问题要比解决绝对贫困问题更加复杂、困难，在教育、医疗、卫生、文化等领域仍然存在不少短板，推进实现共同富裕任重而道远。

六是中美"脱钩"。近年来，美国先后对我国发动贸易战、科技战，意图对我国极限施压，全面遏制，"脱钩"或以"脱钩"相威胁已成为美国对华政策工具箱内重要的战略威慑和战术打击工具。不论是从近期政策动向上看，还是从长期战略上看，今后一个时期，美国朝野两党、参众两院都会采取对华强硬政策，把中国作为主要长远对手长期遏制打压。总体来看，围绕"脱钩"与"反脱钩"的斗争，将是在新的历史条件下，中美关系中长期存在的根本性问题。近年来，美国政府和政客反复炒作的"脱钩"措施大体上包含贸易脱钩、投资脱钩、科技脱钩、教育脱钩、互联网脱钩、资本市场脱钩、金融市场脱钩、SWIFT网络脱钩、外汇市场脱钩、国际规则脱钩十个方面。同时可以分为三部分：第一，高风险脱钩事项。美国可能在科技、互联网和国际清算网络这三个方面对华进行"剧烈脱钩"。第二，中风险脱钩事项。美国可能在贸易、投资、资本市场和教育人文交流这四个方面对华进行"半脱钩"。第三，低风险脱钩事项。美国可能在金融机构、外汇市场、国际经贸规则和体系这三个方面与我国只发生"轻度脱钩"。

（二）应对复杂多变的国际形势，我们要时刻保持清醒

在今后一个相当长的历史时期中，中美"竞合"关系中竞争的一面将更加突出，各种形式的"脱钩"将成为新常态。但"脱钩"不一定意味着中美关系全面破裂，而是在新的历史条件下必然发生中美利益格局的重组与重构。这个世界在变，是百年未有之大变局，但是不管怎么变，不管美国的政客怎么换，不管它的脱钩政策推进到哪一步，不管逆全球化的措施怎么推进，都有五个不会变的规律：

一是全球化大趋势不会变，但一枝独大的全球化特征会演变为多极化。全球化是人类发展过程中的一个必然趋势，不是那些政客逆全球化，就能让全球碎片化，特别现在是信息社会，网络把整个世界联结在一起，所以全球化趋势不会变。但全球化格局中有一个趋势会变，就是过去四十年由美国一个超级大国统领的全球化、一枝独大的全球化，会逐渐演变为二三十年以后，也许美国是一极，欧盟是一极，中国也会是一极，俄罗斯、日本、英国这几个国家也将成为比较重要的一极，也就是多极化的全球化。

二是亚洲经济日益成为世界经济的"重心"这个趋势不会变。七十年前，亚洲在世界经济中的比重只有10%。到了20世纪80年代，亚洲经济占世界经济的17%。过了四十年，现在亚洲经济占世界经济的37%。亚洲经济占世界经济的比重一定会呈现继续提高趋势，再过三十年将占世界经济总量的50%。如果亚洲占50%，其他所有洲加起来占50%，这个格局就由二战后美国GDP占世界50%的状况反过来了。亚洲占50%，中国在其中可能占30%。说世界中心向亚洲转移，过去五十年就在不断地转，未来三十年还是会继续这么转。

三是第四次工业革命引领世界经济走出困境，这个趋势不会变。全世界已经经历了三次工业革命，现在正在发生第四次工业革命。每次工业革命，不管是机械化——蒸汽机的革命，电气化——内燃机的革命，还是信息化——信息高速公路计算机的革命，都使原有的、沉没的经济翻身，上新台阶。现在的人工智能、"大数据"、云计算——数字化综合平台智能化

的革命，就是第四次工业革命。最有意义的事情是第四次工业革命，中国人不仅参与，还能有一定引领作用，但不是唯一的引领者，美国、欧洲、日本也都是引领者，我们处在引领者的队伍里。

四是中国改革开放的趋势不会变。我们以内循环为主，但内循环下的开放格局不会变。

五是中国对世界经济增长贡献的份额不会变。过去三四十年，中国每年的经济增长占世界总增长的30%。今后几十年，哪怕中国经济增长放慢了，哪怕每年增长4%、5%，但我们GDP的基数大，从原来10万亿元、20万亿元增长到现在100万亿元，照样占世界增长总份额的30%。这个份额不会变。从这个意义上讲，中国跟世界一起建设人类命运共同体的功能，所发挥的作用会彰显出来。

最后用一句话总结，美国越是采取中美"脱钩"政策，甚至拉拢它的盟国孤立中国，中国越要开放、越要融入世界。

（三）新发展格局下，中国经济运行的新特点

站在百年未有之大变局的历史关口，构建完整的内需体系，逐步形成以国内大循环为主体、国内国际双循环互相促进的新发展格局，是我们谋划中国经济下一程的重点内容。党的十九届五中全会对"加快构建以国内大循环为主体、国内国际双循环相互促进的新发展格局"的大战略做了详细规划。这个新发展格局是我们今后长远的发展战略，以内循环为主体、国内国际双循环相互促进的新发展格局将会给国民经济带来什么样的基本特征呢？这个战略新路径会给国民经济格局带来哪些重要变化呢？在以内循环为主体、国内国际双循环相互促进的新发展格局下我国经济运行将出现以下五个新特点：

一是我国经济发展未来将更多地依赖内需拉动。加入世界贸易组织后，我国外贸依存度最高在2006年时达到64%，这几年慢慢降下来，2019年为32%。未来，随着中等收入人数进一步增加，中国超大规模市场的优势将进一步凸显。过去靠国际市场高度消费的外循环来拉动中国经济的格局将

逐步转变为由我国自身超大规模市场的多层次、多样化消费牵引内循环、促进双循环的新格局，外贸依存度将逐步降到25%左右，经济运行将更加健康高效。在新发展格局下，中国的经济发展将不再以实现顺差为目标来一味扩大出口，而是以适度扩大进口、实现进出口平衡为目标。对世界来说，中国是全球最具潜力的大市场，未来十年累计商品进口额有望超过22万亿美元，服务进口总额将达5万亿美元，两者加起来超过27万亿美元。这么庞大的市场需求必将给世界经济带来直接而持久的拉动。

二是我国的工业体系将会更有韧性，更加安全，更有质量和效益。尽管我国现在的工业经济规模世界第一，但我国的工业体系在三十多年的外循环为主体的运行方式下，存在三个明显短板：第一，"两头在外"大进大出的加工业效益低；第二，低端低质量的产品占有较大比例，高端高质量的产品较少，关键技术和零部件被人"卡脖子"；第三，同质化竞争现象严重，低端产能严重过剩，产业内分工不深，对细分市场的开发严重不足。而以内循环为主体、国内国际双循环的运行模式将有效地解决这些问题，使产业链的含金量大幅提升，使供应链的安全性得到有效保障，使价值链的韧性得到全面增强。

三是经济的循环流通将以更高标准的市场体系为支撑。高标准市场体系包含两个方面的内容：一个是高标准的商品市场的体系，另一个是高标准的要素市场的体系。在外循环拉动下，经济增长较为粗放，靠的是劳动力和资本的大量投入，但由于重生产、轻消费，订单为王，重商主义，经济长期增长的内生动力不足。转向内循环为主，不仅意味着要进一步打通生产、交换、分配、消费各环节的梗阻，形成更加畅通的经济循环，还要以推进劳动力、资金、土地、技术和数据等要素市场化配置为着力点提升全要素生产率。简单来说，外循环拉动下拼的是要素的投入成本，内循环驱动下拼的是要素的配置效率，需要有深层次的供给侧结构性改革，需要建立更加完善的社会主义市场经济体制。

四是支持企业家创业创新的营商环境将更加公平稳定，可预期。持续的社会资本投资的积极性，是内循环下经济生生不息的基础性特征。企业家愿不愿意扩大再生产、愿不愿意从事创新性的冒险活动，与其对经济的预期、市场竞争是否公平、产权是否得到有效保护有关。在内循环下，提高社会资本投资积极性，最为关键的是要采取有力措施，构建市场化、法治化、国际化的营商环境，稳定民营企业家的信心，营造中国经济长期向好的预期。其核心在于落实好习近平总书记在民营企业座谈会上提出的六条举措：一要切实减轻企业税费负担；二要采取措施解决民营企业融资难融资贵的问题；三要营造公平的竞争环境，特别是鼓励民营企业参与国有企业改革；四要完善政策执行方式，将"加强产权保护"落到实处；五要构建亲清新型政商关系；① 六要保护企业家人身和财产安全。落实了这六条举措，海量的民间资本一定会在内循环为主体、国内国际双循环的新格局中充分地活跃起来。

五是就业、分配、住房和公共服务将更加均衡普惠持续健康。第一，将形成以就业带动就业的良性循环。第二，将进一步夯实共同富裕的制度基础。第三，将按"房住不炒"的定位推动房地产市场健康发展，防止内循环下脱实向虚，要矫正现在房地产一业独大、房价过高挤占居民消费的现象。第四，医疗、卫生、教育、文化等公共服务会更加均衡普惠。这既是我国社会主义性质决定的，也是内循环的内在要求，其背后是"人"。公共服务的均衡普惠，有利于"人"这个最重要的生产要素自由流动，自由创造。

（四）百年未有之大变局下，我们该如何应对挑战

我们需要改革、开放和创新。要通过深化改革、扩大开放和激励创新，最大限度把中国这个最大规模单一市场的活力激发出来，进而打造全球要素资源的强大引力场，以自身高质量发展的确定性应对一切未来和外部的

---

① https：//baike.baidu.com/item/%E2%80%9C%E4%BA%B2%E2%80%9D%E2%90%9C%E6%B8%85%E2%80%9D%E6%96%B0%E5%9E%8B%E6%94%BF%E5%95%86%E5%85%B3%E7%B3%BB/23151673?fr=ge_ala。

不确定性。要形成中国式现代化的市场体系、完整的产业体系和科技创新体系，加速创建沿海和内陆健康发展、和谐发展、良性发展的城市群，解决好乡村振兴、农村富裕、缩小城乡差别，构建以国内大循环为主体、国内国际双循环相互促进的新发展格局，走向更宽领域、更高层次的开放。

1. 坚定不移深化改革，需要疏通国内大循环的堵点

改革涉及多个方位，当下改革的重点就是建设统一大市场。这是进一步释放中国经济超大规模单一市场潜力、形成世界经济强大引力场的头等大事，需要我们以改革的思维、务实的措施消除经济系统中客观存在的体制性、机制性阻碍内循环的政策性梗阻，以新政策、新应用拓展市场新空间。从现实来看，当下有八个方面的体制性、基础性的问题，形成了国内市场大循环的堵点：

一是地区间过度竞争产生的负面效应。地区间的相互竞争、比拼经济增速和规模被认为是中国经济持续高速增长的内在动力之一。这是地区竞争带来的积极效应。但地区竞争也有负面效应，低水平重复建设、地方保护等阻碍了市场优胜劣汰功能的发挥。近年来，随着供给侧结构性改革的推进，这种现象有所减少，但仍然在一定范围内客观存在。

二是城乡二元架构导致市场分割。这表现在要素配置方面，劳动力在城乡的流动、区域间的流动仍有不少束缚，农村集体经营性建设用地入市机制还在探索。在商品服务方面，一些地方在农村流通的商品与在城市的同类商品看上去很像，但质量标准差得很远，甚至部分就是假冒品牌、伪劣商品。在交通物流、市场设施和公共服务等方面，城乡之间差距比较显著，制约着商品、要素的自由流动，反过来加剧了发展的不平衡。

三是部分领域行政配置资源的色彩仍然浓厚。比如在能源领域，油气进出口仍高度管制。中国是能源进口和消费大国，却在能源定价上缺乏话语权，这与我们的高度管制政策有关。又如在电力领域，2021年出现了大规模电荒，就是上网电价与煤炭价格不平衡配置造成的。国家为此推出了有序放开全部燃煤发电电量上网电价，电力市场化改革迈出了重要一步。

此外，还有一些领域存在不同程度的"玻璃门""弹簧门"现象，一些领域的市场准入，不同地方的政策各不相同，企业在一个地方能注册，但换个地方就不行，等等。

四是物流体系不够畅通，物流费用居高不下。2020年中国社会物流总费用占GDP的14.7%，显著高于全球平均水平：美国的物流费用只占GDP的7%，欧洲、日本在6%~7%，甚至连东南亚发展中国家也只占10%左右，物流成本偏高已是社会共识。其基本原因有三个方面：第一，铁路运量比重低，目前仅占总运量的9.5%。一般来说，铁路运输的成本是高速公路成本的三分之一，如果把铁路运量比重提高到15%~20%，将有效节约物流成本。第二，公路收费高。一些高速公路收费几十年了，到期了还在收费；而发达国家的高速公路一旦BOT收费期满，就停止收费。第三，多式联运效率不高，还没有实现基础设施软硬件的无缝对接。

五是部分行业存在人为的限行、限购等政策性梗阻。过去几年，治理过剩产能取得了显著进展，但仍有不少行业受到限购、限行、限牌照等简单的政策手段的限制，一些本来可以满足的需求得不到释放。比如汽车行业，根据世界银行的数据，2019年每千人拥有汽车量美国为837辆、德国为589辆、日本为591辆，甚至一些亚洲国家如马来西亚为433辆，而中国仅为173辆，应该说市场前景十分广阔。但在一些地方，老百姓明明有很强的购车需求，却因为限号、限牌政策而买不了车。现在一些城市写字楼已经出现产能过剩，而楼房型的立体停车库几乎是空白，从规划上把原来要建的部分写字楼调整为立体停车库，既拉动了消费，又平衡了市场。

六是部分技术标准滞后抑制了需求。我国是当今世界钢铁装备生产线产能最大，但产能利用率较低的国家；我国又是全球钢铁蓄积量不足，废钢炼钢循环经济比重偏低的国家。2020年我国钢结构产量仅占我国钢产量的7%~8%，而欧美等国家（地区）这一比重约为40%，提高各类建筑中的钢结构比重将显著扩大钢材需求，有助于消纳这些先进的"过剩"产能。

现在的钢筋混凝土房屋一般寿命为 40~50 年，钢结构房屋寿命可以达到 100 年以上，提高建筑用钢标准、推广使用钢结构，既可以使我国现有的钢铁产能充分利用，又可以大幅提升房屋质量、延长房屋寿命，长远来看还能形成废钢炼钢的循环经济，也有利于抗震减灾等，一举多得。

七是要素市场化改革亟须提速。由于种种原因，土地、劳动力、资本、技术等生产要素市场在运行过程中不同程度地存在行政干预过多、市场化运作不畅、资源配置效率不高等问题。目前正在实施的"探索建立全国性的建设用地、补充耕地指标跨区域交易机制""放开放宽除个别超大城市外的城市落户限制，试行以经常居住地登记户口制度"等措施有利于提升要素流动性，有利于引导各类要素协同向先进生产力集聚。有关要素市场化改革亟须按中央的政策措施加大推进力度。

八是国有资本内外循环有待打通。2020 年，全国国有企业资产总额 268.5 万亿元，国有资本权益 76 万亿元，99% 的股权资本是工商产业型资本，总资本回报率和全要素生产率都不高。按照党的十八届三中全会关于国企改革要从管资产向管资本转变，建立一批资本投资运营公司，推动混合所有制发展的要求，可以从现有国有资本中划转 10 万亿元左右的股权资产来组建若干个国有资本运营公司，让这些运营公司像新加坡淡马锡或股权基金那样专注另类投资、股权投资，根据被投资企业的效益来决定进退，既盘活国有资本，又推动混合所有制，促进国有资本在国民经济中的循环畅通，扩大国有资本在国民经济中的影响力、带动力和控制力。

2. 坚定不移扩大开放，需要用足用好 RCEP 开放红利

开放同样涉及各个方位，当下中国开放的重点是《区域全面经济伙伴关系协定》（RCEP）的落实。建议各地方从以下几个方面深化 RCEP 政策推广和应用：

一是推动 RCEP 规则在政策制度层面加快落地。要系统梳理地方性的法规制度，落实 RCEP 在营商环境改善、服务贸易和投资部门开放等方面的强制性义务，同时要着力建设市场化法治化国际化的营商环境。

二是支持扩大货物贸易。鼓励企业加强RCEP原产地累积规则的应用，支持社会专业机构为重点企业提供RCEP原产地累积规则定制化服务，包括国别关税筹划、锁定高税差产品、将原产地规则纳入生产管理、开展进口关税优惠应享未享情况调查、提供切换协定运用建议等。鼓励企业深挖对RCEP国家的进口需求，引导企业在产品同质同价的情况下优先采购RCEP国家产品，围绕RCEP国家的消费特点研发新产品、开发新市场。推动货物通关便利化，完善通关模式，简化产品预审手续，培育RCEP规则下的"经核准出口商"。

三是扩大服务业开放，支持发展服务贸易。对教育培训、卫生医疗、物流配送、文化创意、科研创新、知识产权服务，对银行、证券、保险、产业链金融等金融行业，对跨境的物流配送、售后服务等生产性服务业以及各类进出口货物贸易相伴随的服务贸易，进一步放宽准入门槛，实行全方位、宽领域、多渠道的服务业开放。要加快发展与货物贸易相伴随的银行、证券、保险、保理、租赁、金融结算以及跨境发债融资、投资、并购、跨境资金集中运营等业务。同时，进一步优化与RCEP成员之间的物流体系，建设面向RCEP的服务贸易信息平台、技术服务平台、培训服务平台和融资服务平台等公共服务平台体系。在自贸试验区内落实"简税制""低税率"的要求，吸引一大批专业性强、效益利润好的高端生产性服务企业和专业人才。

四是支持开展离岸贸易、转口贸易、数字贸易等。支持企业应用RCEP规则开展服务外包，发展离岸贸易、转口贸易、数字贸易、跨境电子商务等新型服务贸易。对于合理的离岸转手买卖业务，海关可以根据国际惯例对贸易合同货单、贸易清算结算税单和物流仓储货单实行三单分离审核。以这些政策带动加快发展保税展示进口贸易、转口贸易、离岸贸易、跨境电子商务贸易、数字贸易、服务贸易等。在保证国家安全的前提下，放宽大数据、云计算、人工智能及其数据处理中心领域的准入门槛，减少限制范围。

五是支持开展双向投资。在"引进来"方面，注重开展全产业链招商，重点招引掌握三链①的跨国公司，同时用好开放政策将其上下游一并"引进来"，力争在100公里半径范围内打造空间上高度集聚、上下游紧密协同、供应链集约高效的产业链集群。同时，还要注意引进RCEP国家的知名高校、研发机构和世界500强跨国企业来华建立独立研发机构。在"走出去"方面，一方面，要用好RCEP原产地累加规则来优化区域产业布局，在推动优势产能"走出去"的同时，用足用好税收优惠政策，鼓励企业将价值链结算环节留在国内；另一方面，要大力支持中国企业到RCEP成员国投资、收购科技创新企业、知名品牌、优质矿产资源项目等。

3. 坚定不移强化创新，需要提高全要素生产率

保持中国经济持续稳定健康增长，需要全力提升全要素生产率。除了要坚定不移深化改革、扩大开放，在国内国际双循环中提升资源要素配置效率外，还要坚定不移强化创新：不仅要重视科技创新，也要重视体制机制创新、产业组织创新。在产业链、供应链、创新链等产业组织层面有新的迭代升级，有更高质量的产业体系才能在新一轮科技革命和产业变革中占据主动，才能发挥中国作为最大规模单一市场、内外循环相互促进的优势。应重点抓好以下三个方面：

一是持之以恒加大基础研究投入。这是创新的"0—1"阶段，是实现原始创新、基础创新、无中生有的科技创新所必需的。这方面我们有很大短板：尽管我国全社会研发投入已经达到GDP的2.44%，总量在全世界排第二，但投向较为分散；一些需要长期投入的基础研究领域投入占全部研发费用比重长期徘徊在5%~6%，与世界主要创新型国家多为15%~20%的差距较大。"十四五"规划纲要已经提出，要在"十四五"末期将这一比例提高到8%。我们期待在此基础上，再经过十年能将基础研究投入占研发

---

① "三链"指产业链、供应链、价值链。

经费的比重提高到15%左右,并逐步提高。

二是培育"专精特新"中小企业。进入新发展阶段,中国的中小企业不能停留在"杂、散、小"阶段,要重点培育以下三类"专精特新"中小企业。第一类是产业链中起到卡位作用的企业,在核心基础零部件及元器件、关键基础材料、先进基础工艺和产业技术基础等领域主营业务突出、竞争力强、成长性好,这是我国形成更具韧性、更加安全的工业体系,建设制造强国的关键所在。第二类是各行各业的隐形冠军,长期专注于某个细分领域,做到生产技术或工艺全球领先、市场占有率位居全球前列,在行业内起到核心导向作用,这些企业往往掌握着某个行业的定价权,控制着整个产业链中30%甚至40%的产值,影响整个行业的利润水平。第三类是专业从事生产性服务业的企业。国际制造业领军企业大都已向服务型制造转型,服务收入已占世界500强中制造企业总收入的四分之一。

三是培育中国自己的生态主导型的"链主"企业。这些企业往往以知识产权为基础来组织全球价值链,已进化成了特殊的商业组织。当前,中国在部分领域已有此类企业出现,我们要倍加珍惜。一是要用中国大市场为这类企业推广应用、迭代技术提供强有力的支持。二是要鼓励这类企业树立全球视野,根植全球化基因,通过搭建国际交流、项目合作和市场开拓平台,帮助这类企业在全球开展知识产权、行业标准的布局。三是要强化知识产权保护。生态主导型的"链主"企业的共性特征是在底层技术上形成自主的知识产权。支持此类企业发展壮大,强化其知识产权保护就是从根上对其竞争力形成有效保护,这方面需要持续加强。

4. 坚定不移走中国式现代化道路,需要形成六个方面的发展体系

中国式现代化,是和平崛起的现代化,是人类命运共同体互惠互利、共同发展的现代化。中国式现代化发展过程中,要形成六个方面的发展体系。一是要形成高标准的市场体系。这包含两个层次:一个层次是高标准的商品市场体系,包含商品的生产、分配、流通、消费全过程;另一个层次是要素市场体系,包含要素的配置、定价、流转等各方面使用价值。二

是要形成完整的产业体系。要以实体经济为主体，制造业为中心。三是要有完整的科技创新体系。任何一项社会科技创新都包含三部分：第一，从0到1，原始创新、基础创新；第二，从1到100，科技成果转化孵化为生产力；第三，从100到100万，转化为生产力的科技成果。经过大规模的生产工业化的发展形成独角兽、新兴产业体系，这三部分缺一不可。四是要形成沿海和内陆健康发展、和谐发展、良性发展的城市群。"一带一路"改变了整个世界贸易格局。从三百多年前的海洋文明转化为海洋文明和陆地文明的双向发展的探试，沿海的海港城市群继续保持原有发展模式、内陆的陆港城市群随着"一带一路"发展，这就是中国式现代化的城市群构架。五是要解决好乡村振兴、农村富裕、缩小城乡差别。六是要构建以国内大循环为主体、国内国际双循环相互促进的新发展格局，走向更宽领域、更高层次的开放。

（五）踏上新征程，百年未有之大变局亦是百年未有之新机遇

我们正处于"两个一百年"的交汇点，处于全面小康后成为现代化大国、现代化强国的新阶段，是我们向百年强国发展目标迈进的关键阶段。在这个百年当中，也许大家会说历史是一年一年堆积起来，任何一年都有其意义，所以每一年都是重要的。量变引起质变，在一百年里每年都在产生量变，但这个过程中，总有某几年是量变引起质变的拐点或上新台阶的质变点。从2023年到2035年，将是十分关键的十二年。这十二年是中国迈向社会主义现代化国家的十二年，也是百年未有之大变局真正发生"变局"的十二年。中国将迈向新时代，新阶段、新战略、新格局，都体现在三个具有里程碑意义、转折点意义的台阶里。

第一个台阶，2025年中国将跨过中等收入上限，进入世界高收入国家的行列。2021—2025年，即"十四五"期间，中国的人均国民总收入将从2020年的1.13万美元，增长到2025年的1.4万美元或者1.5万美元。也就是说，我们中国改革开放奋斗四十多年，进入了高收入国家，并且让世界高收入国家人数增加一倍多，是具有里程碑意义的。

第二个台阶，2030年前后中国GDP总量将超越美国，成为全球第一大经济体。预计今后十年中国经济将保持年均5%左右的增长率，到2030年以不变价计算的GDP将达到160多万亿元，加上通货膨胀因素，以现价计算的GDP将达到180万亿元，折合约28万亿美元；预计美国按年均2%左右的增速，十年后大体也会达到28万亿美元左右。在"十五五"期间，就是到2030年，中国的GDP总量将赶上并超越美国，成为世界第一大经济体。经过了两百多年，中国又回升到世界经济总量第一，是具有非常重要的里程碑意义的。

第三个台阶，2035年中国进入中等发达国家行列，提前十五年实现"三步走"战略目标。国务院政府工作报告提出的2035年远景目标里写了这么一句定性的话。这里有两层内涵：第一，高收入国家收入标准是人均GDP在4万美元以上；第二，到2035年中国实现高收入国家中的平均线、中等发达国家水平的远景目标，即人均GDP达到2.6万~3万美元是可以想象的。我们将提前十五年实现邓小平同志提出的"三步走"战略目标中的第三步（到21世纪中叶达到中等发达国家水平），国家的前景非常灿烂，非常鼓舞人心。

百年未有之大变局亦是百年未有之新机遇，从现在到2035年是百年未有之大变局的关键阶段。只要我们牢牢抓住这个重大机遇，集中力量办好自己的事，坚定不移抓好改革、开放、创新这三件大事，眼前遇到的疫情冲击、俄乌冲突、地缘竞争甚至个别国家对我们的打压所带来的影响，都会逐步化解。我们要坚持稳中求进工作总基调，完整、准确、全面贯彻新发展理念，加快构建新发展格局，着力推动高质量发展。要全面落实疫情要防住、经济要稳住、发展要安全的要求，巩固经济回升向好趋势，着力稳就业、稳物价，保持经济运行在合理区间，力争实现最好结果。我们要坚持以中国式现代化全面推进中华民族伟大复兴，为全球发展贡献中国式力量。我们要不畏浮云遮望眼，以深化改革、扩大开放，以实实在在的创新发展成果，扎扎实实推动国民经济再上新台阶。

二、百年变局看全球政经格局嬗变，沉着应对确保稳中求进谋发展

陈文玲①

2022年是新时代的序幕之年，百年变局叠加世纪疫情，世界加速进入动荡变革期，旧秩序已破、新秩序将立，全球生产重构、大国力量重组、地缘格局重塑，各类矛盾、风险激化显化。正如联合国秘书长古特雷斯所指出的："我们正处于万丈深渊的边缘，我们的世界受到的威胁和分歧从来没有如此之大，我们在有生之年面临着最严重的一系列危机。"在这一年里，新冠疫情持续发酵、国际格局剧变、大国战略竞争升级、热点地区冲突此起彼伏，世界经济在曲折中艰难前行。在这一年里，我国经济虽持续经受供给冲击、需求收缩、预期转弱三重压力的考验，却稳健发展，党的二十大胜利召开，我国全面统筹发展和安全，提出全球发展倡议，为世界注入更多稳定性与确定性，在建设社会主义现代化国家新征程上奋楫破浪、行稳致远。作为世界第二大经济体、第一大贸易国，我国正通过深化科技创新、制度创新、业态和模式创新，加快推进经济高质量发展。但是，国内国际环境也在急剧地变动和演化，这就需要我们增强风险意识和机遇意识，通过探索中国式现代化道路，准确把握世界发展局势，把握经济和社会发展规律，推动构建人类命运共同体，实现中华民族伟大复兴和共创人类美好未来。

（一）影响世界格局的变量因素

从当下来看，世界经济全球化正处于历史十字路口，影响世界格局的变量有很多，主要集中在以下十一个方面。

第一大变量是战争风险骤然增加。俄乌冲突是当前影响世界格局的重大变量。它既是东西方对峙冷战的延续，也是大国关系竞争、博弈、调整

---

① 陈文玲，国务院研究室综合司原司长，中国国际经济交流中心总经济师，中国区域经济50人论坛成员，蓝迪国际智库专家委员会委员。

的集中爆发，反映了全世界各种力量的比拼和各种力量的此消彼长。这场冲突现在还在进行，全球大宗商品价格上涨，一些国家就开始高通胀，冲突成为影响全球粮食、能源、供应链、物流运输等方面的重大变量，对全球经济和地缘关系的影响非常大。

第二大变量是新冠疫情。截至2022年12月28日，新冠全球确诊病例已累计超过6亿人，死亡人数超过650万人，死亡率是1.1%。新冠疫情对各项可持续发展目标均造成了严重破坏，其影响仍远未结束，有很多问题值得深思。中国如何能够在有效防控疫情的同时又与开放的世界共存共舞，与世界各国互联互通，这对我们来说也是极大的挑战和非常大的变量。

第三大变量是全球经济衰退。全世界的高通胀、高债务、高杠杆及俄乌冲突进一步引发的能源危机、粮食危机、难民危机，再叠加疫情引发的公共卫生危机，以及产业链、供应链断链的危机，使世界经济面临着空前压力。中国经济持续经受供给冲击、需求收缩、预期转弱三重压力的考验。美国经济增长疲软，再加上通胀、债务，爆发金融危机的风险越来越大。2022年美元六次加息所引发的后遗症，将对新兴经济体、发展中国家特别是使用美元的发展中国家经济造成重创，带来货币贬值、物价飞涨、美元流出、经济下行，可能会有一批国家受到严重冲击。

第四大变量是金融危机爆发风险较高。美国货币政策急转弯和外溢效应，会给全球带来金融风险，不排除爆发金融危机的可能。目前美国正面临四十多年来最高的通胀率，由于通胀水平节节攀升，为了抑制持续高企的通胀，美联储累计上调基准利率425个基点，创四十多年来最快加息纪录。激进加息还引发了全球"加息潮"，多数主要经济体的利率有所上调。前三季度，全球加息达到3次的主要央行有25家，阿根廷等三国央行甚至已9次上调基准利率。2022年10月，欧洲央行宣布自11月2日起将主要再融资利率、边际借贷利率和存款机制利率再次上调75个基点，经过年内3次累计上调利率200个基点后，三大关键利率分别升至2.00%、2.25%和

1.50%。加息导致美债收益率上行，整体债务压力加大，全球资产价格必须重估；美元进入上行周期，必然使一些国家货币处于下行周期，一些金融体系不完善、金融账户开放度较高的新兴经济体再次面临货币贬值、资金外逃、金融市场波动加剧的挑战。截至2022年1月，美联储资产的负债表已经达到了8.77万亿美元，美债现在已经达到了30万亿美元，债务风险很高。[①] 当前收紧的货币政策解决不了美国负债问题，但却会对全球资本流动产生非常大的影响，美国十年期的国债已经突破了2%的防线，美国要用各种办法，包括战争的办法来转嫁危机，使美元向美国市场回流。所以，货币的风险、金融危机爆发的风险都有。同时，美国仍然在继续举债，债务上限又提高到31.4万亿美元，再延期两年，继续印钞。所以，国际金融危机的风险和变量随时都可能给世界经济带来重要的影响。此外，当美债的危机到来，美国财政部有可能禁止私人持有实物黄金，黄金将货币化，因为美国现在仍然有8000多吨黄金储量，占世界黄金储量的40%以上，如果与美元的风险叠加，将对世界的金融市场产生非常大的冲击。

第五大变量是全球供应链断链的风险增加。有两重因素，一重是新冠疫情因素，疫情严重国家的生产、流通没有完全恢复；另一重是美国，包括欧洲、日本在内，在持续推动缩短供应链和供应链重构，切断产业链并且"去中国化"，现在已进入实质性的实施阶段，全球复杂分工的半导体行业将由此得到肢解。虽然美国重构产业链需要一个周期，但是供应链断链的风险在大大加剧。

第六大变量是债务风险与债务危机。高债务是世界性的问题，也是结构性问题。目前全球债务水平总体处于历史高位。国际金融协会（IIF）数据显示，2021年全球债务总额为303万亿美元，创历史最高纪录；2022年第一季度，全球债务总额升至305万亿美元，占全球GDP的比例达348%，第二季度全球债务总额较第一季度减少5.5万亿美元，但这主要是由以不

---

① https://www.macroview.club/chart?name=us_fed_assets.

断升值的美元计算导致的，实际上，第二季度全球债务总额占全球GDP的比例比第一季度高，升至350%。2022年，发达经济体同新兴市场与发展中经济体的财政状况出现了分化。国际货币基金组织（IMF）估算数据显示，2022年发达经济体财政赤字占GDP的比例进一步下降至3.6%，而新兴市场与发展中经济体财政赤字占GDP的比例则上升0.8个百分点至6.1%。两者的公共债务水平变化也因此出现分化。IMF估计，2022年发达经济体政府总债务占GDP的比例为112.4%，较2021年下降5.5个百分点，其中，美国和欧元区的政府总债务占GDP的比例分别为122.1%和93.0%，分别较2021年下降6.0个和2.3个百分点；日本政府总债务占GDP的比例为263.9%，较2021年上升1.4个百分点。同期，新兴市场与发展中经济体政府总债务占GDP的比例为64.5%，较2021年上升0.8个百分点，其中，中国上升5.4个百分点至76.9%，巴西下降4.8个百分点至88.2%，印度下降0.8个百分点至83.4%。由此可见，全球债务风险很高。

第七大变量是政权更迭、政治动荡。2022年是全球政治周期更替的大年。自新冠疫情暴发三年以来，多国地区贫富差距分化加大、供应链断裂造成就业失衡等问题，使选民们对于政治改革的诉求十分强烈。政权的交替，对一国政治经济的发展起到决定性作用，而一个经济大国、政治大国因政权交替对政策的变化不仅影响本国的经济，还影响着其相关国家的政策走势和经济发展，甚至是国际社会的稳定。政权更迭影响比较大的国家是美国、德国、法国、韩国、菲律宾、埃塞俄比亚、伊朗等。一些政治动荡的国家，如阿富汗、缅甸、乌克兰等，也会对世界经济造成影响。

第八大变量是灾害频发、生态环境恶化。生态环境的危机包括极寒天气、极热天气，包括世界上的水灾、火灾、旱灾、风灾、雪灾、蝗灾，这些都会对整个世界经济、世界政治和人类生存环境产生非常大的影响。近年来全球极端气候灾害频发，2022年全人类也面临了很多灾难，如菲律宾"海燕"台风灾害，巴基斯坦洪水灾害，印度热浪灾害，中国四川盆地及西北、华北地区洪涝灾害，中国四川芦山地震灾害等。人类赖以生存的自然环境经过历年历代的发展遭受了严重破坏，气候问题以及新冠疫情已成为困扰国际社会的两大难题。预计未来十年，人类将迎来频繁的极端天气、多种生物濒临灭绝且生态系统面临崩溃。这些都会对整个世界经济、世界政治和人类生存环境产生非常大的影响。

第九大变量是地缘格局深刻调整与演化。地缘格局变化主要是由于美国的小团体主义，重构盟友体系等，美国力推西方中心论、白人至上、美国第一、美国再次伟大，从"罗马治下的和平"到"大英治下的和平"，再到"美国治下的和平"，沿着"新罗马"、新帝国、新霸权的冷战思维轨迹，不断在不同的国度进行霸权转移。世界秩序的形成和选择，几百年来从没有摆脱西方主导的世界秩序调整与演化。近年来，西方价值观所谓民主政治和西方的政治体制式微，世界要回归正常的国际秩序，同时开创面向未来的公平、公正、合理、透明、可持续的世界秩序，就必须与西方主导的所谓"普世价值""文明价值""民主"等价值观进行博弈。可以说目前处于霸权地位的美国，是世界的动乱之源、战争之源、灾难之源。地缘格局的变化，要么就是以美国为中心的地缘政治、经济、外交关系的重构，要么就是一批发展中国家和中小国家崛起，对世界格局变化起到重大推动作用。

第十大变量是中美关系。这同时是影响世界格局最大的变量。美国和中国是世界上第一大经济体和第二大经济体。近10年来世界经济增量中的80%以上是中美两国贡献的。2021年中国占世界经济增量的30%左右，美国占世界经济绝对量的24%。所以，中美两大国关系已经超过了双边的意义，具有全球性的溢出效应，对世界经济、世界和平发展、人类的前途命运都会产生重大影响，中美关系的走势对于世界格局是一个最大的变量，两个国家合作将对世界经济产生正向的推动作用，两个国家对抗将对世界经济产生巨大的冲击。

第十一大变量是极端贫困。联合国粮农组织发出预警，全球将有17亿人陷入粮食危机、金融危机和动荡之中。联合国发布的《2022年可持续发展目标报告》显示，2020年，全球陷入极端贫困的人口新增9300万人，四年多的减贫进展化为乌有。据估计，过去两年有1.47亿名儿童的线下教学受到影响。气候危机、新型冠状病毒大流行和世界各地冲突增加，使得联合国17项全球可持续发展目标（SDG）的实现处于危险状态。该报告强调了当前面临挑战的严重性和规模程度，这些相互叠加和交织的危机对人类的食物和营养、卫生、教育、环境以及和平与安全状况产生了连带影响。世界见证了自1946年以来数量最多的暴力冲突，全球四分之一的人口现在生活在受冲突影响的国家。

（二）影响世界格局的趋势性问题

当前和今后一个时期影响世界经济和世界格局的变量，有的是原来积累下来的旧矛盾，有的是叠加的突发矛盾或者增量矛盾，这些矛盾对世界来说，形成了自二战以来最严峻的挑战。对此，亟须按照习近平主席在全球发展倡议和全球安全倡议中所提出的中国主张，推进世界削减治理赤字、信任赤字、和平赤字和发展赤字，建设人类命运共同体，寻找世界各国共同繁荣与发展的道路。以和平对抗战争，以合作取代对抗，以共赢战胜独占，以多边主义战胜单边主义。坚决反对把世界分裂成两个阵营、两套体系、两套标准，一旦出现这种情况经济全球化就会被肢解，人类历史就会倒退。从中长期来看，影响世界格局的五个趋势性问题如下。

一是国际力量对比将继续加快调整和演化，新兴经济体和发展中国家整体崛起，西强东弱是历史，是存量，是现实，东升西降是趋势，是未来，是不可抗拒的历史潮流。过去已经形成的存量演化为延续到未来的变量，使整个世界格局继续沿着这个方向演进。虽然当前可能会受到一些挫折，发展中国家发展速度可能会减缓，但总的趋势是不可抗拒的历史潮流。

二是新一轮的思想革命、科技革命、产业革命交织发展，信息革命、数字革命、量子革命会实现突破性的进展，对人类社会和重要领域将会产生颠覆性影响。这也是一个长周期的演化进程，它既延续了过去存量的演化，也会一直延续到未来。

三是世界的经济形态将会发生根本性变化，正确地处理实体经济与虚拟经济、现实社会与虚拟空间的关系，成为我们把握世界经济、人类社会发展的重要着眼点。当代经济的基本形态，已跨越了以工业革命为主的阶段，和信息革命或者信息时代、知识时代、数据时代交织在一起。现代经济有两种基本形态：一种是实体经济，另一种是虚拟经济。处理这两者的关系将是未来世界经济的一种常态。实体经济和虚拟经济产生了三重关系。第一重：虚拟经济是实体经济的溢出价值。第二重：虚拟经济、虚拟形态是基于实体但却与实体相对分离的，它可能是和实体经济平行的空间显示，也可能是实物货币、实物商品的虚拟化表现形式。第三重：完全是无中生有虚拟和过度的虚拟，或者是完全脱实向虚的虚拟。现在，全球性的实体经济和虚拟经济严重失衡，这是当前非常大的问题。但是对于虚拟经济和实体经济的认识，现在还没有破题，未来它将成为一种常态。

四是现在的生态危机、环境变化，不仅影响当代，而且影响子孙后代的繁衍与生息，如果环境继续恶化，人类生存将遭受巨大挑战。地球上每分钟有2500平方米森林被毁掉，近三十年每年森林被砍伐面积为800亿平方米，全球森林正在以平均每年40亿平方米的速度消失。近几年极端天气越来越严重，随着环境的恶化，世界濒临气候灾难边缘，数十亿人已经感受到气候灾难带来的后果。2021年能源相关的二氧化碳排放量上升6%，达到历史最高水平。日本的核污染问题，也是会严重影响生态的问题，我们应该向日本政府明确表达中国政府和人民的关切。从2023年开始，按照日本东京电力公司的排海方案，核污水排放将持续三十年至四十年，受害的首先是日本，其次是和日本临近的国家如中国、韩国等，全球海域也将深受其害。

五是如何构建更为合理、更为先进、更可持续的全球治理体系、全球规则，既是一个当前紧迫的问题，也是未来长周期的问题。比如国际机构、国际秩序、国际规则、国际治理、国际体系，像安全体系、贸易体系、货币体系、金融体系等，还有地缘政治、经济、外交、军事关系，到底怎么处理？大国之间怎么相处？核国家怎么相处？原来有很多规则，但是有一些规则被有的国家破坏了。还有很多规则是空白，比如网络空间如何治理，元宇宙的运行规律是什么，怎么发展才能为人类服务而不是对人类生存安全产生重创等。当前必须旗帜鲜明地反对肢解全球化，反对有意识地把世界变成两大阵营、两大体系，反对把国际规则和标准变成某个国家的私器或政治工具。应该在世界范围内进一步去殖民化、去阵营化、去政治化、去纳粹化，按照习近平主席在第七十六届联合国会议中提出的全球发展倡议，把推动人类共同发展作为解决全球一切问题的总钥匙。

（三）面对世界经济的极大不确定性，我国的应对之策

一是稳字当头，稳中求进。2022年12月16日中央经济工作会议上，中央政治局为2023年经济工作作出定调——"稳字当头、稳中求进"。在"稳字当头、稳中求进"的总基调下，部署五大政策加六个统筹。五大政策就是财政、货币、产业、科技、社会政策。对财政政策的要求是加力提效，适度加大财政政策扩张的力度，提高政策效能，更好发挥财政撬动社会资金的杠杆作用。对货币政策的要求是精准有力，货币政策力度要够，保持流动性合理充裕，保持广义货币供应量和社会融资规模增速同名义经济增速基本匹配。投向结构要精准，尤其要支持小微企业、科技创新、绿色发展等领域。六个统筹具有很强的年度针对性和问题导向性。从内外需来看，中央经济工作会议将"着力扩大国内需求"作为2023年经济工作的第一大任务，"把恢复和扩大消费摆在优先位置"。稳健的货币政策要精准有力，保持流动性合理充裕，"引导金融机构加大对小微企业、科技创新、绿色发展等领域支持力度"。财政政策和货币政策要协调联动，跨周期和逆周期宏观政策要有机结合。要实施好扩大内需战略，促进消费持续恢复，积极扩大有效投资，注重在稳增长、调结构、惠民生的结合部发力，要适度超前进行基础设施建设，在减污、降碳、新能源、新技术、新产业集群等领域加大投入，既扩大短期需求，又增强长期动能。

二是关注重大政策，寻找未来机会。2023年经济增速目标定在5%以

上。寻找投资方向要从中央的大政方针出发,在政策取向上找投资方向。例如,国家出台《"十四五"数字经济发展规划》,有八个方面的重点任务。又如,2030年前碳达峰、2060年前碳中和肯定也是重要投资方向。另外,要素市场改革所提到的包括土地要素等如何变成市场,怎样进行交易等都是投资者可以关注的方向。我们看好中国的未来,投资中国要看好市场、选好行业、抓住机会。例如,近年来中央对科技创新的重视程度前所未有,各方面政策力度也前所未有。要实施科技体制改革三年行动方案,制定实施基础研究十年规划,强化国家战略科技力量,使我国关键核心技术攻关不断取得积极进展。

三是需要落实好区域协调发展战略,促进东中西部和东北地区协调发展。对于区域发展,国家提出加强中国经济发展的战略纵深,提升区域发展的平衡性、协调性,形成高质量发展的区域经济布局,为我国发展提供重要的动力来源。要深入实施区域重大战略,推动京津冀协同发展、长江经济带发展、粤港澳大湾区建设、长三角一体化发展、黄河流域生态保护和高质量发展,支持北京城市副中心高质量发展,高标准高质量建设雄安新区,充分发挥这些区域的高质量发展增长极和动力源作用。要落实好区域协调发展战略,促进东中西部和东北地区协调发展,全面推进乡村振兴,提升新型城镇化建设质量。

四是利用好"一带一路"政策,让互联互通成为时代的主流。2023年是"一带一路"倡议发出十周年,连通世界、交流互鉴、合作共赢的"一带一路"已经成为深受欢迎的国际公共产品和国际合作平台。"一带一路"的核心内容是互联互通,即政策沟通、设施联通、资金融通、贸易畅通、民心相通。它的重大作用是通过提高各个国家之间经济的连通性,使各个国家得到发展机遇。"一带一路"倡议提出到现在,中国已经同150个国家、32个国际组织签署了200多份共建"一带一路"合作文本。截至2022年8月底,我国与沿线国家的贸易额累计超过12万亿元,对沿线国家非金融类直接投资超过1400亿元。利用好"一带一路"政策,通过互联互通,能将边缘地带、落后地区，打造成快速发展或者崛起的经济带，能构建世界网络体系的中心或者重要的节点。各个国家都能在互联互通中实现共商、共建、共享、共赢，实现公平与普惠。

五是坚持以中国式现代化全面推进中华民族伟大复兴。中国式现代化为人类社会实现现代化提供了新的路径选择，这也是中国共产党和中国人民在新时代为解决人类面临的共同挑战和问题提供的中国智慧、中国方案和中国力量，体现了中国共产党强大的领导力量和中国人民的伟大创造。中国式现代化的本质就是构建人类命运共同体的人类文明新形态，既遵循现代化建设的一般规律，又有鲜明的中国特色。中国式现代化既是一个持续的过程，又是一个螺旋式上升的过程，还是中国从一个台阶迈上更高台阶的过程。未来五年是全面建设社会主义现代化国家开局起步的关键时期，也是中国式现代化序幕拉开之后加速发展的最重要时期。要实现中国式现代化，一是要从人口规模巨大的基本国情出发，继续释放人口红利，在不断实现人的现代化的过程中推进国家现代化；二是要通过消除相对贫困，使发展成果更多、更公平惠及全体人民，在保持创造财富激情和动力的前提下，通过优化制度安排走向共同富裕；三是要在发展经济、促进物质全面丰富的同时，不断加强精神文明建设，坚持社会主义核心价值体系，弘扬中华优秀传统文化，不断增强人民精神力量，实现物质文明和精神文明相互促进、相得益彰；四是要坚持绿色发展，坚持"五位一体"推进社会主义现代化建设，推进生态文明建设，实现人与自然和谐共生；五是要坚持同世界各国合作共赢，推动建设新型国际关系，推动形成更加公正合理的全球治理体系，推动构建人类命运共同体，以中国的新发展为世界提供新机遇。

未来经济发展与经济关联仍是世界格局变化的基础，国家的经济实力仍是国家的核心竞争力。具有综合实力的大国竞争博弈，仍是影响今后更长周期的最大变量。因此，面对风高浪急的国际环境和艰巨繁重的改革发展稳定任务，我们要研究和洞悉世界经济的变动、演化，始终把握世界经济和中国经济发展的大方向和大趋势，保持我们的战略定力和战略耐力，统筹好国内国际两个大局、统筹疫情防控和经济社会发展、统筹发展和安全，坚持稳中求进工作总基调，完整、准确、全面贯彻新发展理念，坚持以中国式现代化全面推进中华民族伟大复兴，加快构建新发展格局，着力推动高质量发展，团结带领各族人民坚定信心、迎难而上，我们有信心克服经济运行中的重重困难和挑战，让中国经济这艘巨轮在中国特色现代化事业的助力下，穿越百年世界变局的惊涛骇浪，驶向更加繁荣的未来。

三、应对全球性挑战，加强国际合作势在必行

叶海林[①]

刚刚过去的一年，百年变局叠加世纪疫情，世界经济遭受重创。进入2023年，世界经济继续承压，仍受到能源和粮食危机、通胀高企、供应链受阻、逆全球化抬头等严重威胁，增速将进一步放缓。各方都期待世界经济走出阴霾，亟须寻找解决方案，但世界经济面临复杂的风险和挑战，需要各国加强宏观政策协调和国际合作，才能形成推动经济复苏的合力。新冠疫情肆虐更加凸显全球合作的重要性，联合国日前发布的《2023年世界经济形势与展望》报告也认为，为应对多重全球危机，让世界回到实现联合国2030年可持续发展目标的轨道上，加强国际合作势在必行。在可以预见的将来，国际合作难度势必加大，推动国际多边合作，区域小多边合作和区域双边合作，将成为国际合作的主要方式。我们要认识到当今世界正在面临关键的转折点，加强全球性合作以应对人类面临的共同挑战是不二之选。因此，我们呼吁各国加强对话与合作，以多边主义应对挑战，警惕孤立主义抬头，寻求避免经济衰退之策。我们也需要在不断推进的中国式现代化进程中，实现自身发展的同时，加强与世界各国合作共赢，携手各

---

① 叶海林，中国社会科学院亚太与全球战略研究院副院长、纪委书记，中国社会科学院"一带一路"国际智库执行理事长。

方高质量共建"一带一路",为世界和平发展贡献中国智慧和中国方案,创造更广阔的合作前景。

（一）后疫情时代,全球面临的挑战

1. 全球经济增速放缓,分化加剧

受到能源和粮食危机、通胀高企、供应链受阻、逆全球化抬头等影响,2023年全球经济增速放缓。据联合国《2023年世界经济形势与展望》报告预测,2023年世界经济增长将从2022年的约3.0%降至1.9%。世界经济增长放缓既影响发达国家,也波及发展中国家,许多国家在2023年面临经济衰退风险。其中,发达国家经济增速下滑幅度高于发展中国家。前期持续紧缩的货币政策和高企的通货膨胀的滞后影响,以及供应链扰动等,是2023年经济增长下滑的主要原因。此外,部分发展中国家还面临债务负担加重等风险挑战。美国、欧盟和其他发达经济体增长势头减弱,也通过多种方式对世界经济产生了不利影响。

2023年,预计全年全球经济发展分化可能性进一步加大。除实施紧缩性货币政策的经济体之外,广大发展中国家和最不发达经济体将承受巨大的压力。影响经济前景的主要因素包括地缘政治冲突发展与演进、主要经济体的政策行动、商业创新与市场主体行动的匹配度等,而多边经贸治理演进等因素也有着重要影响。

2. 国际社会抗击新冠疫情形势没有根本改善

首先,我们要有和新冠病毒长期共存的思想准备。新冠疫情的特殊性在于,全世界没有任何一个地方、任何一个国家可以通过自我封闭躲开疫情侵袭。

其次,我们要认识到新冠疫情使得国际社会的纷争现象更加恶化。在疫情开始之前,国际社会已经发生了一些重大的变化,我们在疫情期间感受到的国际社会中出现的一些令人忧虑的现象——世界上主要经济体相互脱钩、战略上不信任,甚至相互排斥等并不是新冠疫情导致的,新冠疫情只是使这些现象更加恶化,我们看不到在新冠疫情以后国际社会恢复到之前的基本浪潮，以及国际社会因为疫情原因重新回到团结合作的道路上。

3. 疫情之后的世界国际合作难度大大增加

疫情之后的世界国际合作难度大大增加，不仅因为国际机制和组织没有发挥出应有的效力，还在于世界上主要国家，如一些地区大国和国际社会超一流国家，可以说超级大国在这一轮新冠疫情面前没有发挥应有的作用，没有担当国际地区合作领导者和产品提供者的这种角色，尽管他们口头上标榜自己是全球抗疫的主力，但是这些国家的表现让人失望，这些趋势很难在短期内改变，而他们对外政策中自私自利孤立主义的倾向，以及利用疫情推行地缘政治的做法，在后疫情时代也会长期存在。

（二）应对挑战，加强国际合作势在必行

1. 加强宏观政策协调和国际合作，形成推动经济复苏的合力

国际社会迫切需要在为发展中国家提供财政援助、减轻债务负担等方面加大力度。联合国计划开发署不久前通过社交媒体强调，全球性挑战需要全球性解决方案，多边主义和发展合作正变得越来越重要。合作是在有限的资源和不确定环境下实现发展利益最大化的重要途径。正如达沃斯论坛的主题所言，合作应发生在各类经济体之间，而不仅是主要经济体之间。主要经济体之间的合作对于全球市场信心的恢复具有关键引领作用。各方应以开放合作而非对抗的方式寻求在2023年增加经济发展的协同推动，向市场释放积极信号并通过协定等机制性框架提供更长期的稳定发展环境，以推动全球经济走势向好发展，力争在优化结构、适应创新的基础上改进区域和全球供应链网络。

2. 中国应以更加自信的心态应对美国政府推行的"印太战略"

在认识到美国对华战略本质的基础上，中国应以更加自信的心态应对美国政府推行的"印太战略"。只要中国坚持斗争、敢于斗争，保持战略对等态势，即使在实力存量仍有差距的情况下，成功抵御美国"印太战略"

的全面施压依然是可能的。面对美国"印太战略"框架下来势汹汹的"全面竞争",如何发现其中的战略弱点并妥善加以利用,是处于实力较弱一方的中国化解战略压力、纾缓战略困境的关键所在。下面将从五个方面来阐述中国具体应该如何应对美国"印太战略":

一是在战略和外交领域,针对美国的印太联盟体系,立足于我国进行基于实力运用原则的分化瓦解工作。中国应比照毛泽东同志关于抗日民族统一战线争取中间派的基本原则"进步势力有充足的力量;尊重他们(中间派)的利益;对顽固派作坚决斗争,并逐步取得胜利",确定相关工作原则。经略中国周边,中美关系是关键,这一判断是正确的,但其核心要义不是中国能否给周边国家提供多少好处。中国应该认识到,不论是澳大利亚、日本等美国铁杆盟友,还是印度等伺机而动的实用主义、机会主义国家,抑或处于观望状态的东南亚国家,他们在中美两国之间游移的决定性因素都不是中国能给他们多少好处,而是中美双方谁在本地区的博弈中占据上风。

二是在安全领域,军事和非军事手段并用,应对美国的新作战样态军事威慑。美国正在形成并推行新作战样态的军事指导思想,即所谓"创新的美式战争模式"。美国新军事学说强调要采取军事和非军事手段并用的方式,利用天电网空间配合传统的海陆空空间,超越前方和后方的边界,在敌方内部分裂势力的配合下,实现瓦解敌方政权的意图。对于这种策略,中国应一方面通过强化军事力量的建设和使用,展示敢于动武的决心,向美国明确为祖国统一、领土完整等核心利益不惜一战的底线,明确对美国传达解决台湾问题势在必行、时机确定和方式选择权利在我方的战略决心,粉碎美国试图利用台湾"乌克兰化"以恐吓中国的幻想。另一方面,加强对国内各种崇美恐美势力的压制,清除所谓美国"遏华棋子",要从抵御美国新战争模式威胁的高度认识清除美国利益代言者的重要性。

三是在科技领域,认识到双方在这个领域矛盾的结构性,做好高科技合作彻底断绝的准备。美国对华战略的核心目标是防止中国进一步崛起,对华技术封锁是关键手段。在这方面,中美没有达成共识的可能性,美国未来必将继续加强对中国的高科技阻断的图谋,其实施手段将越来越不受现有国际机制的限制,也会越来越不受美国国内少数和中国利益关系密切的企业及集团的牵制。美国高科技产业的发展和美国普通制造业不同,并不必然要求与中国进行产业链和价值链对接。中国需要未雨绸缪,为美国未来不断强化的技术隔离措施做准备,主要依托国内市场,构建"去美国化"的中国高技术产业链和价值链,同时在海外高科技市场中积极探索独立于美国而由中国主导的区域合作网络。

四是在经济领域,对"印太经济框架"坚持包容思想,深化既有的开放性地区合作框架,推动经贸领域良性竞争。要积极推动《区域全面经济合作伙伴关系协定》落实和升级,积极推动加入《全面与进步跨太平洋伙伴关系协定》(CPTPP)和《数字经济伙伴关系协定》(DEPA)的工作,尽快启动中国—东盟自贸区3.0的建设。

五是在对外传播领域,敢于主动传递中国主张,澄清中国立场。当前和今后一段时间,意识形态斗争将成为中美博弈的焦点。中国应积极应对,一方面,用美国的话语体系戳穿美国的"双标",在国际传播中,对新冠疫情、种族矛盾、海外战争罪行等问题适时、主动发声,亮明观点;另一方面,重点针对亚太周边国家深入开展公共外交工作,利用、发挥文化纽带作用,传播亚太命运共同体的价值观和意识形态,用东方伦理阐释包括"一带一路"在内的中国倡议。

3. 新冠疫情肆虐凸显全球合作的重要性,"一带一路"是人类命运共同体的最佳实践平台

新冠疫情肆虐凸显了全球合作的重要性,疫情期间中巴守望相助,证明"一带一路"是人类命运共同体的最佳实践平台。亚洲国家在新冠疫情期间表现出的团结性是帮助亚洲地区率先走出疫情非常重要的一点。我们对于疫情的看法很大程度上来自我们对以往经验和教训的总结,以及对于疫情暴发前国际基本格局的认识。"非典"流行病学的记忆给了我们非常深

刻的教训，让我们认识到疫情必须提早应对，依靠国际合作加以应对。因此，亚洲国家在新冠疫情面前表现出2003年抗击"非典"时的团结精神。这一点是非常重要的经验，也是帮助亚洲地区率先走出疫情重要的机制化优势。而在其他很多地方没有看到国际合作，我们曾经认为是国际合作典范的区域一体化机构，比如欧盟、北美自由贸易区都没有表现出疫情面前国与国合作的诚意和能力。同时，我们也要认识到世界各国的国情千差万别，没有放之四海而皆准的抗疫方法，也很难有一种方案适用所有国家，只有基于本国国情、充分动员各种资源来积极应对疫情，加强国际合作，才有可能取得全球抗疫斗争的胜利。

2022年，我们见证了危机与挑战。俄乌冲突、大国博弈、封锁制裁、疫情灾害等，种种挑战、冲突叠加投射在全球格局的方方面面。伴随着百年变局纵深演进，世界面临的风险挑战上升，国际秩序在剧烈动荡中探索新的平衡。虽然国际形势变乱交织，多极格局却并没有发生根本改变，广大发展中国家和所有反对霸权主义的力量依然致力于团结合作。2022年孕育着变革和希望，党的二十大胜利召开，党和国家各项事业勇毅阔步前行，"中国式现代化"日渐成为解码中国发展的重要关键词。面对风高浪急的国际环境，中国外交在变局中劈波斩浪，在乱局中勇毅前行，不断开创中国特色大国外交新局面，彰显大国外交的使命担当。2023年是"一带一路"倡议提出十周年。十年来，"一带一路"建设取得了丰硕的成果。中国在推进中国式现代化进程的同时，也帮助世界许多国家特别是发展中国家改善了经济发展状况，为世界和平发展贡献了中国智慧和中国方案。从全球发展进程的角度来看，中国方案的价值不仅体现在推进一个个具体的项目上，还在于为广大寻求改善经济状况、推进自身现代化建设的发展中国家提供新的参考、新的选择。面对复杂多变的国际形势，中国携手各方高质量共建"一带一路"，带来了更广阔的合作前景，为全球发展增添了活力。未来，中国在致力于实现自身高质量发展的同时，将更加注重加强与世界各国合作共赢，践行共商共建共享的全球治理观，积极推动构建人类命运共同体，推动全球治理体系朝着更加公正合理的方向前进。未来，中国也将继续扎实推进高质量共建"一带一路"，在平等参与、包容普惠中创造发展新机遇，谋求发展新动力，拓展发展新空间。这是世界各国人民的共同意愿，也是时代的必然要求。

四、 提升金融服务实体经济的能力和水平

李礼辉[①]

2023年是贯彻党的二十大精神的开局之年，党的二十大报告铿锵有力地向世界交出了破解困扰全球发展的世界难题的中国方案——以中国式现代化全面推进中华民族伟大复兴。实体经济是一国经济的安身之本，是财富创造的根本源泉。而金融作为实体经济血脉，在推动经济高质量发展、推进中华民族伟大复兴征程中肩负着重要使命。"坚持把发展经济的着力点放在实体经济上。"党的二十大报告中再次强化了实体经济的重要性，对金融工作提出了更高水平、更现代化的要求，为构建中国式现代化金融体系提供了根本遵循，指明了发展方向和目标。党的二十大报告也提出了"促进数字经济和实体经济深度融合"的重要目标。在深化体制改革的过程中，中国金融业正加速回归实体经济本源，助力经济结构调整。摆正金融与实体经济的关系，是经济保持健康稳定的基本前提，也是经济保持韧性、抗击打压的基础。金融服务实体经济，数量很重要，质量更重要，提升金融服务实体经济的能力和水平，就有可能改善资本和资金要素的边际效用，用相对少的金融投入，拉动相对多的经济产出，提高中国的全要素生产率。因此，站在新的发展起点上，要回答好如何提升金融服务实体经济的能力和水平的时代之问，就必须找准金融服务实体经济的突破口，探究金融服务实体经济的新思路。

[①] 李礼辉，十二届全国人大财经委员会委员，中国银行原行长，中国互联网金融协会区块链工作组组长，蓝迪国际智库专家委员会委员。

(一)提升金融服务实体经济的能力和水平,要打好财政货币政策的"组合拳"

提升金融服务实体经济的能力和水平,需要继续实施积极的财政政策和稳健的货币政策,打好财政货币政策的"组合拳"。党的二十大报告指出:"加强财政政策和货币政策协调配合,着力扩大内需。"这一方面说明财政货币政策可以在扩内需、稳增长方面发力;另一方面说明加强财政货币政策协调配合,才能不断提升宏观经济治理的质效。金融服务实体经济,要在货币政策和宏观审慎政策双支柱调控下,实施好稳健的货币政策,完善货币政策传导机制,才能够为经济的高质量发展营造适宜的货币金融环境。我国是近年来少数坚持实施常态化货币政策的主要经济体,稳健的货币政策为稳增长、稳物价、稳就业、稳国际收支创造了良好的金融环境。金融服务实体经济,要处理好政策调控与市场调节的关系,健全市场化利率形成和传导机制,避免政策运用影响到市场资源配置的决定性作用。同时,需要在加强金融宏观调控下坚持适时改进,在多重目标追寻下探求动态平衡。

(二)提升金融服务实体经济的能力和水平,要拉动民间投资

提升金融服务实体经济的能力和水平,拉动民间投资是宏观政策上的一个突破口。2019年以来,新冠疫情冲击叠加地缘政治冲突,放大了经济结构调整在微观层面的负效应。民营企业的经营困难增多,民间投资的能力和意愿降低。由于疫情和地缘政治对实体经济的双重冲击,民间投资降到谷底,新增民间投资下降趋势显著。民间投资涨幅显著放缓,在很大程度上反映了民营企业在经济转型升级阶段遇到的困难:赚钱难,寻找新的合适的投资机会更难。为应对这种情况,下一步应落实好鼓励民间投资发展的各项政策措施,用市场办法、改革举措激发民间投资活力,增强民营企业长期投资的信心。

激发民间投资活力,一是要运用好财政金融政策工具支持重大项目建设、设备更新改造,要形成更大的实物工作量。推动项目加快开工建设,

确保工程质量。要加快设备更新改造贷款投放，同等支持采购国内外设备，扩大制造业需求并引导预期。要支持民间投资参与重大项目，允许民间资本进入基建、交通等领域。支持民间投资参与重大项目，一方面，可以促进投资资金多元化，获得更加广泛的融资渠道；另一方面，也有助于民营企业找到更好的出路和投资渠道，缓解民营企业经营压力。二是要促进消费恢复并使之成为经济主拉动力。扩大以工代赈、以促就业增收入带消费，将消费类设备更新改造纳入专项再贷款和财政贴息支持范围。因城施策支持刚性和改善性住房需求。

2020年以来，国家陆续出台的一系列稳经济、促增长、扩投资和促消费的政策举措的实施，逐渐缓解了外部因素给国内经济持续增长带来的压力和风险，推动了民间投资的发展，使得经济进一步回稳向上。

（三）提升金融服务实体经济的能力和水平，要推进数字化创新

提升金融服务实体经济的能力和水平，推动数字化创新是发展战略上的突破口。数字化创新最重要的经济意义，一是实现产业数字化和数字产业化；二是扩展长尾群体的信用发现和供应链的信用传递，让普惠金融变得触手可及；三是推进数字金融全面落地。

1. 实现产业数字化和数字产业化

实现产业数字化和数字产业化，需要协同推进实体经济、网络经济、元宇宙经济建设。按照现行的统计口径，中国把"数字产业化"归属于窄口径的数字经济核心产业产出，包括数字产品制造业、数字产品服务业、数字技术应用业、数字要素驱动业四大类；同时把"产业数字化"归属于宽口径的数字经济产出，涵盖应用数字技术和数据资源为传统产业带来的产出增加和效率提升。数据作为新型生产要素，数字技术成为新兴的生产力，是变革传统生产方式、改造提升传统产业、构建现代化经济体系的重要引擎。数字经济和实体经济深度融合，就能产生倍增的经济动能。中国现在已经是制造业、基础设施建设大国，数字化可以加快推进新型工业化，加快建设制造强国、质量强国、航天强国、交通强国、网络强国，可以抓

住世界科技革命和产业变革的先机,抢占未来发展制高点,构筑国家竞争新优势。数字化创新可以成为稳经济、促增长的新动能。分析研究2022年上半年各省市经济发展情况,浙江省经济核心指标都在全国前列,数字化创新是重要驱动因素。

实现产业数字化和数字产业化,需要继续促进网络经济的健康可持续发展。网络经济正在迭代,随着互联网的智能化,网络经济已经从电商、支付、物流等生活服务领域,扩展到生产和经营性质的供应链商务圈,以及文化交流等领域。供应链平台能够无缝连接供给、物流和金融服务。人们使用的云端会议平台,可以线上线下无缝连接。网络经济最新动态,主要是眼球效应和流量效应,其逻辑是:话题引发关注,关注引发场景,场景引发流量,流量引发数据,数据创造价值。2022年1—9月,全国网上零售额同比增长4.0%,社会消费品零售总额同比增长0.7%,前者高出3.3个百分点。2022年上半年移动数据流量增长超过20%,网络用户规模9.95亿人,接近10亿人,短视频用户规模9.62亿人,位居世界第一,充分激发了经济动能。

实现产业数字化和数字产业化,需要推动元宇宙经济建设。元宇宙是全新的概念。全国科学技术名词审定委员会在2022年9月13日召开会议,为元宇宙概念作出定义:人类运用数字技术构建的,由现实世界映射或超越现实世界,而且可以与现实世界交互的虚拟世界。目前,元宇宙的经济意义仍混沌未开,但是元宇宙潜在的爆发力值得关注。应用好元宇宙,能产生拉动第三产业经济产出的新动能。

2. 扩展长尾群体的信用发现和供应链的信用传递,让普惠金融变得触手可及

普惠金融,是指立足机会平等要求和商业可持续原则,以可负担的成本,为有金融服务需求的社会各群体提供适当、有效的金融服务。普惠金融一直是一个世界性难题,难就难在,长尾群体的信用发现难,风险成本高,普惠金融在商业上难持续。数字经济时代有了解题的新路径:扩展

长尾群体的信用发现，扩展供应链的信用传递，让普惠金融变得触手可及。

近年来，我国的大型商业银行和中小型商业银行共同发力，应用数字化技术，消除普惠金融痛点，满足长尾群体的金融服务需求，取得了显著成效。数字化创新让普惠金融具备商业可行性：通过大数据风险控制技术，解决银行与客户之间信息不对称的问题，实现风险可承担；通过线上化业务模式，解决人工服务成本高的问题；通过新型系统架构，实现高弹性、低试错成本，优化成本结构；通过互联网产品设计，快速应对市场诉求；通过数字化精细运营，覆盖小微企业成长全周期；通过数字化精准营销，提高小微企业融资便利性。发展数字普惠金融，为金融服务实体经济增长、在高质量发展中实现共同富裕明确了方向。

3. 推进数字金融全面落地

这次新冠疫情是对金融机构的全面考验，也是对数字化金融服务的一次全面考验。数字化能力强的，自然抗疫行动快，覆盖面大，效果明显。此次疫情提醒我们，迫切需要在以下两个方面加速推进：

一是加快技术创新，推进数字金融全面落地。广大金融机构都应将金融科技提到更为重要的位置。应用区块链、大数据、人工智能、云计算等数字化技术，打造端对端、点对点的立体交互的金融服务体系，打造云办公、云监管的跨越空间的金融管理运营模式。金融监管部门既要主动管控技术创新、业务创新可能造成的潜在的金融风险，也要自觉避免监管技术落后、监管制度滞后可能造成的监管真空。

二是加快制度创新，推进普惠金融全面落地。应用大数据、区块链技术，可以建设数字信任机制，打造普惠金融的技术平台。与此同时，要抓紧解决信贷机制问题和长效性制度问题。小微企业政策扶持具有即期效应，而制度创新应该立足于完善机制，长远见效，从根本上解决金融资源配置失衡的问题。融资成本和风险成本是商业银行信贷业务的核心成本，市场融资成本降低了，商业银行才有可能进一步降低对小微企业的信贷价格。

央行的货币政策既要实现货币供给总量控制和市场流动性调节的功效，又要实现降低金融市场总体融资成本的功能。多年来的货币政策在流动性调节方面成效显著，今后一定时期，希望央行在市场融资成本控制方面给商业银行留有更大的空间。在风险成本管理方面，应该坚持市场化的定价机制，金融监管机构可以管控商业银行对小微企业贷款的平均利差幅度，而不宜限定最高利率水平。信贷定价如果无法覆盖融资成本和风险成本，就难以持续发展。财政税收制度也有必要对金融机构的小微企业融资业务给予税费减免，支持金融机构为小微企业提供全方位的金融服务。

（四）提升金融服务实体经济的能力和水平，要有新的思路

金融服务实体经济，数量很重要，但质量更重要。应该着力提升资本和资金要素的效用，促进实体经济补短板上水平，用相对少的金融投入拉动相对多的经济产出。因此，在新的转变中的经济形势下，金融服务实体经济要有新的思路：坚持更积极的财政政策、审慎的金融原则，用数字化创新赋能增效。

一是坚持积极的财政政策。与其他国家和经济体对比，中国的经济结构更完整因而有更强的伸缩韧性，供给侧产能远高于本土需求因而有更多的腾挪余地。因此有条件实施更加积极的财政政策。例如，适度提高财政赤字率，短周期内财政赤字率可以提高到4%~5%；增加长期国债和专项债的发行，募集资金用于重大项目投资，亦可用于置换地方政府的债务，激活地方政府的财务动能；在数年内保持减税降费政策的持续性，扶持企业特别是中小微企业渡过难关，恢复活力。

二是坚持审慎的金融原则。保持适当的社会融资规模，平稳增加金融投放，进一步优化融资结构。支持国家的关键项目建设，支持国企投资和民间投资，增加对中小微企业的信贷投放。需要注意的是，金融资源配置与财政资源配置的区别是存贷硬性平衡、期限适度错配、借贷必须偿还。因此，即使是在稳经济促增长阶段，也应坚持审慎的金融原则，避免大水漫灌造成无效信贷投放，产生新的不良资产。

三是金融工具数字化。例如，提升供应链金融的数字化水平，应用人工智能、区块链、5G 网络等技术，构建能够无缝连接供给、需求、物流和金融的供应链平台，扩展供应链的信用传递，实现物流、信息流、资金流的一体化，从而降低供应链整体的融资风险，降低供应链内企业的融资成本，提高金融服务效率。又如，建立金融数据要素融合应用系统，实现数据可用不可见，在实现数据共享的同时保护数据隐私，在提升数据资源价值的同时保护数据安全。再如，建立数字资产市场平台，对数字化专利技术进行登记、认证、议价和交易，促进技术专利数据在市场主体之间的高效流转和有偿共享，促进科技创新成果的实际应用，促进产业升级增效，实现技术信息资源的合理配置和价值最大化。

（五）提升金融服务实体经济的能力和水平，要实施高效的金融监管

提升金融服务实体经济水平需要实施高效的金融监管。数字化技术创新正在改变金融服务模式，逐渐形成交互、交叉、交集的金融新业态。金融创新呼唤监管创新。应建立数字化金融监管综合系统。数字化金融监管综合系统的主要意义是，完善金融基础设施，降低监管成本和被监管成本。这个系统由金融监管部门共建共享，能够覆盖所有的金融机构，能够穿透不同的金融市场和金融业务，共享多方监管数据，执行一致性的合规标准，实现金融监管全流程、全方位的智能化，超越流程复杂、耗费资源的现场监管。建立数字化金融监管综合系统，应关注以下两个方面：

一是应该打破制度性数据孤岛。目前的问题是，涉及企业的信用数据，分散在金融监管部门、金融机构、工商行政管理、税务、海关等不同的局域系统中，开放共享的水平不高，影响公共数据资源的价值发现。应该通过立法和行政指令的方式，改变公共数据的"行政部门所有制"。国家应该建立标准统一的公共统计制度，建立集中统一的公共数据库，建立互联共享的公共数据应用系统，形成能够支持数字经济发展的基础设施。

二是应该保护个人数据隐私和数据安全。万物互联意味着数据的集合，但集合并不能自动解决数据孤岛的问题，甚至会形成数据垄断。技术性数据孤岛当然可以成为数据占有者的资源优势和竞争优势，但站在国家的立场，这种数据垄断可能妨碍公共数据发挥应有的社会价值，也有可能因商业利益或安全疏漏发生侵犯个人隐私的问题。所以，数字经济时代更需要切实保护数据隐私。中国的国情与西方国家不同，我们不宜照搬西方法律的具体条文，但应该强调数据所有者对隐私数据的基本权利。我们迫切需要更新安全定义、安全技术、安全制度，构建一个全新的数字安全体系，切实保护数据资源的安全。

实体经济的发展离不开金融业的大力支持，而金融业自身实现高质量发展也是服务好实体经济的重要前提。金融本源必须传承，金融服务也必须创新。在数字经济时代，各行各业都在探索数字化转型中的新机遇，我国应该抓住这个机遇加快数字金融制度建设，抓紧制定数字化金融监管、数字货币监管、法定数字货币发行等数字金融制度，在全球数字金融制度和规则的建设中，主动参与并积极争取话语权，加强国际监管协调，促进达成监管共识，努力建立数字金融国际监管统一标准，提升金融服务实体经济的质效。展望未来，金融与实体经济的关系越发紧密，金融支持实体经济的力度将进一步加大，需要持续提升金融服务实体经济高质量发展的能力和水平，做好稳增长、稳就业、稳物价工作，有效防范化解重大金融风险，深入推进金融业改革开放。需要积极探寻今后五年乃至更长时期我国金融发展的新路径、新举措，构建中国式现代化金融体系，实现金融发展与实体经济发展的良性循环，助力全面建设社会主义现代化国家开好局、起好步。

五、抓住 RCEP 机遇，在服务大局、把握大势中推进更高水平开放

迟福林[①]

当前，国际安全与经济秩序正在经历重大调整，发展与冲突并存成为全球突出矛盾，经济全球化和区域经济一体化进程将发生某些重要变化，人类社会现代化进程又一次来到了历史路口。在这个大背景下，发挥好 RCEP 全球最大自由贸易区的作用，加强中国与东盟等 RCEP 区域合作，其战略性、全局性、紧迫性全面凸显。海南具有独特地缘优势，在 RCEP 与中国大市场中的战略枢纽地位凸显。抓住 RCEP 生效的重大机遇，海南自由贸易港要在服务大局、把握大势中推进更高水平开放，使海南自由贸易港在百年未有之大变局中扮演好特殊的战略角色，为实现中国式现代化贡献海南力量。

（一）建立海南自由贸易港的意义——发挥战略枢纽作用

当前中国与东盟关系进入全面战略伙伴关系的新阶段，以打造重要开放门户为目标的海南自由贸易港，拥有地缘优势与高水平开放的政策制度优势。中国—东盟建立对话关系三十周年之时，双方正式宣布建立全面战略伙伴关系。中国与东盟合作交流进入新阶段，双方经贸合作蕴藏更大潜力，也将在推动亚洲区域经济一体化及全球经济治理变革、维护多边贸易体制等方面发挥更大作用。

此外，海南自由贸易港有条件成为中国与东盟全面战略合作的重要枢纽。海南与东盟国家地缘相近、人文相亲，既具有面向东盟最前沿与地处 RCEP 中心以及背靠超大规模中国内地市场等优势，也具有最高水平开放政策与制度优势。在海南建设具有世界影响力的自由贸易港，就是要充分发挥其独特作用，将其打造成为中国与东盟经贸合作的自由经济区、公共卫

[①] 迟福林，十一届、十二届全国政协委员，中国（海南）改革发展研究院院长，中国服务贸易协会专家委员会理事长，中国经济体制改革研究会副会长，蓝迪国际智库专家委员会委员。

生与健康合作示范区、蓝色伙伴关系核心区以及全面人文交流特区。

最后,海南自由贸易港有条件成为中国与东盟市场的重要连接点,吸引国内高水平企业在海南建立面向东盟的总部基地,助力东盟企业开拓中国国内大市场;有条件成为中国与东盟商品和要素双向流动的大通道,提升对中国—东盟跨境供应链发展的促进、服务作用以及对产业链、价值链、创新链的服务功能;有条件成为中国与东盟区域性国际人文交流中心,全方位开展与东盟各国的人文交流活动。

(二)RCEP 生效下,海南自由贸易港如何发挥战略枢纽作用

1. 以加强与东盟经贸合作为主要抓手,发挥海南自由贸易港的战略枢纽作用

一是要加强与东盟经贸合作及人文交流。加强与东盟经贸合作交流事关我国高水平开放全局,是重大国家战略。作为全球经济活力最强的地区之一,东盟在我国以高水平开放构建新发展格局中的地位和作用明显提升。预计到 2030 年,东盟 GDP 将达到 4.5 万亿美元,并将成为世界第四大经济体。特别是在现有国际政治经济安全秩序有可能在某些方面被打破重构、逆全球化将更加突出的情况下,抓住 RCEP 生效的重大利好,务实推进我国与东盟全面战略伙伴关系,加强与东盟经贸合作及人文交流,扩大地区内经贸融合度与利益交汇点,是我国在大变局下赢得国际合作竞争新优势的战略重点。

二是要将海南自由贸易港打造成 RCEP 下中国与东盟合作交流的战略枢纽。海南地处 RCEP 中心位置,也是我国面向东盟的最前沿。依托区位优势,做好自由贸易港政策制度与 RCEP 的叠加集成,使海南自由贸易港在中国与东盟的市场联通、产业融合、规则衔接、要素配置中发挥枢纽作用,成为两个市场的重要交汇点,这是大变局下海南自由贸易港打造"重要开放门户"的重要抓手。

三是要努力将海南自由贸易港打造成为中国与东盟高水平合作交流的重要平台。自由贸易港是当今世界最高水平的开放形态。海南自由贸易港

政策安排总体优于 RCEP 相关规则。海南自由贸易港不仅要推进 RCEP 规则先行落地，还要充分发挥单向开放的灵活性、主动性，同新加坡、马来西亚、越南等 CPTPP 成员国开展更高水平的双边、区域合作，使之成为 RCEP 区域高水平合作交流先行区。在这方面，海南有条件，也有可能。关键是要把握大势，解放思想，大胆改革创新，对标 CPTPP 尽快出台相关的重要举措。

四是要发挥海南自由贸易港在推进南海区域经贸与安全合作中的独特作用。以海南自由贸易港为重要平台，与条件成熟的南海地区内国家开展更大力度的双向开放、实行更加灵活的产业项下自由贸易政策等，不仅有利于推动中国—东盟经贸合作的巩固与发展，而且有利于南海长期和平发展。例如，打造油气共同开采圈、海洋共同环保圈等。

2. 以打造"两个总部基地"为重点，尽快出台海南自由贸易港的相关政策

一是要以建设"两个总部"为重大任务。面对当前全球政治经济格局变化的新形势，海南自由贸易港要适应大势，以建设"两个总部"为目标，加快形成相关的政策与制度环境。一个"总部"，即形成国内企业面向东盟市场的总部。这需要形成更具吸引力的相关政策与制度设计。另一个"总部"，即吸引非 RCEP 成员的企业在海南自由贸易港设立面向中国市场的区域总部，使海南自由贸易港成为全球投资者分享 RCEP 红利的重要平台。原因有两个方面：其一，新形势、新背景下，引导、鼓励国内企业尽快以海南自由贸易港为总部基地，到东盟国家投资布局，尤其是制造业企业、数字经济企业以及相关旅游文化企业等，以尽快增强中国与东盟经贸人文交流合作的凝合度，推进中国与东盟产业链、供应链的一体化，这是大局、是大势，具有相当大的战略性、迫切性。其二，将海南自由贸易港打造成为中国与东盟合作交流的战略枢纽，要以全球与区域生产、销售、合作网络为依托，也需要以国际化的服务、人才、平台为支撑。从新加坡、中国香港等自由贸易港的发展经验来看，集聚一批全球或区域性总部企业是提

高自身在区域合作中地位作用的重要条件。例如,目前约有 2.6 万家国际公司立足新加坡,三分之一的《财富》世界 500 强公司选择在新加坡设立亚洲总部;2020 年,在中国香港设立的地区总部企业有 1504 家,主要集中在贸易、金融、专业服务领域。大量的全球或地区总部企业集聚不仅产生了巨大合作需求,也提供了高效便捷的合作网络和国际化的服务体系。

二是要用好 RCEP 政策打造"两个总部基地"。RCEP 以非服务业领域市场准入负面清单方式推动区域内投资自由化便利化,并以正面清单和负面清单相结合的办法推进区域内服务贸易整体开放,不仅能明显提升 RCEP 区域内贸易投资环境的稳定性与透明度,也将带动区域内产业链整合调整。在这方面,海南自由贸易港要尽快实行更创新的开放举措与政策安排。当前,最为重要的是国内企业面向东盟合作的"总部"建设。要从这个"总部"需求出发,支持海南出台一系列有吸引力的相关政策。例如,"两个 15%"的所得税政策要全面普及。

三是要以打造"两个总部基地"为导向形成与之相适应的政策体系。例如,尽快将《海南自由贸易港建设总体方案》中"非金融企业外债项下完全可兑换"政策具体化,将"新增境外直接投资取得所得免征企业所得税政策"制度化,稳定企业中长期预期。同时,考虑到 RCEP 成员国农业增加值约占全球的 43% 左右,且东盟国家农产品与海南高度重叠,建议加快吸引国内龙头企业将海南作为走向东盟的区域性总部基地,并在海南加快布局以加工、包装、保鲜、物流、研发等为重点的农业制造业项目,通过"零关税"和原产地政策进口东南亚国家的农产品在海南进行精深加工。

3. 以国际交流的特别之举,推动尽快实现海南自由贸易港与东盟合作的突破

一是需要以特殊举措建立新冠疫情下中国与国际交流尤其是与东盟交流的特殊区域。首先,要尽快成为 RCEP 成员国交流与能力培训的重要平台;其次,要以博鳌亚洲论坛为支撑,成为疫情下我国的国际交流、交往的"特区"。在这方面,北京冬奥会已提供了疫情中举办大规模活动

的管理模式。

二是需要适时放开面向东盟的劳务市场。菲律宾、印度尼西亚、柬埔寨等是全球劳务派遣服务大国。要适应各方需求，适时放开面向东盟的劳务市场。例如，通过配额管理、完善社会治安管理制度等方式，在海南率先引入菲佣等技能型外籍劳工，为国际化人才和海南中高收入家庭提供优质家政服务；更加重视青年交流，开设面向东南亚国家的来华留学生学习、实习、就业绿色通道，邀请RCEP成员国内的青年企业家、青年意见领袖等通过参与调研、实地体验、举办青年论坛等方式，增进RCEP区域内青年间的交流互信。

三是需要加快建立区域性国际人文交流中心。发挥海南自由贸易港更加开放的人才和停居留政策优势，全方位开展与东盟各国的人文交流活动，构建官民并举、多方参与的人文交流机制。同时，依托博鳌亚洲论坛等重要平台，围绕南海务实合作开展高端对话和共同研究，推动与周边国家拓展海洋科技合作、环境保护及防灾减灾等方面的国际合作。

4. 抓住RCEP契机将海南自由贸易港打造成国内国际双循环的重要交汇点，实现高水平开放

构建国内国际双循环新发展格局，是中国适应国际国内情况变化所采取的一个重大战略举措。这个过程中，海南自由贸易港居于何种定位？在加快构建以国内大循环为主体、国内国际双循环相互促进的新发展格局大背景下，海南应如何打造国内国际双循环的重要交汇点，实现高水平的开放？海南自由贸易港应成为国内国际双循环的战略枢纽，成为国内国际双循环的交汇点。在海南建立面向东盟的区域大市场。

一是海南可以通过迅速建立旅游市场、商品市场、要素市场，实现与东盟合作的重要突破。在旅游市场方面，疫情之后东盟对中国旅游大市场的需求很大。在商品市场方面，海南可以建立面向国内消费者的燕窝交易市场。目前，燕窝主要产自东南亚，年交易额达到1000亿元。在要素市场方面，预计未来诸多产权、碳汇以及包括个人财富跨境管理在内的金融市

场能够在海南先做起来。综上所述，在国内国际双循环新发展格局中，海南自由贸易港的首要任务就是实现与东盟市场的连接。

二是海南自由贸易港与东盟市场连接具有特别的重要性。这是发挥海南独特的地理区位优势，进而打造面向太平洋、印度洋重要开放门户的一个突破口和一项关键之举。中央在海南建设自由贸易港的战略目标就是把海南打造成我国新时代对外开放的鲜明旗帜和重要开放门户。这个门户主要面向东盟开放，海南应该在这方面扮演重要角色。

三是从现实来说，服务构建国内国际双循环中很重要的一环，就是旅游消费。中央在《海南自由贸易港建设总体方案》中要求海南成为国际旅游消费中心。未来，随着奢侈品市场、免税品市场的发展，会有越来越多的人愿意到海南旅游消费。海南应该与香港合作，实现免税品市场的连接，这不仅有利于丰富海南免税品市场的产品，还能够促进海南逐步建立起以消费者保护为核心的免税品市场服务体系。

四是海南应对标世界最高水平开放形态。实践证明，越高水平的开放越有竞争力。什么是最高水平的开放形态？笔者认为就是要推进制度型开放，是以服务贸易为重点的规则、规制、管理、标准的对接，并以此带动改革全面深化。

五是海南应推进制度集成创新。这不仅要求在某些运行机制上创新，更重要的是要在建立高效的行政体制、专业高效的立法体制、高效权威的司法体制方面实现重大突破，大大提升海南国际化、法治化水平。

六是海南要解放思想、大胆创新。尤其在以加强服务体系为重点改善营商环境方面面临很多新的课题。

七是海南需要各类专业人才、管理人才。一方面，要加大培训力度；另一方面，要引进国际化人才。未来，海南自由贸易港发展前景广阔，海南已成为创新创业的热土，希望每一位青年投身于这片热土，贡献自己的价值。

面对全球百年未有之大变局，加快建设海南自由贸易港，是我国主动开放、扩大开放的重大举措，成为国际社会关注我国主动扩大开放的重点之一。海南地处 RCEP 中心位置，也是我国面向东盟的最前沿。依托区位优势，做好自由贸易港政策制度与 RCEP 的叠加集成，使海南自由贸易港在中国与东盟的市场联通、产业融合、规则衔接、要素配置中发挥枢纽作用，成为两个市场的重要交汇点，这是大变局下将海南自由贸易港打造成为"重要开放门户"的重要抓手。海南只有抓住 RCEP 正式生效的重大机遇，在服务大局、把握大势中推进更高水平开放，才能在百年未有之大变局中扮演好特殊的战略角色，为实现中国式现代化贡献海南力量。

第二章　发掘全球一体化经贸机遇

百年变局和世纪疫情交织叠加，全球经济遭遇逆流，经贸摩擦冲突进一步加剧，合作意愿明显下降，世界进入动荡变革期，人类再次站在了历史的十字路口。但中国坚信，各国走向开放、走向合作的大势并没有改变，也不会改变。回顾历史，开放合作是增强国际经贸活力的重要动力。立足当今，开放合作更是推动世界经济稳定复苏的现实要求。比如，从具体商品交易角度，从下达订单、产品生产，到现代物流、快速通关，再到移动支付、精准配送，每个环节展现的都是国际产业链供应链日益重要的作用，都离不开国际市场的开放合作。人类早已是"你中有我，我中有你"的利益共同体、责任共同体、命运共同体。

为促进国际贸易规模的快速增长，只有打破国家间的贸易壁垒，促进国与国之间信息传递、流程协作、技术共享，提升全球资源配置效率，才能为世界经济发展提供强劲动力，才能实现国际社会的共同进步。作为全球贸易复苏的重要贡献者，中国的发展离不开世界，世界的繁荣也需要中国，中国在推动建设开放型世界经济和构建人类命运共同体方面只会加速，不会放慢脚步。

携手合作是中国在推动构建人类命运共同体征程上的选择。以深入落实习近平总书记提出的"一带一路"倡议、优化全球治理体系和促进世界经济增长为宗旨,以致力于与全球共同参与"一带一路"建设的国家"共商、共建、共享"为原则,以"政策沟通、设施联通、贸易畅通、资金融通、民心相通"为主要目标的蓝迪国际智库,在促进中国与世界各国义利相兼、义重于利的友好交往,提升国际互联互通水平,落地生根国际合作项目的过程中起到了积极作用,为中国与"一带一路"沿线国家的合作故事、共赢故事、发展故事的发生,以及开启美好未来提供了一把金钥匙。

一滴水可以折射出太阳的光辉,通过国际经贸合作而敞开的一个个窗口,可以看出在世界各国共享的发展百花园里,"中国红"在持续描绘推动构建人类命运共同体的生动画卷中所付出的努力,以及应得的认可与响应。比如,法国认为由于中国主张和中国行动不断落地开花,中国逐渐成为推动世界经济增长的最大引擎;埃及的认知也殊途同归,认为"一带一路"正成为中阿关系发展的"新引擎";德国以实际行动表明中德合作共创美好未来;日本希望战胜价值观分歧,推进双边经贸合作;巴基斯坦则将深入推进中巴经济走廊等。

一、法国:高扬合作的风帆,中法友谊乘风破浪、历久弥坚

法国　让-皮埃尔·拉法兰[①]

当前,世界格局正发生深刻变革。在这个相互依存的世界中,我们必须开阔眼界,拓展思想,共建命运共同体。过去五年里,中法全面战略伙伴关系保持高水平发展。自 2015 年发表《中法第三方市场合作联合声明》以来,这种合作模式已经走过了七年的发展历程。法国也是中国"一带一路"倡议的好伙伴,"一带一路"是致力于促进国际合作的伟大倡议,在"一带一路"倡议框架下,许多投资项目稳步推进和落实。此外,随着战火

---

① 让-皮埃尔·拉法兰,法国前总理,法国展望与创新基金会主席,2019 中华人民共和国"友谊勋章"获得者,蓝迪国际智库国际专家委员会委员。

重燃欧洲大陆，在美国奉行单边主义，地缘政治冲突给多边关系发展带来诸多不稳定因素的背景下，中国正与包括法国在内的许多国家携手维护多边主义。在这个背景下，诚挚地交流与沟通是增信释疑、促进国际合作的关键一步。在过去的五十八年间，中法关系历经温暖晴好，也难避风雨阴霾，但在两国人民相互吸引、相互尊重、相互欣赏的历史情愫中，两国在政治、经济、文化、科教、体育、民间交流等领域不断合作、持续创新，创造了一个又一个佳话。尽管世界正经历百年未有之大变局，人类社会发展面临许多机遇和挑战，但是高扬合作的风帆，在面向未来的征程中携手前行，我们坚信中法友谊能够乘风破浪、历久弥坚，在新时代结出更为丰硕的成果。

（一）回顾过去，中法合作的历史渊源和合作取得的成效

1. 中法关系中的三个"同心圆"

回顾和总结中法关系，中法友谊可以用三个关键词组来形容，"相互尊重、维护和平、共创未来"。尊重和信任是多年来两国关系发展的支柱，和平是两国人民的共同愿望。我们也可以用三个"同心圆"来比喻中法双边关系的重要共识：

第一个"同心圆"是中法两国具有相似的"世界观"。虽然中法两国社会制度不同，但能秉持相互尊重的精神，高举多边主义旗帜，认为对话才能带来和平。顺应时代发展，改善多边主义规则和框架，提升亚洲和非洲在多边主义体系中的话语权，是中法两国的共同使命。

第二个"同心圆"是中法两国的经贸合作。法国企业深耕中国市场，不断取得成功，从核能、航空航天、汽车制造到葡萄酒、奢侈品和服务业，中法经贸合作领域不断扩大。法国是最早参与中国改革开放进程并从中获益的西方国家。今天，双方利益联系日益紧密。2022年中国与法国双边货物进出口额为812亿美元，比2021年减少了384625.69万美元，同比下降约4.4%，但是这个数字仍然显示了中法两国经济合作的稳定。中国是世界经济增长的引擎，世界的繁荣需要中国。削弱中国经济增长，就会迟滞全

球经济发展步伐。未来，希望两国经贸合作能"更上一层楼"，不断深化合作，扩大互利共赢。

第三个"同心圆"是中法两国共同的外交理念。在单边主义和保护主义盛行的背景下，法国更应坚持相互尊重、平等对话、互利共赢的外交原则，不断提升中法全面战略伙伴关系。中法友谊是世界稳定的重要因素，中法对话越频繁，合作越紧密，世界就会越和平稳定。

蓝迪国际智库专家委员会主席赵白鸽与中华人民共和国"友谊勋章"
获得者、法国前总理让-皮埃尔·拉法兰会晤

2. 中国发展令国际社会受益

过去十年，中国取得了举世瞩目的成就。中国历史性地消灭了绝对贫困，这不仅对中国非常重要，也令国际社会整体受益。中国通过实践探索出了行之有效的做法，积累了宝贵经验，这对其他发展中国家有重要借鉴意义。

一是中国在疫情面前，展现出强大高效的组织和动员能力，这正是中

国制度的优势。中国正在走自己的道路，走中国特色社会主义道路。坚持中国共产党的领导是中国特色社会主义道路的最本质特征。细心的观察家不难发现，中国共产党是中华人民共和国的支柱，是这个国家的脊梁。通过不断自我革命，中国共产党越来越有效率，越来越贴近人民。

二是中国与世界的互动越来越深入。中国加入世界贸易组织二十多年来，不断扩大开放，在经济和社会发展上取得长足进步。改革开放推动了中国快速发展。中国的发展与开放对中国、对亚洲、对世界都十分重要。在一定程度上，我们所有人都是合作伙伴，应该以合作的逻辑去思考问题，这是处理当前世界上各种紧张关系的最好办法。

三是中国愿意与其他国家合作共赢。当今世界，危机重重。当务之急是在对立和动乱中寻求共识、加强合作。各国应树立面向未来的共同愿景，携手推动科技创新，并在地球环境保护、非洲发展与公共卫生等方面加强合作。笔者期待，中法两国在维护多边主义、应对气候变化等问题上继续合作，为缓解当今世界紧张局势、推动世界和平而共同努力。

3. 中法合作取得的成效

近年来，中法关系发展势头良好，中法合作取得成效。双方不断深化经贸、投资、科教、交通、人文等领域合作交流，携手应对新冠疫情以及气候变化和生物多样性保护等全球性挑战，不仅造福两国和两国人民，也有利于世界和平、稳定与繁荣。2022年，两国元首的成功通话，有力推动了两国关系发展。中法都是联合国安理会常任理事国，双方都高度重视中法关系，希望通过努力，共同推动中法各领域合作不断取得新成果，也为中欧关系健康发展作出新贡献。

中法两国围绕"一带一路"建设的务实合作也已取得了诸多喜人成果。例如，2015年中法携手推动达成《巴黎协定》，在应对气候变化方面开展了富有成效的合作，向世界发出低碳转型的信号，这个信号正在成为全球绿色发展的共识；2016年中法国际货运班列线路——"汉新欧"国际集装箱班列的开通，有效带动了中法两国在机械产品、电子产品、化工产品、服装、汽车产品、葡萄酒和农产品等领域的贸易往来,为中法"一带一路"合作拓展了新的重要通道,更拓展了欧亚国家在地理与经济上的联系;2017 年,法国南部最大的华商贸易批发城——马赛国际商贸城,成为地中海周边最大的贸易批发商城,为来自法国南部、西班牙、意大利、东欧及北非国家的中小企业提供了庞大的国际化平台;2018 年首届中国国际进口博览会上,众多法国企业积极参与,依托"一带一路"建设,借力中国国际进口博览会,中法合作不断融入新内涵,呈现新亮点,博览会期间,众多法国企业进一步拓展中国市场,借助这一平台扩大对华商品出口,丰富中国百姓的生活。

中法围绕"一带一路"框架的务实合作更得到了法国政界、商界、学界乃至文化领域的大力支持。自"一带一路"这项涵盖经济、贸易、投资、文化等领域的构想推行以来,在国际上已取得了令人瞩目的成就,显示出强大的活力。法国致力于建设多极世界,支持有利于促进和平合作、繁荣发展的倡议。因此,法国将积极参与到这一促进实现亚欧之间政策沟通、基础设施联通的重要倡议中。"一带一路"是一项动员全世界的提议,不仅对中国有积极意义,也对需要与世界联系的中亚及欧洲具有重要意义,将进一步带动欧亚大陆经贸、人文与学术等领域的交流与合作。同时,法国还将借助其在非洲发展的优势与影响力与中国积极在非第三方市场展开合作,共同拓展"一带一路"发展外延。

(二)展望未来,中法合作空间将进一步拓展

展望未来,"一带一路"倡议,将使中法合作空间进一步拓展。这个伟大的丝绸之路项目使得各方能够为社会、文明尤其是企业之间,寻求更好的联系。我们有一个共同愿望,那就是合作。在这个伟大倡议的基础上,找到多种先进的、现代的合作形式,与我们对 21 世纪多边主义的期望是相呼应的。相互尊重、公平贸易,创造一条双向通道,一条既能促进经济发展又能实现我们的环保承诺的双向通道。实际上,许多议题都可以促进国家之间的合作,这是"一带一路"倡议的宏伟目标之一,因此,中法之间

达成协议、推进合作是非常重要的。未来，在"一带一路"倡议的背景下，中法的合作空间可以在以下几个方面进一步拓展：

一是中国国际进口博览会，这是发展国际交流和贸易的重要举措。借力中国国际进口博览会，各个国家的代表会聚一堂，促进全球贸易的发展、组织公司之间的接洽、签订合同、达成订单、发展业务，进而在本国创造更多的就业机会。这种合作已经在许多领域开展起来，我们必须确保继续推进它，促进公司合作，并使各方在发展过程中受益，实现"双赢"，找到平衡的立场。这个在上海创建、一年一度的重大国际贸易会议，应当得到各方的大力支持和推进，成为国际交流尤其是欧中贸易领域的重要会晤。这也是一个契机，敦促我们每年一次评估合作的进展，并针对在个别领域中未能达到合作国期待水平的情况，进行调整恢复。

二是建设智慧城市方面的所有合作。我们都面临着一种日益发展的全球现象，即大都市化、城市化，必须共同创造未来的城市。城市在中国和欧洲有不同的历史。欧洲城市通常拥有丰富的文化遗产和悠久的历史，并且通过保护其居住环境，把文化遗产变成一种旅游资源。与中国大城市相比，它们的规模更适中。然而在中国存在着不同的组织方式：城市已成为经济和社会发展的引擎。正是城市对来自农村的务工人员的接纳，使中国创造了今日的经济价值，使数亿中国人摆脱了贫困。城市是发展的杠杆，但是技术将催生出"共同生活"的新态度、新行为、新服务和新组织方式。在这个主题上，我们需要进行很多合作，因为它既是一个社会的、群体的主题，也是一个技术问题。能源管理、垃圾管理和城市清洁，是非常重要的方面。而流动性、私人和公共交通运输，所有这些传统流通方式，都将深受新技术尤其是人工智能的影响。健康问题也是人们的优先关切：如何进行远程诊断，如何使用强大的现代技术系统，用更高的效率，以更贴近市民的方式，提供更好的护理治疗？所有这些都将极大改变我们的生活方式和经验。技术的使用可以帮助我们一起进步。

三是在文化层面的合作。通过两国之间频繁的文化交流、合作，直面中法文化差异，在交流中增进认识。法国人民和中国人民良好友谊是一种情感层面的交融，是两种文明的相知相惜。中国和法国这两个民族，都是感情充沛的民族，热爱大自然、热爱历史、热爱古老的文明，两个民族在文化层面有着许多共同之处。同时，中法两国的理念、历史、文化甚至建筑也存在差异。但是，通过交流的碰撞会迸发出新的想法，产生共同的兴趣点，产生了解彼此文化的需求，进而让两国的关系变得更紧密。应鼓励中法两国艺术和文化机构广泛互联互通，比如凡尔赛宫和故宫博物院的交流。鼓励发展双边文化旅游，加重旅游参观中的文化元素，在忠于本国传统文化的同时，利用对方对本国传统文化的好奇心加强交流，形成共赢。

四是在科技领域的深化合作。法国是首个与中国签署政府间科技合作协定的西方大国，1978年以来，双方的科技合作从人员交流、基础研究和高技术向重大科技工程等不断深入。未来中法可基于双方的利益交汇点深化合作。第一，在民用核能、航天、航空、卫生健康等传统领域继续深度合作。第二，在人工智能、量子技术、氢能、新发传染病、抗疫合作、清洁能源、环境和气候变化与生物多样性、深空探测、农业、碳中和、数字经济、自动驾驶汽车、氢能源汽车等新兴合作领域进一步拓展。第三，加强民间合作，拓宽合作渠道。加强大学间的合作和城市间的科技创新合作，利用科研人员的交流、中法两国留学生的桥梁作用，带动更深层次的合作。

五是在能源领域的合作。法国已经联手中国在第三国开展合作——正在英国建设欣克利角C核电项目。建成后，这将是一座位于英国的、法—中"混血"的核电站。在开发新能源方面，两国有着广阔的合作前景。该领域目前已经有了可观的合作，也必将持续发展壮大下去。

六是在联合国安理会的合作。中法合作对维持世界稳定发挥了重要作用。在联合国安理会层面，法国和中国还需要继续努力为多边机制改革共同提出新的建议。多边主义必须得到加强。但与此同时，多边主义也必须适应世界的形势。中法合作将为构建 21 世纪的多边主义提供新的理念——这是一个迫切需要展开合作的课题。

（三）大变局时代，高扬合作的风帆，中法友谊必将乘风破浪、历久弥坚

涓涓细流汇成中法友谊的江河。回顾历史，中法交往开创的诸多"第一"是两国友谊源远流长的重要见证。法国是第一个同新中国正式建交的西方大国，也是最早同中国建立战略伙伴关系和开展战略对话、最早同中国开展民用核能合作的国家。当前的世界正处于世纪百年变局时代，坎坷和阻力依然不少，全球经济遭遇逆流，全球疫情让世界经济曲折前行。尽管国际形势复杂多变，但是中国对中法关系的重视始终没有改变，中法对和平、发展、公平、正义的共同追求始终没有改变，中法合作互利共赢的属性始终没有改变。这三个"始终没有改变"是习近平主席把脉历史、立足长远的深刻总结，也是发展好中法关系的坚实基础。正是因为这样，中法的开放合作显得尤为重要，打破国家间的贸易壁垒，不断促进国与国之间的信息传递、流程协作、技术共享，提升全球资源配置效率，才能为世界经济发展提供强劲动力，才能实现国际社会的共同进步。大国与大国之间理应求同存异、寻找更多合作与发展的空间，而不是置于利益对立面。中国和法国都是联合国安理会常任理事国，担负着特殊历史使命和责任。中法两国应共同努力，弘扬传统友谊，高举多边主义旗帜，积极开拓创新，不断提升紧密持久的中法全面战略伙伴关系水平，为促进世界和平、稳定、发展作出更大贡献。展望未来，高扬合作的风帆，这份友谊必将乘风破浪、历久弥坚。

二、埃及:"一带一路"正成为中阿关系发展的"新引擎"

埃及　伊萨姆·沙拉夫①

回顾历史,中国与阿拉伯国家的友谊源远流长。一直以来,双方始终秉持和平合作、开放包容、互学互鉴、互利共赢的理念开展交流合作,逐步建立起全面合作、共同发展、面向未来的战略合作伙伴关系。当前,世界正经历百年未有之大变局,逆全球化趋势和世纪疫情相叠加,在国际格局和地缘博弈复杂变化的形势下,中国和阿拉伯国家的双边关系和政治互信仍在不断增强,各领域交流合作更加密切。展望未来,"一带一路"倡议正成为中阿关系发展的"新引擎",共建"一带一路"将推动中阿合作空间进一步拓展,首届中阿峰会也将进一步提升中阿全面战略友好关系,为中阿合作绘制新的发展蓝图,让"中国梦"成为惠及世界的梦。

(一)中阿合作历史回顾

1. 中阿合作的历史因由

阿拉伯国家和中国都是文明古国,双方有很多相似和相通之处。阿拉伯文化和中国文化,都有着自己的历史根基,都是有深厚底蕴的古老文明在现代社会的自然延伸,都是现代人回溯过往、寻根来路、汲取前进动力的源泉。因此,中阿两大文明早在古代就开启了交流和对话。

中国与阿拉伯国家交流合作历史悠久。在长期交往中,双方不断深化传统友谊,不断增强政治互信,不断拓展经贸合作,不断推进文化交流互鉴,各领域合作都取得了丰硕成果。中阿传统友谊深厚,古丝绸之路对促进双方经贸往来和文化交流发挥了重要作用。

中阿关系蓬勃发展,得益于中国成功的发展经验、发展道路和发展模式。中国的富强,为阿拉伯国家树立了典范和样板,令阿拉伯国家纷纷

---

① 伊萨姆·沙拉夫,埃及前总理,沙拉夫可持续发展基金会主席,蓝迪国际智库国际专家委员会委员。

"东向看",竞相拥抱中国,通过加强与中国的关系,向中国取经学习。"一带一路"倡议是对中国长期以来对外开放政策的生动诠释,也为反对单边主义提供了一个重要平台,让各国都能够在公正的全球治理体系下拓展良好合作的空间,因此受到阿拉伯国家的欢迎,也令他们与中国的心理和感情距离更进一步。

2. 中阿合作的历史成就

(1) 中阿合作不断迈上新台阶。

新中国成立后,中阿友好交往与互利合作稳步发展,不断迈上一个又一个新台阶。自1956年与埃及建交至1990年与沙特阿拉伯建交,中国同22个阿拉伯国家全部建立了外交关系。20世纪末至21世纪初,不断加强与阿拉伯国家的集体对话与合作成为中国推动对阿关系高水平发展的重要目标,中阿关系开始从双边合作向多边合作拓展。2004年1月,以"加强对话与合作、促进和平与发展"为宗旨的中国—阿拉伯国家合作论坛成立,标志着中阿双边合作向着机制化多边集体合作升级发展。中阿合作论坛成立以来,双方陆续建立了多种类型的集体合作机制,逐步构建起政治、经贸、人文等多领域协同推进、政府主导与民间参与并举并进的合作格局,为深化中阿传统友谊、推进互利合作、推动建设中阿新型伙伴关系作出重要贡献。2010年5月,中阿双方宣布"建立全面合作、共同发展的中阿战略合作关系",中阿友好关系与集体合作迈上又一个新台阶;6月,中国与海湾阿拉伯国家合作委员会(简称海合会)建立战略对话机制,中阿政治互信与多边合作进一步深化。2018年宣布建立"全面合作、共同发展、面向未来的中阿战略伙伴关系",双方各领域合作获得长足发展,取得显著成就。新时代的中阿全面合作,不仅让中阿"两大民族复兴之梦紧密相连",为两大民族实现民族复兴大业的历史进程注入强大动力,而且为不同社会制度国家间的合作,特别是"南南合作"树立了典范,为推进中东地区治理与全球治理、构建新型国际关系与人类命运共同体作出了贡献。

(2)"一带一路"倡议成功地振兴了古老的贸易和文化通道。

共建"一带一路"为中阿加强互利合作带来了重要机遇,成功地振兴了古老的贸易和文化通道。在共建"一带一路"合作的带动下,中阿贸易快速发展,文化交流不断走向深入,中阿合作呈现勃勃生机。例如,2021年中阿贸易额达到3303亿美元,比十年前增长1.5倍。2022年前三季度,中阿贸易额约达3193亿美元,同比增长35%,接近2019全年的规模。在投资领域,2021年,中阿双向直接投资存量达到270亿美元,比十年前增长2.6倍。中国已同20个阿拉伯国家及阿盟签署共建"一带一路"合作文件。双方在能源、基础设施等领域实施200多个大型合作项目,合作成果惠及双方近20亿人。在能源合作领域,中国2021年从阿拉伯国家进口原油2.64亿吨,占同期原油进口总量的近52%。双方在太阳能、风能、水电等新能源和清洁能源领域的合作方兴未艾、蒸蒸日上。

蓝迪国际智库国际专家南非总统顾问伊克巴尔·苏威(前排右一)
和埃及前总理伊萨姆·沙拉夫(前排右二)

（二）展望未来，"一带一路"正成为中阿关系发展的"新引擎"

1. 共建"一带一路"为中阿加强互利合作带来了重要机遇

（1）"中阿峰会"推动中阿合作全面深入发展。

经贸合作始终是中阿合作的压舱石，近年来中阿经贸合作全面深入发展，取得丰硕成果。2022年，中阿双方召开了首届中阿峰会。首届中阿峰会的召开，是中阿两大文明加深对话的明证，将成为中阿关系史上的里程碑，不仅因为这是中阿双方的第一届峰会，分量重、成色足、意义深，还因为它是在复杂动荡的国际形势下举行的，在乱象纷呈的当今世界，中阿双方亟须进行更高层次的协调、磋商与合作，以共同应对挑战。中阿峰会的召开为中国与阿拉伯国家进一步深化合作带来了新的契机，必将进一步加强中阿战略伙伴关系，推进和提升新时代中阿全面合作迈入面向未来的高质量合作新阶段。

（2）"一带一路"倡议成为中阿关系发展的"新引擎"。

"一带一路"倡议正成为中阿关系发展的"新引擎"，有力引领双方关系顺利驶入"快车道"。"一带一路"倡议之所以焕发出如此强大的生命力，主要有以下几个原因：一是因为它顺应时代潮流，契合发展规律，符合各国人民的共同利益和诉求，具有很强的"普适性"和"包容性"，因此得到阿拉伯国家的广泛认可和欢迎。二是因为作为一种理念，"一带一路"倡议的目标是构建人类命运共同体，其本身也是实现这一目标的重要手段。三是因为当今世界风云变幻，人类发展正处在"十字路口"，需要"富有人性"的全球化和新的全球治理模式。互联互通满足了人类生存的自然需求，而"一带一路"则是推动全球不同文明、不同民族和不同文化的人们实现共融共通。"一带一路"倡导的互通互连和以相互依赖为基础的全球化，让每个人享有和平与发展的权利。这一点与阿拉伯文化理念颇有相通之处。四是因为"一带一路"倡议在应对世界疫情的时候发挥了积极的作用。在全球合力应对疫情挑战之际，"一带一路"倡议的重要意义更加凸显。共建"一带一路"是推动沿线国家和地区尤其是发展中国家多边合作的创新模式，为促进国际合作、实现共同发展带来新前景。"一带一路"建设大幅提升了沿线国家和地区乃至全球的互联互通水平，优化了沿线国家和地区的产业结构。当前，沿线国家和地区携手抗疫，在恢复经济发展方面加强合作，有助于克服共同挑战。从长远看，共建"一带一路"合作将有力推动各方携手构建人类命运共同体。近年来，中国积极推动打造"健康丝绸之路"。相关合作在抗击疫情期间发挥了显著作用，再度证明中国方案行之有效。国际社会应共同完善全球疾病预防控制体系，以更有效应对公共健康危机。各方应最大限度地利用"一带一路"框架下的相关合作机制，提升卫生领域务实合作，加强全球公共卫生治理。中国积极践行人类命运共同体理念，为全球团结抗疫作出了无可替代的贡献。瞩目未来，相信中国将继续携手各方推进共建"一带一路"，为解决人类问题贡献更多智慧和方案，为世界和平与发展作出更大贡献。

2. 共建"一带一路"将推动中阿合作空间进一步拓展

首届峰会为未来的中阿关系走势和发展作出顶层设计，峰会之后，阿拉伯国家与中国的手会握得更紧、拥抱得更热情，同舟共济、共克时艰，携手共建人类命运共同体。展望未来，为进一步推动面向未来的中阿高质量经贸合作，中国与阿拉伯国家应携手共进，在以下几个方面作出更多努力：

一是大力推进中国—海合会自由贸易区谈判。中阿双方应加快共建中国—海合会自由贸易区，通过提升贸易自由化便利化水平，为中阿之间的贸易投资创造更为广阔的发展空间。

二是进一步优化贸易结构。中国与阿拉伯国家之间资源禀赋互补性强，贸易基础牢固。能源资源将仍然是中阿贸易的重要组成部分，同时，中国与阿拉伯国家之间的产业合作和农产品贸易仍有很大的拓展空间。因此，中阿双方应进一步加强贸易便利化合作，着力促进贸易的均衡发展。

三是拓展新兴领域投资。以阿拉伯国家经济的转型发展为契机，中阿双方应充分发挥境外经贸合作园区的聚集作用，引导中国企业加大对相关国家重点制造业的投资，并在跨境电商、智慧城市等数字经济以及人工智能、生物制药等高新科技领域探索新的投资合作机遇。

四是促进基础设施合作转型升级。阿拉伯国家在电力供应、新能源开发、交通设施、住房建设等基础设施建设方面仍有较大缺口。作为基础设施建设领域最重要的合作伙伴，中阿双方应引导中国企业不断提升自身竞争力，积极走"建设-投资-运营"一体化发展道路，深耕当地市场。

五是加强双边政策沟通协调。中阿政府层面应加强经贸领域的交流磋商，共同推进双边投资保护协定，避免双重征税协定的签署，为双边投资合作创造良好的政策和营商环境。同时，继续加强金融领域的交流合作，为经贸合作提供更为便利的金融服务和更为多元化的融资支持。

（三）"中国梦"也是惠及世界的梦

当今世界，世纪疫情影响深远，单边主义、保护主义抬头，全球性挑战日益增多。在此背景下，世界对习近平主席提出的人类命运共同体理念的理解愈加深刻。各国相互依存程度远超从前，人类是共同进退的命运共同体，没有任何国家能够独自应对全球性挑战。各国必须协同行动，汇聚强大合力。

在抗击疫情方面，自新冠疫情以来，中国积极践行人类命运共同体理念，为全球团结抗疫作出了无可替代的贡献。面对困难，中国总能展现出强大的凝聚力和动员力。中国共产党坚持以人民为中心，及时采取有力有效措施抗击疫情，赢得人民的理解与拥护。在抗疫过程中，中国综合运用大数据、5G、人工智能等高科技手段，令人印象尤为深刻。同时，中国一直积极推动国际抗疫合作，为全球抗疫注入巨大信心和力量。为助力弥合"免疫鸿沟"，中国已经向 120 多个国家和国际组织供应超过 22 亿剂新冠疫苗，并将继续向非洲国家无偿援助 6 亿剂疫苗，无偿向东盟国家提供 1.5 亿剂疫苗。中非建立起 41 个对口医院合作机制，中国援建的非洲疾控中心总部一期项目主体结构已于 2021 年 11 月封顶。中国还全面落实二十国集团缓债倡议，总额超过 13 亿美元，是二十国集团成员中落实缓债金额最大的国家。这些实实在在的举措体现了中国的负责任大国担当，赢得了国际社会的广泛赞誉。中国也多次向埃及捐赠防疫物资，提供最新版防控和诊疗方案，开展专家视频交流，尽己所能为埃及抗击疫情提供支持和帮助。疫苗合作是中埃抗疫合作的亮点。中国积极履行让疫苗成为全球公共产品的承诺，不仅向埃及提供疫苗，还在埃及建立新冠疫苗联合生产线。双方合作生产的疫苗在满足埃方需求后，还出口至中东和非洲其他国家，助力更多国家抗击疫情。阿拉伯谚语说："困难时出现的朋友才是真朋友。"中埃团结合作抗击疫情，必将带动两国友好合作更上一层楼。

在改善全球治理和推动全球化方面，中国近十年来在维护国际秩序、倡导多边主义方面发挥着示范作用。中共十八大以来，中国积极参与全球治理体系改革和建设，这离不开中国共产党的领导。改善全球治理需要多边主义的参与，中国正在很好地践行这一点。改善全球治理也需要充分遵守国际法，当前很多国家并没有维护国际法权威，甚至以单边形式发动战争、发起封锁和制裁。与此同时，在中国共产党的领导下，中国严格践行和遵守国际法条例。可以说，中国为世界各国在改善全球治理和推动全球化方面，提供了一个值得借鉴和尊敬的范例。中国共产党具有区别于世界其他政党的独特性与先进性，中国共产党始终践行的优秀品质和执政理念赢得了人民的衷心拥护和坚定支持。中国共产党同世界其他政党相比，所实现的最伟大成就是，以中国特色促进国家和谐与发展。中国共产党在领导国家中表现出先进性，在政党的自我革新、不断完善方面为世界其他政党树立了典范。中国共产党之所以能够凝聚民心，是因为它顺应民意、实现民需。在重大挑战和危机发生时，中国共产党能够领导人民形成合力，这也体现了中国共产党"执政为民"的理念。

未来，我们相信中国将继续携手各方推进共建"一带一路"，为解决人类问题贡献更多智慧和方案。同时也相信中国人民能够团结一心共筑"中国梦"。实现伟大复兴不仅关系到全体中国人民，也是人类发展的共同目标。尽管面临挑战，但是中国始终保持着发展的势头，向世界传递着一个信号：

"中国梦"也是惠及世界的梦。

三、德国：中德合作共创美好未来

德国 鲁道夫·沙尔平[①]

2022年是中德建交五十周年，过去五十年来，中德关系虽经历过波折，但总体是成功的。在当前多重全球性挑战面前，尤其是乌克兰危机背景下，各国不论政治制度如何，都必须合力应对，需要科学界、社会组织和全体人民共同作出贡献，各国应切实行动，加强合作，担负起促进世界和平与发展的共同责任。德国和欧洲同中国有共同利益，促进各领域和层面的交流合作，将对促进全面可持续的国际关系起到关键作用。展望未来，希望中德两国能够更好地分享和利用各自的科学知识、创新能力和经济实力，共同为建设一个更加美好的世界作出贡献。

（一）中德合作的历史因由

1. 德国和欧洲同中国有共同利益

在和平发展、寻求稳定的世界秩序中，德国和欧洲同中国有共同利益——全人类以及每个国家的人民能够拥抱一个安全、稳定、和平和更美好的未来。中德合作五十年，两国虽然地理距离遥远，历史文化各异，政治制度和法律体系也存在很大不同，但这些差异既是挑战，也是对话契机。过去五十年来，中德两国在这方面有过成功的实践。不论过去还是现在，中德关系都经历过困难阶段和巨大挫折。但对于两国来说，相互了解、交流和深化关系的过程是成功的。我们有充分的理由赞扬这一进展，同时思考如何在未来利用和发展这一经验。德国和欧洲同中国有共同利益，促进各领域和层面的交流合作，将对促进全面可持续的国际关系起到关键作用。

尽管各国之间的政治制度、文化渊源、社会治理模式等存在差异，但

---

① 鲁道夫·沙尔平，德国前国防部长，德国总理候选人，蓝迪国际智库国际专家委员会委员。

这些差异并不能阻挡加强对话、加深理解，并不断改善合作的愿望。人民和国家之间的关系不仅限于政府间的关系或商品和服务的交换，还有着广泛的文化、社会科学、经济层面的交流，许多其他学科领域的交流，地方合作伙伴间的交流与商业合作，以及民间交流与相互理解。在德国、欧洲和中国的关系，以及整个世界的层面上，这些交流合作将对促进全面可持续的国际关系起到关键作用。近几十年来，中国同德国和欧洲开展了一系列密切的文化、政治、经济等方面的交流，这些互动交流意义重大，极大促进了各国各大洲之间的相互了解，也对世界的发展产生了重大影响。所以，永远不应该将德国和中国之间的关系和欧盟各成员国与中国的关系，以及欧盟成员国之间的关系看作一种孤立的双边关系。这种关系对各大洲之间的关系同样具有很大的影响力，也影响着全世界的发展。

2. 全球化进程中，德国和中国面临相同的挑战

中国改革开放取得了人类经济史上前所未有的成功。中国不仅使数亿人摆脱了贫困，延长了居民预期寿命，还让众多百姓获得了更多的教育机会和更好的医疗保障，各种进步不胜枚举。这一点令人赞赏。但是随着这种发展，中国在转变为一个全球大国的进程中，也面临许多新的要求和共同的挑战。正如二战后的德国，在迅速复兴的同时，也出现了挑战，如同中国今天面临的挑战，即我们如何确保医疗体系的效率，如何处理贫富差距问题，如何处理东西部不同发展水平地区之间的差异，以及如何应对经济快速增长带来的对土壤、地下水和环境的危害等。即使处于不同的发展阶段，以不同的速度发展，甚至可能朝着不同的方向发展，中德两国依然可以交流经验，寻找可比性，共同制定解决方案并付诸实施。交流的目的是在世界另一端的欧洲和德国与东方的中国通过交流，携手应对共同挑战。我们两国既有许多共同点，可以取得很大成就，也面临巨大挑战：

一是长期存在、不断演变且尚未解决的气候变化挑战。在应对气候变化挑战方面，中国和德国正朝着一个共同目标迈进：中国致力于在2060年前实现碳中和，德国则希望在2045年前实现。中国在发展可再生能源方面

处于领先地位。我们应该共同考虑是否有可能在两国以及同其他国家的合作中取得更快的进展。中德两国和两国人民都在与持续的气候变化作斗争，气候变化威胁着粮食、农业、经济、城市等。希望中德两国能够更好地分享和利用各自的科学知识、创新能力和经济实力，共同为建设一个更加美好的世界作出贡献。

二是2022年乌克兰危机。在这方面，德国总理朔尔茨在最近访华期间，同中方领导人达成了重要共识，双方共同反对使用或威胁使用核武器。中德都是和平共处五项原则的坚定倡导者，这次会晤具有关键意义，增进了两国之间的互信，加深了两国相互的政治了解，为两国在一个更加和平的世界环境中携手走向未来开辟了光明前景。

三是自2020年初以来全球共同应对的新冠疫情。在这个相互依存的世界里，各国的密切合作、联合项目、全球供应链、知识和经验的频繁交流已经使整个世界紧密地交织在一起。当今世界已经不存在所谓地区性的事件。德国和欧洲同中国之间有共同利益——我们在助推世界和平发展、寻求稳定的世界秩序中，拥有共同利益。所以，我们必须共同坚守世界秩序所依据的原则，包括领土完整、国家主权、互不干涉内政及在过去几十年中共同学习和制定的更多原则。

在新旧挑战叠加的背景下，中德合作将为世界注入"稳定剂"。在全球性挑战面前，各国不论政治制度如何，都必须合力应对，需要科学界、社会组织和全体人民共同作出贡献。希望各国领导人切实担负起责任，果断采取行动，加强全球合作，在这方面，中德、中欧合作不可或缺。

（二）中德合作取得的历史成效

在正式建交后的五十年中，中德始终保持对话和沟通，在各领域的合作也日益拓宽和加深，取得十分显著的成果：在政治外交领域，中德秉持相互尊重、互利共赢精神，持续推进双边关系，在重大国际事务和热点问题上加强磋商，努力为世界和平与发展作出积极贡献。对话是五十年中德关系的主基调，两国历届政府和主要领导人均以访问、通话以及视频方式保持密切沟通。双方建立了 70 多个对话机制，涵盖政治、经贸、教育、科技、军事等各领域。

在经贸投资领域，德国一直是中国在欧洲最重要的贸易伙伴，中国也已连续六年成为德国最大贸易伙伴，连续七年成为德国最重要的进口来源国。根据德国联邦统计局的数据，2021 年中德货物贸易额达 2454 亿欧元，增长 15.1%，中国对德出口额达 1417 亿欧元，是美国对德出口额的近两倍。2022 年在全球动荡，能源价格飙升的背景下，中国越发重视德国投资，仅上半年，直接进入中国的德国资金总量已累计超过 100 亿欧元，创 2000年以来半年度投资新高。此外，德国化工巨头巴斯夫、宝马和大众汽车等重要的制造型企业也纷纷宣布加大在华投资，另有多个新产业基地项目在华落地。

德国前国防部部长、蓝迪国际智库国际专家委员会委员鲁道夫·沙尔平
在"一带一路"产业合作国际论坛上发言

在人文交流领域，截至 2022 年底，中德已建立 103 对友好城市，中国在德国设立 19 所孔子学院，德国也在中国设有 9 个歌德学院下属的语言机

构。这些学院和机构举办了大量文化交流活动，促进了两国民间交流。中德人民对彼此语言文化的喜爱也与日俱增，中国目前有150余所高校开设德语专业，中国在德留学生达5万人，是德国最大海外留学生群体。

（三）中德合作未来利好方向

中德是世界上主要的经济体，中德两国也是双方主要的贸易伙伴，未来，预计双方在汽车产业、工业互联网、化工、能源等领域会开展新的合作。

在汽车产业领域，此前，德国大众、奔驰、宝马等汽车深入中国市场，随着新能源车行业不断发展，我国新能源汽车在全球处于领先地位，如果后续中德深入合作，中国将提供电动化领域制造技术，而德国将提供智能网联技术，从而进一步打开中欧的新能源汽车市场。中德汽车制造合作将进入新时代。

在工业互联网领域，德国在工业4.0（工业互联网）领域全球领先，工业互联网是数字经济在工业领域的核心应用，而数字经济也是我国未来五年的发展重心，被写入"十四五"规划，两国有望在此领域加强合作。

在化工行业领域，化工是德国的支柱产业之一，德国巴斯夫是全球化工巨头，但俄乌冲突导致欧洲能源短缺，巴斯夫位于德国的全球最大化工中心天然气供应减少了50%，导致停产，而我国在产业链一体化方面具备较大优势，中德合作预期加强。

（四）中德合作共创美好未来

近几十年来，中国同欧洲和德国在文化、政治、经济等方面开展了一系列交流。这些互动交流意义重大，极大促进了各国之间、各大洲之间的相互了解，也对世界的发展产生了重大影响。我们永远不应该将德国和中国之间的关系、各欧盟成员国与中国的关系，以及欧盟成员国之间的关系，看作一种孤立的双边关系。我们必须始终明白，这些关系对各大洲之间的关系同样具有影响力，也影响着全世界的发展。尽管我们的政治制度、文化渊源、社会治理模式等存在差异，但这些差异并不能阻挡我们加强对话、加深理解并不断改善合作的愿望，因为我们有共同的利益——我们都希望整个地球、全人类以及每个国家的人民能够拥有一个安全、稳定、和平和更美好的未来。人民和国家之间的关系不仅限于政府之间的关系或商品和服务的交换（经济交换），还有着广泛的文化层面的交流、社会科学层面的交流、经济层面的交流和许多其他科学领域的交流、地方合作伙伴间的交流、商业合作，以及民间交流与相互理解。这些交流在德国和中国、欧洲和中国的双边关系中，以及在整个世界层面，将对促进全面、可持续的国际关系起着关键作用。

展望未来，中德关系发展充满机遇也面临挑战。2020年，中国首次超越美国成为欧盟最重要的贸易伙伴。在双方经贸合作的影响下，中欧班列成为"黄金列车"，促进了口岸经济、枢纽经济的发展。同时，中德在新能源、绿色和数字经济、服务业等领域存在巨大发展潜力。中德关系五十年的历史经验与教训表明，求真务实、相互尊重和互利互惠是双边友好的关键要素。希望德国和欧洲同中国基于共同利益，进一步促进各领域和层面的交流合作，更好地分享和利用各自的科学知识、创新能力和经济实力，共同为建设一个更加美好的未来世界作出贡献。

四、日本：战胜价值观分歧，推进双边经贸合作

日本　鸠山由纪夫[①]

2022年是中日邦交正常化五十周年。回顾往昔，五十年前，两国领导人为了两国人民的共同福祉，搁置分歧，推动两国邦交正常化，展现出了堪称典范的智慧。1972年9月，日本首相田中角荣访问中华人民共和国，并与中国国务院总理周恩来共同签字发表《中日联合声明》。五十年后的今天，中

---

① 鸠山由纪夫，日本前首相，东亚共同体研究所理事长，西安交通大学荣誉教授，西北农林科技大学名誉教授。

日两国不仅人民交流日益深化，而且经济合作也不断扩大，并建立起相互依存的双赢关系。展望未来，中日两国需战胜价值观分歧，推进双边关系向前发展，在"一带一路"倡议下，深度开展各领域的合作和民间交往，维护国际社会的公平与正义，倡导和践行真正的多边主义，维护世界和平。

（一）中日合作的现实因由

1. 中国成就举世瞩目，中国式现代化令人赞赏

今天的中国在经济和科技领域发挥着领军作用，已经成为牵引、拉动世界经济的力量。如今中国的经济总量以人民币计算是十年前的两倍，即使在近两年新冠疫情流行，世界经济呈现萎缩的情况下，中国经济仍然保持着正增长。在专利申请方面，连续三年申请件数排名世界第一。虽然目前中日两国在政治方面的关系不尽如人意，但在民间交流和贸易领域，中日两国还是保持着强劲的发展势头。在缩小贫富差距方面，中国共产党为减少贫困人口做了很多努力，取得了伟大的成就，通过率先发展沿海地区经济，带动内陆地区经济也逐渐发展起来，成功地创造了一个消除了绝对贫困的中国，让14亿余中国人民都过上了小康的生活。中共二十大报告中提到的中国式现代化让中国取得了举世瞩目的伟大成就，创造了经济快速发展奇迹和社会长期稳定奇迹，并拓展了发展中国家走向现代化的途径，同样令人赞赏。

2. 正视历史事实，树立共同体理念对于亚洲的和平与发展尤为重要

回顾亚洲近现代历史，日本曾侵占朝鲜半岛，也侵略过中国。曾经沦为战场的亚洲今后再也不应成为战场，而应成为"不战的共同体"。在通往命运共同体的道路上，需要解决邻国间不信任问题，增进各国民众之间情感。需要明白日本与邻国之间情感对立的主要原因之一是历史遗留问题，日本应该正视历史事实，珍惜和平。

亚洲是一个整体，亚洲国家命运与共的意识非常重要。亚太命运共同体是构建人类命运共同体理念的重要组成部分。在经贸、教育、医疗、体育、环境保护等领域，亚洲各国有着共同话题，需要就这些话题展开讨论

交流，力争建立一个各领域联合交融的共同体，这对于亚洲来说非常重要。RCEP 的实施让相关经济体有了共同的贸易交流基础，对整个亚太地区经济发展大有裨益。未来应由此进一步推动相关国家和地区各领域全面交融，继而推动共同体建设。

3. 稳定的中日关系就像氧气

2022 年是中日邦交正常化五十周年。五十年前，当时中日两国领导人已经认识到，两国作为一衣带水的邻邦，只有建立起稳定的关系，才有可能实现两国乃至东亚的和平与繁荣。稳定的中日关系就像氧气，只有在开始失去的时候，人们才会注意到它。在中日邦交正常化五十周年之际，日本和中国应该重温邦交正常化的初心，着眼于两国未来五十年的和平与发展，在相互尊重、相互理解、相互支持的基础上，努力稳定来之不易的双边关系。

（二）如何推动中日邦交正常化发展

五十年前，中日两国政府通过发表联合声明，成功实现了邦交正常化，但在此基础上实现睦邻友好关系发展的目标至今尚未完全达到。不仅如此，如果放任不管，中日关系甚至会有倒退的可能。下一个五十年，我们该如何发展中日睦邻友好关系，推动中日邦交正常化发展？

1. 呼吁日本政府就台湾问题澄清立场

希望中日两国政府能够再次正式重申"一个中国"的基本原则。日本政界不应出现任何像美国那样可能助长"台独"气焰的轻率言行。日本如果操纵价值观助推台湾采取错误行动，将严重破坏东亚地区的和平与稳定。早在五十年前，中日两国领导人已就如何处理台湾问题达成共识。然而，一段时期以来，日方在台湾问题上连续出现消极动向，给双边关系带来严重干扰。日本政府应当以中日邦交正常化五十周年为契机，在台湾问题上澄清立场，以语言和行动申明坚持一个中国原则。

2. 发挥中国的邻国及美国在东亚最重要的盟友的身份作用

日本各界应该认识到，日本只有基于本国视角而非在美掌控下，为平衡中美关系作出贡献，才真正符合自身的利益。五十年前中日实现邦交正常化，部分源自日本外交因应美国对外战略调整的结果。而当前，如果作为美国盟友的日本选择追随美国，中日关系也极有可能进入一个非常严峻的时期。过去的五十年里，每当中国与西方国家关系恶化之际，日本总能对中国与西方改善关系发挥积极作用。如果日本立足于中国的邻国及美国在东亚最重要的盟友的身份，切实发挥作用，其影响将不可小觑。这才是日本的立身之本。

3. 战胜价值观分歧，推进双方关系发展

真正的外交应该是探索拥有不同价值观的国家如何友好相处。五十年前，中日两国的先辈们很好地理解和践行了外交的这一真谛，1972年的联合声明就明确写入"中日两国尽管社会制度不同，应该而且可以建立和平友好关系"。当时，中日两国间价值观的差异应该远大于当前两国存在的价值观差异。即使面临巨大的价值观差异，先辈们仍然解决了这些问题。今天的我们也同样应该能够克服差异。日本与中国是两个主权国家，两国之间存在意见分歧，实行不同政治体制，这是很正常的。但是，当前中日两国的现状却是以意见分歧为由，导致两国领导人及政府沟通不畅，这是不明智的。如果在平时都是这种沟通方式，那么当中日紧张局势加剧时，两国政府间的沟通会更加困难。因此，我们需要战胜价值观分歧。

与五十年前相比，今天的日本与中国所处的时代已发生诸多变化。但是，中日是一衣带水邻邦的事实从未发生变化。无论经济实力和技术发展到何种程度，不管国际关系如何变化，日本或中国都不可能从地图上消失，日本与中国是永远的邻国。如果中日不和，不仅不符合两国的国家利益，而且会破坏东亚地区乃至世界的稳定。事实上，五十年前的联合声明已经指出："两国邦交正常化，发展两国的睦邻友好关系，是符合两国人民利益的，也是对缓和亚洲紧张局势和维护世界和平的贡献。"在这样一个亘古不变的事实面前，中日两国价值观的差异根本不值一提。尤其在当前，我们必须再次跨越价值观差异，推动中日关系向前发展。

4. 中日应在多个层面加强沟通交流

近年来，日本政府和美国政府一样，一直在强调意识形态之间的冲突，这不利于中美关系的缓和。日本必须与中国保持密切交流，以便在中美之间发挥桥梁的作用。

从政治层面上看，两国之间价值观差距更大，为了人民福祉，如今，日本和中国的政界领袖们有必要进行更频繁的沟通，管控好分歧，使其不至于对双边关系造成破坏，推动实现邦交正常化。

从经济层面上看，2021年，中日双边贸易额达到历史新高。除了2022年1月1日生效的RCEP之外，中国申请加入CPTPP也对双边关系具有重大意义。

从文化层面上看，新冠疫情使两国之间的人文交流有所减缓。因此，有必要基于两国文化共性加强民间文化交流，同时促进青年和学生交流。

蓝迪国际智库专家委员会主席赵白鸽在第二届精准医疗&医养结合国际高峰论坛上与日本前首相鸠山由纪夫会晤

（三）展望未来，中国践行真正的多边主义，两国合作领域广泛

当今世界，既存在地缘冲突问题，也面临新冠疫情等史上罕见的困难。但是全球各国命运相连，一个国家的危机会波及其他国家。因此，拥有人类命运共同体的大局观非常重要。中国提出的构建人类命运共同体理念和"一带一路"倡议，维护国际社会的公平与正义，倡导和践行真正的多边主义非常重要和正确。

"一带一路"是一个非常好的构想。"一带一路"倡议的提出，一方面与邻近国家，特别是与发展中国家开展深度经济合作，有利于促进经济发展；另一方面也兼顾民间交往，有助于中国提升与地区之间政治上的稳定性。"一带一路"倡议所带来的积极意义，不仅对中国有利，对世界和平也起到很大作用。"一带一路"倡议是建立与周边国家共同发展、相互理解、相互协助的命运共同体，带动了发展中国家的发展。中日两国作为一衣带水的邻邦，只有建立起稳定的关系，才有可能实现两国乃至东亚的和平与繁荣。在中日邦交正常化五十周年之际，日本和中国应该重温邦交正常化的初心，着眼于两国未来五十年的和平与发展，战胜价值观分歧，在相互尊重、相互理解、相互支持的基础上，努力稳定来之不易的双边关系，推进双边经贸合作。今后，希望中日两国能够继续携手合作，通过对话和协商解决问题，增强彼此之间的信赖，实现共同发展。

五、韩国：一衣带水友好邻邦

韩国　宋永吉[1]

中韩毗邻而居，友好交往历史源远流长。自1992年中韩建交以来，两国秉天时、得地利、应人和，各领域交流合作成果丰硕，书写了双边关系发展的典范。这不仅给两国人民带来了实实在在的利益，也为地区乃至世

---

[1] 宋永吉，韩国共同民主党党首，韩国国会议员，韩俄议员外交协议会副会长，东北亚和平合作特别委员会委员长。

界和平稳定、发展繁荣作出了重要贡献。两国同舟共济、守望相助,共克疫情难关,谱写了"道不远人、人无异国"的友好佳话。

(一)回顾历史,中韩两国合作取得的成效

1. 患难见真情,共同抗击新冠疫情

中韩两国在抗疫中一直保持密切协调合作,面对困难始终命运与共。双方不仅相互援助抗疫物资,还率先建立联防联控合作机制,分享抗疫信息和经验,树立了国际抗疫合作典范。"患难见真情",面对新冠疫情挑战,中韩携手合作,彰显真挚邻里情谊。首例在韩确诊感染新冠的中国女患者在韩国治愈后留下感人至深的文字,不仅印证了韩国在抗击疫情方面作出的努力,更印证了中韩作为邻国互帮互助的深厚友谊。

2. 中韩在携手抗疫同时统筹经济发展,树立全球典范

中韩两国在携手抗疫同时统筹经济发展,树立全球典范。中韩两国经贸往来密切,中国是韩国最大贸易伙伴、最大出口市场和最大进口来源国,韩国是中国第三大贸易伙伴国。随着新冠疫情防控常态化,两国率先开通"快捷通道",为恢复经贸往来提供了实实在在的便利,许多韩国企业人员已顺利返回中国复工,这是深化国际抗疫合作的一大创举,给世界经济复苏注入了信心与动力。

在中国共产党领导下,中国经济社会发展取得了举世瞩目的辉煌成就。随着新冠疫情防控常态化,复工复产加快推进,中国经济逐步复苏,展现出强大韧性,相信中国经济能够迎来更加光明的前景。在新冠疫情面前,全人类相互依存、休戚与共,相互指责与争端无济于事,只有凝心聚力才能战胜挑战。面对激烈的中美博弈,韩方要继续维持发展好中韩战略合作伙伴关系。习近平主席构建新型国际关系、打造人类命运共同体的理念获得各方赞赏,世界各国应携手构建人类命运共同体,共同应对危机与挑战。同时也期待中韩凝心聚力、合作共赢,助力全球可持续发展。

（二）展望未来，中韩将进一步深化合作，促进地区繁荣

中韩两国是密不可分的近邻，中韩两国经贸合作日益深化，人文交流欣欣向荣。在取得丰硕成果的同时，中韩两国在诸多领域仍存合作空间。未来，希望两国进一步加强各领域对话交流，加强共建"一带一路"合作，将中韩关系提升到新水平。中韩两国关系将持续健康稳定向前发展，并将为地区和平与繁荣持续作出贡献，未来双方可着重在以下几个领域深化合作：

一是继续扩大中韩双边经贸合作。经贸合作是中韩关系行稳致远的基础。未来双方可进一步发掘经贸合作新的增长点，携手稳定巩固产供链，实现更高水平的合作和发展。

二是加强中韩两国在国际地区的合作。中韩地缘相近，都位于东北亚地区，双方在维护地区和平稳定、促进地区经济一体化、捍卫国际公平正义、守护多边主义和自由贸易、应对全球性挑战等方面的立场和利益一致。未来，双方可以加强在地区和国际事务中的协调合作，为推动地区和平稳定与发展繁荣作出贡献。

三是加强中韩文化交流。中韩地缘相近，文缘相通，人缘相亲，双方人文交流有着独特的优势。两国人民在漫长的交往历史中相知相亲，留下很多佳话，这是两国共同的宝贵财富。两国国民感情联系是双边关系的重要基石和纽带。随着新冠疫情防控常态化，应积极研究尽快恢复并加强两国人文交流，创新形式增进相互理解，增进两国人民友好感情，进一步巩固民意基础。目前，两国间航班正有序重开，签证发放也在逐步扩大，将为两国人民直接交流创造便利条件。

四是加强中韩青年之间的交流。青年是两国发展的未来，更是两国关系的未来。青年之间的友好感情加深了，才能实现中韩世代友好。我们还要着力推动两国青年加强沟通，引导他们相互尊重、理解和包容，理性相处。

第一部分 全球经贸及中国发展态势分析

韩国北方经济合作委员会委员长宋永吉（右二）访华，时任国家全球战略智库常务副理事长王灵桂、蓝迪国际智库专家委员会主席赵白鸽参加会谈

　　五是利用RCEP打开更广阔的合作空间。2022年是RCEP正式生效实施的第一年，这为中国与韩国进一步深化经贸合作提供了更为广阔的空间。从货物贸易领域来看，中韩之间已有双边自贸协定，RCEP的生效实施将进一步提升两国贸易自由化水平，两国企业可以比对选择最优的商品税率开展贸易，为扩大双方贸易提供新的发展机遇。从投资领域来看，中韩两国也有很大的合作空间。目前，韩国对越南等东盟国家的投资较多，而东盟国家也是中国长期以来的投资目的地。随着RCEP生效实施，整个区域内贸易投资自由化便利化水平进一步提升，双方企业在东盟国家开展合作，包括开展第三方合作都会更加便利。不仅如此，中韩还在RCEP框架下新增了相互间市场开放承诺，使相关商品出口获得了新的关税减免，有利于两国贸易规模的扩大。此外，很多RCEP贸易便利化规则也有利于促进中韩双边贸易，如易腐货物的快速通关会使两国农产品贸易更加便利。

（三）中韩是一衣带水的友好邻邦，应携手合作，彰显真挚邻里情谊

中韩两国是一衣带水的友好邻邦，在诸多领域都开展了卓有成效的合作。中韩关系发展的本质是互利共赢、彼此成就。无论从历史、现实还是未来看，中韩关系向好发展的大方向都不会，也不应该改变。希望中韩双方能够增进共识、促进合作，努力实现双方经济文化融合发展、互促共赢，推动中韩两国在人文领域的交流与合作向更深层次迈进，增进两国人民之间的友好情谊。期待与各方面专家携手，推动全球经济高质量增长，推动后疫情时代经济复苏，共同探索创新共赢之路。

六、巴基斯坦：巩固中巴友谊，促进民心相通

巴基斯坦　穆沙希德·侯赛因·萨义德[①]

中巴友谊源远流长，两国关系不断得到巩固与深化。中国经济、科技、社会的高速发展，不仅使巴基斯坦从中受益，还为亚洲地区乃至世界安全与发展注入动能。巴基斯坦希望在同中国共建"一带一路"、构筑中巴命运共同体的进程中，继续推动与落实中巴经济走廊建设，加强项目合作、民间交往、智库交流，提升本国人民生活水平，在两国坚实友谊的基础上为两国人民带来切实的利益，促进两国民心相通。

（一）中巴合作的背景

1. 巴基斯坦地理位置优越

巴基斯坦是中国与南亚、中亚以及海湾国家之间的连接点，处于非常重要的战略位置，已成为亚洲重要的贸易、能源和交通枢纽。

2. 中巴两国政治交往基础良好

中巴建交以来，在两国国家领导人的积极推动下，中巴两国建立了深厚的友谊，中巴两国的交往有着坚实的政治基础。2014年2月，巴基斯坦

---

① 穆沙希德·侯赛因·萨义德，巴基斯坦前参议院外事委员会主席，巴基斯坦"丝路之友"俱乐部负责人，巴基斯坦中国学会（PCI）主席，蓝迪国际智库国际专家委员会委员。

总统侯赛因访华，把中国作为其就任总统后访问的第一个国家，表示愿与中国共同打造命运共同体。2015年，习近平主席对巴基斯坦进行历史性访问，全面擘画中巴"1+4"合作布局，瓜达尔港成为四大重点之一。两国高层的亲自推动，让瓜达尔港建设迎来了前所未有的机遇期。站在新的时代起点上，习近平主席深刻洞悉时代发展潮流，准确定位中巴关系，为两国的进一步发展提供了可靠的支撑。

3. 中国已成为全球发展方向的探索者和引领者

当前全球发展面临诸多挑战，新冠疫情仍未消退，全球经济发展动力不足，和平赤字、发展赤字等亟待破解。一些西方国家不顾国际规则约束，选择以邻为壑，建立保护主义壁垒，对各国实现开放繁荣的发展制造阻力，给发展中国家经济发展和民生改善带来挑战。随着国际形势不断变化，国际政治体系正在发生持续而深刻的改变。作为世界和平的建设者、全球发展的贡献者、国际秩序的维护者、公共产品的提供者，中国坚定维护以联合国为核心的国际体系和以国际法为基础的国际秩序，倡导践行真正的多边主义，以公平正义为理念引领全球治理体系变革。如同一艘行稳致远的大船，中国是推动全球发展的探索者和引领者。

4. "一带一路"倡议，为广大发展中国家带来了新的机遇

中国基于全球经济发展规律，结合自身发展经验，提出"一带一路"倡议，举办中国国际进口博览会、中国国际服务贸易交易会等大型国际经贸盛会，展现出开放和自信，为世界经济疫后复苏注入发展动力，为各国尤其是发展中国家带来了新的机遇，为各国尤其是广大发展中国家继续参与经济全球化提供了强有力的信心。共建"一带一路"是一项必将载入史册的伟大倡议。这一倡议的提出非常积极和及时，为亚洲国家、发展中国家乃至全世界提供了一个新的视野，因为这一倡议提倡合作而不是对抗，提倡互联互通而不是孤立封锁，将不同国家和地区的人民联系起来，共同复兴古丝绸之路，从本质上讲这是"双赢"和"多赢"合作。这一倡议的生命力在于它倡导的包容、合作、共赢等理念，相关利益攸关方涵盖"一

带一路"沿线所有国家,不针对任何特定国家或组织,也没有哪个特定国家被排除在外,所有国家都将从中受益。在历史的关键时刻,中国坚定地站在和平发展的立场上开展大国外交,坚持对外开放,推动完善全球治理,成为促进世界重回发展繁荣轨道的重要力量。

(二)"一带一路"背景下中巴合作取得成效

1. 中巴两国经济合作日益深化

中巴两国经济合作日益深化。中巴经济走廊是"一带一路"建设的旗舰项目,也是国际关系史上两个国家之间迄今开展的最大单个合作项目。中巴经济走廊的成功对"一带一路"至关重要。在过去两年内,中巴经济走廊建设取得了重大进展,受到巴基斯坦民众、各党派及巴议会的欢迎。它解决了巴基斯坦的能源危机,也促进了巴基斯坦的互联互通。"走廊"创造了新的联系,也给人民带来了新的希望和信心,因为他们看到了能源合作、瓜达尔港建设、产业园区、人力资源开发以及国家经济发展等方面取得的发展和进步,获得了实实在在的好处。中巴经济走廊建设对巴基斯坦未来发展繁荣非常重要。巴基斯坦各省市的政府和各个政党都支持中巴经济走廊建设。得益于"一带一路"倡议与中巴经济走廊,巴基斯坦政府的年收入将增加8%。中巴经济走廊建设的成功不仅会对巴基斯坦,而且会对整个地区乃至全世界产生重大积极影响。中巴经济走廊为巴基斯坦创造了超过7万个就业机会,推动了巴基斯坦减贫事业的发展。一旦列入重点的经济特区开始运转,还会有更多的就业机会。作为中巴经济走廊核心的瓜达尔港已经投入运营,预计将成为地区经济中心。

2. 中巴两国政治互信不断加深

政治互信是"一带一路"倡议顺利实施的基础。巴基斯坦在各个方面都与中国开展合作,两国关系的历史完全印证了中巴是全天候的伙伴关系。2015年中国国家主席习近平率先访问巴基斯坦,足见巴基斯坦对中国周边外交的重要性。2015年,习近平主席在巴基斯坦议会发表了题为《构建中巴命运共同体,开辟合作共赢新征程》的重要演讲,指出中巴两国要守望相助，深化战略合作，不断推动中巴关系走向新的高度，并提出"中巴关系的最大特点是高度政治互信，凡事为对方着想，始终站在对方的角度思考问题"，习近平主席建议中巴两国在政治、经济、科技等方面不断深化合作，推动中巴关系不断走向更加美好的明天。站在新的历史节点上，习近平主席高屋建瓴把握中巴关系，指出不论国际风云如何变幻，中国将始终从战略高度和长远角度看待中巴关系，将巴基斯坦置于中国外交优先位置，不断为中巴命运共同体的发展注入新的内容。

蓝迪国际智库专家委员会主席赵白鸽与巴基斯坦政府、议会、智库和企业代表会晤

（三）展望未来，在"一带一路"倡议的引领下，中巴关系将进一步拓展

展望未来，在"一带一路"倡议的引领下站在新的时代起点上，中巴关系将向以下三个方向拓展：

一是在"一带一路"倡议的引领下，中巴政治互信进一步加强，两国高层互访更加频繁。建交以来，在两国政府和人民的推动下，中巴两国建立了深厚的友谊，两国双边关系的发展也有了坚实的基础。"一带一路"倡议提出以来，习近平主席多次出访巴基斯坦，为推动中巴双边关系的发展作出了不可磨灭的贡献。2015年中巴关系上升为全天候战略合作伙伴关系，使得中巴关系愈加紧密，这标志着中巴两国政府间的互信在"一带一路"背景下得到加强。中巴两国自建交以来，历任领导人都为中巴关系的友好发展作出了巨大的贡献。21世纪的今天，习近平主席在前人取得的丰硕成果的基础上继往开来，开拓创新，持续推进中巴关系深入发展。

二是在"一带一路"倡议的引领下，中巴企业间合作更加密切，中巴经济互融互通的程度进一步加强。中巴在经贸合作领域潜力巨大，特别是在基础设施建设、农业、能源方面有着广阔的合作前景，随着中巴自由贸易区建设日益完善，中巴两国双边贸易额度有望大幅增长。随着援巴战略的进一步深化，更多的中国企业将涌入巴基斯坦，为巴基斯坦的基础设施建设提供设备和技术保障，届时中巴两国企业间的交流合作将会变得更加紧密。中巴两国经济的互补性和相互依赖性将在"一带一路"背景下进一步加深，中巴经济互融互通的格局终将形成。

三是在"一带一路"倡议的引领下，中巴民间交往更加频繁，互派留学生人数进一步增加，文化交流借鉴更加深入。随着现代信息技术的快速发展，人们的交流方式越来越多元，在此背景下，中巴两国人民对彼此的认识变得更加全面、立体，我国越来越多的学者、旅客和商人等民间组织走进巴基斯坦，促进了中国文化的传播。与此同时，大量的巴基斯坦人民来到我国旅游、学习、生活，使中巴友谊发展到一个新高度。

（四）巩固传统友谊，促进民心相通

世界正面临动荡与不安，推动各国合作共进、共同繁荣需要强有力的信心和发展动力作为支撑。"一带一路"倡议促进合作，中巴经济走廊建设分享繁荣。这样的合作方式才是未来方向。同时，双方还要深化人文互通，进一步推动民间外交，加强人文交流，加深彼此在教科文卫领域特别是历史、风俗、文化等方面的了解、尊重与深度融合，夯实睦邻友好的民意基础，巩固两国人民的友好情谊。通过全方位的人文互通，推动长远合作与发展。巴基斯坦将在同中国共建"一带一路"、构筑中巴命运共同体的进程中，提升本国人民生活水平，巩固中巴传统友谊，促进两国和平与繁荣。

七、中国香港："一国两制"下，需发挥所长，服务国家所需

中国香港　梁振英[①]

回归祖国二十五年来，在中央支持下，香港多次战胜危机，依然保持着国际金融、航运、贸易中心地位。"一国两制"在香港的实践取得了举世公认的成功。这充分说明"一国两制"、"港人治港"、高度自治的方针是科学的、可行的、有生命力的。过去一年，国家在经济、民生、外交及国防等各领域取得重大进展，中华民族比过去任何时期都更加接近伟大复兴的目标，在世界百年未有之大变局加速演变下，全国人民对自己的道路更加自信。过去一年，香港面向世界，立足粤港澳大湾区的作用及优势更加突出。面向未来，香港必须不失时机地把握"一带一路"带来的新机遇，把这些机遇转化为香港社会经济发展的动力，实现优势互补和共赢发展，为高质量推进"一带一路"建设作出新的贡献。香港还需更加积极主动融入国家发展大局，为国家发展作出更大贡献。

（一）回顾过去，"一国两制"在香港的成功实践举世公认

回归祖国二十五年来，"一国两制"从科学构想变成生动实践，不断彰显出强大的生命力。毫无疑问，"一国两制"在香港的实践是成功的，它不仅巩固提升了香港国际金融、航运、贸易中心的地位，也确保了香港社会的繁荣与稳定。"一国两制"在香港的成功实践主要体现在以下几个方面：

一是在"一国两制"保障下，香港更好地发挥了沟通祖国内地和世界各地的重要桥梁和窗口作用。回归祖国后，香港积极融入国家发展大局、对接国家发展战略，继续保持高度自由开放、同国际规则顺畅衔接的优势，

[①] 梁振英，十四届全国政协副主席，香港特别行政区第四任行政长官，"一带一路"国际合作香港中心主席，蓝迪国际智库专家委员会名誉主席。

在构建我国更大范围、更宽领域、更深层次对外开放新格局中发挥着重要功能。香港同内地交流合作领域全面拓展、机制不断完善，香港同胞创业建功的舞台越来越宽广。

二是在"一国两制"保障下，香港在风雨挑战中稳步前行。无论是国际金融危机、新冠疫情，还是一些剧烈的社会动荡，都没有阻挡住香港行进的脚步。二十五年来，香港已经发展成为全球最自由经济体之一、国际金融中心、贸易和航运中心，创新科技、文化艺术事业也正在蓬勃发展，香港的城市社会活力和居民平均预期寿命居于世界前列，香港作为国际金融、航运和贸易中心的地位进一步巩固提升。今天的香港是一个稳定繁荣的香港，金融系统保持稳健、资本自由流动、人才资源丰富、法治环境良好、联通内地与全球的独特地位愈加突出，创新科技产业迅速兴起，自由开放雄冠全球，营商环境世界一流，包括普通法在内的原有法律得到保持和发展，各项社会事业全面进步，社会大局总体稳定。香港作为国际大都会的勃勃生机令世界赞叹。

三是在"一国两制"保障下，实行"港人治港"、高度自治。香港原有的资本主义制度和生活方式保持不变，香港同胞真正实现当家作主，香港居民享有比历史上任何时候都更广泛的民主权利和自由。香港回归以来，以宪法和基本法为基础的特别行政区宪制秩序稳健运行，中央全面管治权得到落实，特别行政区高度自治权正确行使。中央政府制定实施香港国安法，完善香港特区选举制度，让香港得以全面落实"爱国者治港"原则，为香港的民主发展重回正轨创造了条件。如今，香港市民生活环境更加安稳，香港行政立法关系更加顺畅，特区管治效能得到提升，全球投资者对香港未来也更具信心，前景更加光明。

所以，无论从经济发展还是社会发展来看，"一国两制"在香港都取得了相当大的成功。香港进入由乱到治、由治及兴的新阶段，坚守"一国两制"对未来发展至关重要。

（二）展望未来，香港如何更好地发挥所长，服务国家所需

粤港澳大湾区建设和共建"一带一路"是国家重大发展战略。推进建设粤港澳大湾区，有利于深化内地和港澳交流合作，对港澳参与国家发展战略、提升竞争力、保持长期繁荣稳定具有重要意义。共建"一带一路"是中国扩大和深化对外开放、全面提高开放型经济水平的需要，是实行更加积极主动开放战略的具体实践。香港应抓住共建"一带一路"和粤港澳大湾区建设的重大机遇，更好发挥自身优势，全面深化与内地互利合作。未来，香港应当如何把握粤港澳大湾区建设和共建"一带一路"的重要机遇，更好地发挥香港所长，服务国家所需？应当坚守"一国"之本，善用"两制"之利，用好这双重优势，就可以发挥香港所长，服务国家所需。这一点可以充分体现在推进《粤港澳大湾区发展规划纲要》落实上，也可以体现在"一带一路"建设上。

十四届全国政协副主席梁振英会见蓝迪国际智库专家委员会主席赵白鸽

1. 发挥好香港面向世界，立足粤港澳大湾区的突出作用及优势

在"一国两制"下，香港享有无可比拟的优势和作用：

一是基于"一国两制"，香港奉行不同于内地其他城市的经济和社会制度，并拥有国际商贸网络，以及开放的市场和视野。作为中国的一部分，香港享有CEPA（内地与香港关于更紧密经贸关系的安排）等优惠待遇，股票市场方面有"沪港通"和"深港通"等互利共赢措施。

二是国家"十四五"规划、建设粤港澳大湾区给香港各行各业带来的机遇是叠加的。香港和内地未来的合作不仅限于传统制造业、贸易等，还包括金融服务、专业服务、科技创新等方面。香港国际化程度高，在国际金融、贸易、航运等领域积累了丰富的经验和优势。香港和粤港澳大湾区内地城市互补性很强，"双强合璧"能在国家发展中发挥重要作用。这种合作不仅包括金融、贸易、航运等香港传统的优势领域，还可以在科创、教育等方面取得更大突破。香港在基础科研方面具有很强优势，但在科研成果转化、规模生产方面存在短板。在这方面，广东拥有完善的制造业链条。促进粤港科技创新资源加快集聚，在增强粤港澳大湾区整体科研能力的同时，也为香港的科研成果转化提供更大空间。

三是香港具备"超级联系人"的巨大优势。粤港澳大湾区规模庞大，香港作为小经济体，虽然发展程度比较高，但力量不可能很大，需要建立有效策略，把握机遇与邻近城市合作，借助内地力量和国际力量，三者合力，才能从中获益。香港各界应把握新时代战略机遇，发挥好香港作为国家和世界的"超级联系人"的作用，主动对接国家战略，积极投入粤港澳大湾区建设，集中力量办大事，包括提升专业技能、做好基建网络等，为香港释放发展新动能，为国家作新贡献。

四是在"十四五"规划支持下，香港巩固四个传统中心地位，发展四个新兴中心，粤港澳大湾区建设也为香港带来重大机遇。香港将发展国际创新科技中心，与粤港澳大湾区其他城市产生协同效应。正在建设的北部都会区与深圳相连，约占香港面积的三分之一，将着重发展创新科技，以

会聚香港、粤港澳大湾区其他城市及海外人才。香港在国家构建"双循环"新发展格局和推动共建"一带一路"高质量发展等方面，可进一步发挥任何一个内地城市都无法比拟的独特功能。可以继续发挥"一国"和"两制"的双重优势，在发展自身的同时为国家发展作出更大的贡献。

2. 发挥好香港在"一带一路"建设上作为国家和世界的"超级联系人"作用

香港在"一国两制"下享有双重优惠，其"超级联系人"的角色，将内地与世界各地联系起来，其中包括"一带一路"沿线国家。作为"一带一路"建设的重要平台和节点，香港各界正利用其国际金融、贸易、专业服务等优势，推动香港与内地和"一带一路"相关国家及地区伙伴的协作，开拓经济新增长点。这主要体现在以下几个方面：

一是在"一带一路"建设中当好"超级联系人"，香港在积极布局。自"一带一路"倡议提出以来，香港从官方到民间都热烈响应，积极布局。香港是"一带一路"的重要节点。外国的经贸伙伴和潜在经贸伙伴也看重香港作为"超级联系人"连接他们和中国内地的桥梁作用。香港是中国最国际化的城市，在"一带一路"倡议下，内地企业要"走出去"，香港是个好伙伴，所以香港特区政府重视所有与"一带一路"相关的工作。为此，香港特区政府已推出了让大家了解香港发展情况小册子，近年来在不少"一带一路"沿线国家，香港人和香港企业已打下较好基础。2016年，香港特区政府设立"一带一路"办公室，研究制定参与"一带一路"的策略和政策。2018年，香港特区政府在施政报告中公布五个重点推进的方向，包括加强政策联通、充分利用香港优势、推动与内地和"一带一路"相关国家及地区伙伴的协作等。香港贸易发展局成立了"'一带一路'国际联盟"，吸引30个国家及地区共121个成员机构加入，会员数超过500万人。在民间，2017年，香港多家企业联合发起成立"一带一路"总商会，下设"金融委员会""大型基建委员会""贸易委员会""专业服务委员会"等，邀请业界人士和各方专家加盟，就参与"一带一路"建设提出可持续发展的建议。2018年，香港中华总商会和中国对外承包工程商会在香港成立内地—香港"一带一路"工商专业委员会，为香港专业服务界与内地企业搭建交流平台，促进双方在"一带一路"相关国家及地区的合作。此外，建立资讯网站、发布研究报告、举行"一带一路"政策宣讲、开展研讨会等相关活动频频举办。

二是在"一带一路"建设中当好"超级联系人"，香港在发挥自身优势。对于香港来说，"一国两制"是最大的优势，国家改革开放是最大的舞台。在新时代国家改革开放进程中，香港的独特地位和作用只会加强，不会减弱。虽然这几年香港面临着一些挑战，但香港的营商环境优势没有改变，在香港的国际企业数目也保持稳定。截至2021年底，在香港设有办事处的内地和海外企业的总数达9049家，创历史新高，充分体现了国际投资者对香港营商环境的肯定，对发展前景的坚定信心。作为国际金融中心，香港也具有融资方面的天然优势。如今，香港也正多管齐下，逐渐探索"一带一路"多元化融资服务。例如，香港证监会发布了基建项目公司到港上市融资指引，特区政府推行了债券资助先导计划、绿色债券资助计划等。在法律方面，香港律师业高度国际化，加上拥有成熟稳健的法律体系、良好的国际网络以及处理跨境贸易和多边法律问题的丰富经验，香港可提供一个全天候保障的法律服务平台，为中国企业"走出去"保驾护航。同时，香港汇聚了全球优秀的专业服务机构，拥有众多财务会计、金融投资、风险管理、工程建筑等行业的专才，可为"一带一路"倡议持续推进提供可靠保障。

三是在"一带一路"建设中当好"超级联系人"，香港需要脚踏实地。多年来，香港各界不遗余力，在各领域与"一带一路"相关国家和地区开展合作。在会展服务方面，2019香港"一带一路"国际食品展举行。逾30个国家及地区的展商联袂展出数千种特色产品，旨在为"一带一路"相关国家和地区搭建食品及农产品进出口贸易的双向平台。在防止、打击贪腐方面，仅近一年来，廉政公署已经为40个"一带一路"相关国家提供了咨询和培训服务。香港的纪律部队部门也为部分"一带一路"相关国家提供了培训课程。在培育科技创新产业方面,"一带一路"倡议为香港开拓了更大发展空间,许多"一带一路"相关国家和地区的科研机构、团队、个人等到香港科学园孵化创科项目。而对于内地企业来说,香港作为国际重要枢纽,将成为内地高新科技企业走向国际的纽带。除此之外,在绿色制造、城市规划、旅游、公共卫生等优势领域,香港的专业人士都积极投身于"一带一路"相关国家的交流合作,帮助他们提升专业水平。

四是香港在促进"一带一路"民心相通方面有很多优势,包括语言、文化和制度等优势。香港的民间慈善团体有百余年历史,组建赠医、安老、办学的庞大力量,也形成了民间捐献的优良风气,还建立了优秀人才库。

3. 将粤港澳大湾区建设和共建"一带一路"相结合

粤港澳大湾区建设和共建"一带一路"可以在香港很好地结合。如今不仅香港居民重视香港在这两个方面所具备的优势和能够发挥的作用,国际社会也非常重视。很多国家想借助香港,把握"一带一路"建设提供的机遇。发展是解决香港各种问题的金钥匙。中央全力支持香港参与粤港澳大湾区建设和共建"一带一路",并在国家"十四五"规划中明确支持香港提升国际金融、航运、贸易中心和国际航空枢纽地位,建设国际创新科技中心、亚太区国际法律及解决争议服务中心、区域知识产权贸易中心和发展中外文化艺术交流中心。在中华民族伟大复兴的新征程上,香港将继续用好"一国两制"优势,为国家贡献力量。粤港澳大湾区建设和共建"一带一路"不仅涉及营商,也关系到促进各地文化的了解和交流,以及不同群体和人员,尤其是年轻人之间的友谊建立。希望更多香港青年可以跨过深圳河,去寻求一个更广阔的舞台,为国家发展作贡献。国家发展起来了,香港各年龄层尤其是青年朋友的事业发展将有更广阔的舞台。因此香港年轻人不要把自己局限于出生地,而应该多多到世界各地探索交流。

回归二十五年来,香港背靠祖国,实现了经济社会的长足发展,中西合璧的风采浪漫依然,活力之都的魅力更胜往昔。在中央支持下,香港多次战胜危机,依然保持着国际金融、航运、贸易中心地位。在"一国两制"之下,香港金融系统保持稳健、资本自由流动、人才资源丰富、法治环境良好,联通内地与全球的独特地位愈加突出。当然,我们不能自满,但更加不能妄自菲薄。香港进入由乱到治、由治及兴的新阶段,坚守"一国两制"对我们的未来发展至关重要。一个国家、两种制度,"港人治港",高度自治这个解决香港问题的方针,使我们取得全面成功,保住了香港的繁荣稳定。香港要像国家主席习近平在会见香港、澳门各界庆祝国家改革开放四十周年访问团时要求的那样,更加积极主动助力国家全面开放、更加积极主动融入国家发展大局、更加积极主动参与国家治理实践、更加积极主动促进国际人文交流。面向未来,香港必将为国家发展作出更大贡献。相信国家、相信香港、相信中华儿女的明天一定会更加灿烂辉煌。

八、中国澳门:开创具有澳门特色的"一国两制"实践新局面

中国澳门　贺一诚[①]

回顾过去三年,新冠疫情持续反复,对澳门经济、民生、就业等均造成严重打击。在中央的领导和支持下,澳门特区政府始终坚持与国家防疫政策保持一致,把保障居民生命安全和身体健康放在首位。在全力应对疫情的同时,特区政府坚定践行"一国两制"方针,扎实推进各项施政工作,推动特区各项事业不断向前发展。新的一年,特区政府将全面贯彻落实党的二十大精神,按照施政总体方向,把握国家发展机遇,用好中央支持澳门发展的各项政策措施,着力促进经济复苏,积极改善民生,加快推动经济适度多元发展和横琴粤澳深度合作区(简称深合区)建设,更好融入国家发展大局,推动澳门特区各项事业不断取得新成就,开创具有澳门特色

---

① 贺一诚,澳门特别行政区第五任行政长官,横琴粤澳深度合作区管理委员会主任。

的"一国两制"实践新局面,为以中国式现代化全面推进中华民族伟大复兴作出新贡献。

(一)回顾过去,"一国两制"澳门实践的显著成就

澳门回归二十三年以来,经济和社会面貌焕然一新,"一国两制"已经为历史和实践所证明是人类制度文明史上的伟大创造,是解决历史遗留的香港、澳门问题的最佳方案。"一国两制"在澳门的成功实践主要体现在以下几个方面:

一是爱国爱澳成为牢固树立在澳门全社会的核心价值。二是澳门在祖国的支持下,战胜了外部环境不利变化、剧烈社会动荡和新冠疫情带来的严重挑战,保持了繁荣稳定发展局面。三是澳门在区域协作和国家整体发展中的地位日益突出。澳门自身将融入国家发展大局视为破解自身难题、探索发展新路的最大机遇所在,充分用好中央出台的一系列惠澳政策措施,促进澳门的繁荣,扎实推进世界旅游休闲中心、中国与葡语国家商贸合作服务平台等建设。特别是主动对接共建"一带一路"和粤港澳大湾区建设等国家战略,努力将"国家所需,澳门所长"和"澳门所需,国家所长"结合起来,为澳门发展拓展新空间、注入新动力。四是澳门充分发挥"一国之利、两制之便"的制度优势,加快融入国家发展大局。澳门与祖国内地优势互补、共同发展。过去十年,澳门积极融入国家发展大局,主动对接国家发展战略,同祖国内地的交流合作领域全面拓展,机制不断完善。澳门成为我国双向开放特别是与葡语国家经贸往来的重要平台,充分发挥高度自由开放、同国际规则顺畅衔接等优势,在构建我国更大范围、更宽领域、更深层次对外开放新格局中发挥着重要的功能。

(二)展望未来,需开创具有澳门特色的"一国两制"实践新局面

当前,澳门正处在转型发展的重要机遇期,"一国两制"实践进入新阶段。展望未来,必须坚定不移、全面准确贯彻"一国两制"方针,落实

"爱国者治澳",保持澳门长期繁荣稳定,开创具有澳门特色的"一国两制"实践新局面。

1. 扎实推进横琴建设,加速融入国家发展大局

党的二十大报告指出,支持香港、澳门更好融入国家发展大局。无论是在大风大浪、风雨飘摇的年代,还是在社会经济快速发展的和平时期,国家永远是澳门的"定海神针",永远是澳门保持长期繁荣稳定的可靠依托和坚强后盾。只有真正融入国家发展大局,才能使澳门发展动力更加强劲、发展空间更加广阔、发展前景更加光明,才能使港澳同胞对国家发展和民族复兴的信心不断增强,才能使澳门同内地优势互补、协同发展,共享祖国繁荣富强伟大荣光。党的二十大报告对港澳工作进行的专门论述,为做好澳门工作提供了根本遵循。未来,澳门特区政府将更好地发挥背靠祖国、联通世界的优势,落实"一中心、一平台、一基地"建设发展定位,增强国内国际两个市场两种资源联动效应,实现新发展、开创新局面。2023年是深化深合区建设、实现第一阶段目标的关键之年。深合区是一个崭新的概念,要用大胆创新的思维去考虑、谋划,突破现有的"瓶颈"。可以从以下九个方面发力,扎实推进横琴建设,使其更好地融入国家发展:

一是加强与广东的合作。加快分步骤、分阶段有序推动深合区综合性立法工作,持续与国家相关部委进行沟通,推动"分线管理"配套监管办法及税收政策尽快落地实施,推动深合区放宽市场准入特别措施、鼓励类产业目录等重大配套措施尽快出台实施,探索建立国际互联网跨境数据管理体系,促进要素资源高效便捷流动。

二是加快制定深合区开发投资公司组建方案。推动出台实施首批授权事项清单,在市场监管、商事登记、知识产权、跨境执业、商事纠纷解决等民商事领域率先构建与澳门深度融通的法律规则体系和机制,为深合区建设提供法治保障。

三是聚焦产业,精准发力。以促进澳门产业多元发展为主线,科学研判和选准深合区产业的细分领域。

四是促进现代金融产业高质量发展。加快推进财富管理、绿色金融、支持中小微企业发展和上市挂牌等金融产业政策出台，全力配合国家金融管理部门落实深合区资金电子围网系统建设方案，建设重要金融基础设施，在风险可控原则下探索统筹发展在岸业务和离岸业务，推动两地资金便利流通。促进绿色金融资产跨境转让，进一步打通与澳门资金对接管道。鼓励优质企业赴澳门设立融资租赁公司，联动开展跨境业务。支持澳门资本联合粤方共同争取银行理财子公司、消费金融公司等金融牌照在深合区落地。参照跨境金融合作机制，探索共同组建深合区金融监管委员会的方式，建立健全金融创新监管工具试点协调沟通机制。

五是大力发展高新技术产业。积极推进半导体芯片制造项目落地，开展元宇宙产业招商工作，加快产业布局和企业集聚。稳步推进横琴先进智慧计算平台永久基地建设，推动计算平台作为大科学装置立项。与深合区合作推动澳门科研人员申报国家级科技计划，支持澳门科研项目在深合区开展联合研发及成果转化。

六是推动大健康产业发展。整合粤澳中医药优势，加大力度推进两地中医药产业合作。深化粤澳合作中医药科技产业园发展模式，加快落地一批医疗健康项目，重点发展中药经典名方制药、中医药检测认证、转化中试、生产制造等业态。有序推进广州医科大学附属第一医院横琴医院建设。

七是做强文旅会展商贸产业。推动澳琴文创、会展、消费、大健康等产业深度合作，共同打造澳琴旅游形象IP。加快建设澳门文旅会展产业的延伸区、拓展区。举办国际高质量消费博览会暨世界湾区论坛。

八是营造趋同澳门的宜居宜业生活环境。随着"澳门新街坊"项目建成，做好住宅单位配售方案，同步建设配套民生设施。加快推进各项澳门标准的公共服务和福利制度落地横琴。持续深化澳琴在教育、医疗、文化等社会民生领域的交流合作。协助澳门居民在深合区就业。采取针对性措施，吸引澳门青年到深合区创新创业就业，适时为澳门青年推出各项高新技术产业的专项实习计划。便利澳门医疗人员在深合区跨境执业，争取在澳门合法使用的药品和医疗器械在深合区使用的政策。

九是深化区域合作。贯彻落实《2023年粤港澳大湾区建设重点工作安排》及各项专项规划，积极配合参与各项政策规划制定工作。推进粤澳合作，落实与深圳市和佛山市的合作专班任务。积极参与泛珠合作，鼓励泛珠省区地方政府及具有资质的企业通过澳门债券市场进行融资，加强与泛珠省区在旅游会展、文化教育、科技创新、生态环保、中医药产业等领域合作。

2. 坚持不懈推进经济适度多元发展

未来，推进经济适度多元发展，致力构建适度多元的产业结构，是特区政府和社会各界共同面对的首要任务。2023年财政年度施政报告提出澳门特区政府须坚持不懈采取"1+4"适度多元发展策略，优化产业结构。"1"就是按照建设世界旅游休闲中心的目标要求，促进旅游休闲多元发展，做优做精做强综合旅游休闲业；"4"就是持续推动大健康、现代金融、高新技术、会展商贸和文化体育四大重点产业发展，逐步提升四大产业的比重，不断增强经济的发展动能和综合竞争力，着力构建符合澳门实际且可持续发展的产业结构。争取未来非博彩业占本地生产总值约六成的比重。2023年还要聚焦产业，精准发力建设横琴。加快出台一批高品质、精准化的产业政策，充分利用澳门自由港和联通国际通达世界的特殊优势，以及深合区的空间和人才优势，推动澳琴人流、物流、资金流、信息流高效便捷流动，研究降低深合区企业营运成本和居民生活成本，为内地企业"走出去"和国际企业"引进来"提供枢纽平台，形成"澳门平台+国际资源+横琴空间+成果共享"的产业联动发展新模式。

澳门特别行政区第五任行政长官贺一诚会见蓝迪国际
智库专家委员会主席赵白鸽

3. 坚定不移维护国家安全

2023年澳门将坚定不移维护国家安全，保持社会大局稳定。依照党的二十大报告指示，坚持和完善"一国两制"制度体系，落实中央全面管治权，落实"爱国者治港""爱国者治澳"原则，落实特别行政区维护国家安全的法律制度和执行机制。澳门特区将始终确保政权、管治权牢牢掌握在爱国者手中，推动爱国爱澳力量发展壮大，筑牢"一国两制"行稳致远的社会政治基础。维护国家安全是澳门特别行政区的宪制责任。与时俱进启动修改维护国家安全法的工作，就是进一步树牢总体国家安全观，严格履行维护国家安全的宪制责任，不断加强维护国家安全的能力建设。澳门特区政府坚定维护中央对澳门特区包括选举制度在内的政治制度的决定权，坚定落实"爱国者治澳"根本原则。将通过完善特区选举制度，确保澳门特区的管治权牢牢掌握在爱国者手中。

4. 加快复苏踏上新征程

回望过去，2022年是澳门深受考验的一年。受新冠疫情严重冲击，澳门主要工商业活动一度暂停，宏观经济面临前所未有的下行压力。如今，阴霾正在散去，澳门经济社会发展将逐步恢复向好。澳门特区在过去三年严格根据中央疫情防控的方针制定措施，做好常态化疫情防控，社会各界齐心协力，维护民生需求、确保社会稳定，始终与内地保持着人员、经贸往来。新冠病毒感染调整为"乙类乙管"后，澳门因时因势优化调整疫情防控措施。

2023年，澳门特区在做好疫情防控、确保疫情风险可控前提下，要做好各项迎客安排，有效落实内地居民来澳恢复电子签注及赴澳旅行团等政策措施，逐步恢复旅游业和经济的活力。目前澳门特区经济领域两项重要而紧迫的任务是加快经济复苏和推动适度多元发展，这是破解澳门经济社会发展中深层次矛盾和问题的必由之路。下一步澳门特区政府当务之急是做好经济工作，积极改善民生，继续按照"提振经济，促进多元，纾解民困，防控疫情，稳健发展"的施政总体方向，用好中央支持澳门发展的各项政策措施。澳门经济有望通过积极融入国家经济大循环，实现自身经济的适度多元发展，加快复苏，重新启航。

展望未来，澳门发展的多重利好因素正在显现，面临着大好发展机遇。澳门特区政府有信心坚守"一国两制"，发挥"背靠祖国、联通世界"的优势，抢抓国家推进新一轮高水平对外开放的历史机遇，更加积极主动融入国家发展大局并全面贯彻落实党的二十大精神，用好中央支持澳门发展的各项政策措施，着力促进经济复苏，积极改善民生，对标国际领先水平不断优化营商环境，加快推动经济适度多元发展和深合区建设，携手共创具有澳门特色的"一国两制"实践新局面。

第三章 深耕细分产业链，创造与挖掘产业价值

产业链是产业价值实现和增值的根本途径，包含价值链、企业链、供需链和空间链四个维度，它的本质是体现 1 加 1 大于 2 的价值增值效应。在当今变幻莫测的国际政治经济背景下，产业链供应链安全是助力国家产业高质量发展、保障实体经济稳定运行、构建新发展格局的重要内容，也是国家经济安全的重要组成部分。在宏观的国家层面，产业链供应链安全意味着关键生产环节的自主可控；在中观的产业层面，产业链供应链安全意味着战略支柱产业的核心竞争力；在微观的企业层面，产业链供应链安全更强调核心企业的抗风险韧性。

2022 年 10 月，工业和信息化部在全国正式确定了 12 个城市为首批产业链供应链生态体系建设试点，通过机制创新、政策支持等多种手段推动区域产业链供应链生态体系迭代升级。作为充分发挥顶层设计的引领、规划、指导作用，汇聚国内外专业智库、学界及企业等各领域专家学者力量的新型国家智库，蓝迪始终为促进区域经济高质量发展，在重点行业关键领域积极推动尽早攻克"卡脖子"难题、促进产业链升级配套、成果转化、人才培养等方面建言献策，贡献智慧与力量。具体而言，重点关注深耕的行业领域包括：重组全球要素资源、重塑全球经济结构、改变全球竞争格局关键力量的数字经济；创新最活跃、带动力最强、渗透性最广，已经成为世界各国抢占未来科技和产业发展先机、确立竞争新优势的战略制高点的电子信息产业；全球科技创新的主阵地、世界未来经济发展的主导力量、彰显国家综合实力与核心竞争力的先进制造；对推进健康中国建设、促进生物医药产业高质量发展、共建人类卫生健康共同体具有重要意义的生物医药等。与此同时，对教育、金融、文旅、消费、传播以及可持续发展等领域，进行了高度关注。

产业链安全与价值创造主要涉及核心技术、生态构建、人才培养和协

同发展等维度。完善的产业链供应链通常由少量占据行业主导地位的龙头企业和众多围绕在龙头企业上下游、资产规模较小，但在某些细分领域有较强实力的中小企业共同构成。

一、数字经济产业：元宇宙是硬核技术的战场，将推动科技革命进入新阶段

朱嘉明[①]

数字经济是继农业经济、工业经济之后的主要经济形态，是以数据资源为关键要素，以现代数字技术为主要驱动力的新型经济形态，目前已成为重组全球要素资源、重塑全球经济结构、改变全球竞争格局的关键力量。数字经济的发展，推动了算力算法、量子技术、虚拟现实技术以及 Web3.0 的发展。而作为数字经济的集大成者，元宇宙将成为硬核技术的战场，将推动科技革命进入新阶段，会为解决人类社会当下发展问题以及人类社会最终实现数字化转型提供新的路径，具有非凡的历史意义。

（一）元宇宙和科技革命

元宇宙创造的是一种超越时空的平台，是一种颠覆传统企业的新型经济组织，是一个具有科技与人文元素的系统。它是对于已存在事物的全新理解，是一次再发现，是漫长科技革命的必然结果。元宇宙的本质是科技创新和经济数字化发展的产物，是一种软硬技术集合的集群，是要素的结合体，其发展需要算力和算法，最终需要能源的支持。如果没有计算机、半导体硬件、人工智能、编程软件、互联网这五种基本技术的支持，元宇宙是不可能产生的，也是没有办法演变的。它的张力很大，通吃新型经济和科学范式，现已造就前所未有的科技组合革命，例如人工智能、量子技术、硬件和软件的融合以及 Web3.0。

[①] 朱嘉明，横琴数链数字金融研究院学术与技术委员会主席，中国投资协会数字资产研究院中心专家组组长，蓝迪国际智库专家委员会委员。

1. 人工智能

人工智能支持的智能数字化是元宇宙的核心技术,没有人工智能技术,元宇宙的大门将难以打开。可以说,元宇宙是人工智能的元宇宙,是人工智能主宰的元宇宙,也是人工智能推动发展了元宇宙。元宇宙遇到的最大挑战就是接受分析、储存和应用,以及巨大的指数增长的海量数据,而这些都只能靠人工智能加以处理。

2. 量子技术

面对人工智能的下一步发展,未来元宇宙所吸纳的大数据将以几何级数增长,传统的计算机或计算技术已经无法处理,因此必须诉诸量子技术与量子计算。全球最大的开源软件公司之一的SUSE提出,全球计算机操作系统都会被量子技术和量子计算打破与控制,操作系统将彻底向量子计算转化。因此,量子计算机将是支持元宇宙下一阶段的核心技术。量子计算和人工智能的结合,是解决大数据数字化转型问题的前提。

3. 硬件和软件的融合

系统的软硬技术集合是元宇宙的基础结构。元宇宙依赖技术集群,即信息技术(5G/6G)、互联网技术(Web3)、人工智能技术、区块链技术、数字孪生技术,以及游戏引擎和包括VR(虚拟现实)、AR(增强现实)、MR(混合现实)、ER(拟真现实)、XR(扩展现实)在内的技术,进而形成内容系统、显示系统、操作系统。

4. Web3.0

Web3.0是一个倡导开放、无信任和无许可网络的时代。这意味着Web3.0是在一个开放的可访问的开发者社区进行,以一种全透明的方式执行。任意参与者都可以放心参与其中,无须第三方验证。Web3.0利用区块链带来创新,这将为元宇宙产品和解决方案提供动力。总之,元宇宙所具有的虚拟世界功能,并非对现实物理世界的简单映射,而是人工智能、量子计算、硬件和软件的融合以及Web3.0的智能结合。

所以,当我们说元宇宙的时候,一定要有一个意识:元宇宙的产生发展、运行不仅仅是由我们人类完成，是人工智能推动的元宇宙，是量子计算机支持的元宇宙，是互联网的演进创造了一个三维的跨越传统物理时空的智能化的互联网空间。科技革命会推进人类逼近所谓的科技极点，整个人类社会都会被科技革命主导，这里是硬核技术的战场，而元宇宙将推动科技革命进入新阶段。

（二）元宇宙和后人类社会

人类为什么需要元宇宙？根本的原因是，现实世界问题太多，积重难返，已经不能够在现有的框架、基本维度中解决；唯有改变框架，提高维度，进而解决现实世界的问题。这正是造成元宇宙爆炸或者元宇宙冲击波的根源所在。

现实世界真正的问题是什么？是传统的经济增长模式进入全方位困境，人类不得不提出所谓的可持续发展。原来传统物质性的生产不能继续下去，因为环境已经难以支撑，这个危机是非常大的。但是，人类很难摆脱惯性，于是危机不断产生，危机叠加。那么，如何解决霸权问题？如何解决通货膨胀问题呢？办法说了几十年，至今不能实现根本性突破。人类需要新思维、新逻辑和新模式，元宇宙就应运而生。人们赋予元宇宙很多想象力，甚至浪漫主义，其真正功能是为人类提供了一种新的选择和新的替代，这是元宇宙产生的本源，也是我们拥抱元宇宙的初衷。

对于后人类而言，非物质生活、非物质工作成为其主要的生活和工作模式。而且，他们并不存在唯一的和终极的寓所的限制，他们活动的空间可以是现在的地球、虚拟元宇宙，也可以是太阳系、银河系，甚至同时生活在不同的物理和虚拟空间形态中。走向后人类社会的人类，存在两种根本性选择：其一，虚拟空间的选择，这是推动元宇宙的深刻动因；其二，进入更加遥远空间的选择，即马斯克主张的离开地球，走向星空的试验。无论如何，后人类社会的所谓人类具有越来越多的身份，开始脱离现在关于生命和人类的定义，是碳基生命和硅基生命的混合。现在，向后人类社会过渡已经开始，人类没有像今天这样发生实质性的分裂，这就是一个非常巨大的历史场景。

（三）元宇宙的成就与挑战

元宇宙将改变经济活动的生态，改变生产链以及价值链，但它并非仅仅是主观层面想象的美好，更迫使企业面临严酷的数字化转型，同时人类也必将迎来新一轮的科技革命。元宇宙所带来的科技革命将改变甚至颠覆工业时代以来的企业形态，而科技创新的难度也将越来越大，因此，元宇宙会强制企业创新常态化，从自我封闭走向开放开源，接受道德原则，最终所有企业都将不得不纳入软件的管理体系之下。而这种情况对于许多企业来说，无疑是一种严酷的挑战。而先发进入元宇宙的企业也必将形成极大的科技优势。我们现在所处的时代称作信息时代，所面临的科技革命是信息时代的科技革命，这个革命的最大特点是革命的综合性，即它不是由单一的革命所完成的。对于人类而言，我们每天感受到科技革命都在以加速度的方式呈指数增长，而这也造成了当下科技时代普遍的焦虑。人类没有能力预判未来科技的发展会达到何种程度，也无法预测未来元宇宙将在哪个方向产生根本性突破，但是可以肯定的是，整个人类社会都将会被科技革命主导，人类发展也必将与科技发展产生密切联系。

（四）2023年元宇宙发展的五大研判

如果说2021年是元宇宙的元年，2022年元宇宙取得重大的发展，那么2023年，元宇宙将会有实质性的突破，产业落地会有全方位的发展。

第一个研判：元宇宙作为前沿科技的集合特征，在2023年会更加强烈地显现出来。元宇宙技术由三类根本性的技术支持，即计算机科学技术、互联网技术以及人工智能。这三类技术形成了一种三角关系和互动关系，是支撑元宇宙强大的技术基础。我们应该看到，元宇宙是一种有硬技术、软技术和不断在动态中发展技术支持的新形态，这种形态势必在2023年有一系列重大发展。技术上的主要突破集中在与人工智能和元宇宙的紧密结合，加上量子科技的发展，使得元宇宙在实现数字孪生方面展现前所未有的前景。

第二个研判：元宇宙对经济产生的影响将是最直接、最剧烈和深刻的。支撑元宇宙发展的基本元素是大数据，而数据已成为重要的生产要素。元宇宙与不同行业、部门、产业的结合，将促使各个领域不断向元宇宙化转型。由于元宇宙是后工业时代和数字经济时代的一种新形态，它将深刻地改变现有人类的经济活动、交易活动、市场行为、产业结构以及经济制度。可以看到的是，2023年元宇宙将作为一种重要途径，与越来越多的产业发生交集，从而彻底改造这些产业。例如，在元宇宙与工业智能制造的结合上，人工智能化的企业将在从节能、管理、重新构建供应链到价值链的整个生产形态中发挥重要作用。因为人工智能等技术的突破结合元宇宙将会创造出一种新的形态，这种形态不仅与现在的经济形态是平行关系，更会渗透到各个领域，对传统经济形态作出改变。

第三个研判：元宇宙将创造出一种全新的生活方式。当前，人们的生活方式是基于现实物理世界的空间和时间。而元宇宙会创造一个超越牛顿、古典、时空这样的全新的生活环境。人们会因为这个改变而进入全新的生活场景之中，从而构造出一种可以按照人们意愿而产生的有技术支持且全新的虚拟生活。元宇宙会形成一个跨代的、跨界的新型生活模式，在这里，人们可以将想象与生活结合在一起，在这个过程中真正地参与、体验并沉浸其中，切实地感受到VR、AI等虚拟现实技术的意义所在，完全打破时空界限、地理界限，打破人们因为文化、宗教以及信仰等产生的各种界限。

第四个研判：元宇宙将创造出一种高度复杂的社会生态。社会是一个高度复杂的体系，这个体系自人类文明产生后就已演变了数千年之久。元宇宙会刺激和推动一种由虚拟现实技术所支撑的全新的社会生态。它最大的特征是会创造出现实生态中难以形成的资源，即公共产品和公共资源。元宇宙会促使这类资源得以创造并分享，从而形成价值。元宇宙的生态与人们当下关注与体会的社会生态会发生新的结合，尤其是在2023年，将会形成一个崭新的与人们现在生活并存的数字技术支持的社会生态。在这里，人们将会实现共同发展、利益协调、价值普惠。

第五个研判：元宇宙将是精神与文化的新载体。随着社会不断高速发展，人们的精神文化层次正进入一个越来越重要的历史阶段。在这个阶段，人们正处于追求实现马斯洛需求理论中金字塔顶尖的精神自我实现过程。要想实现这样的目标，就需要我们每个人在精神上充分发展，在这个时候，就会产生更多的文化需求、艺术需求，相应就会产生更多的文化创作以及艺术创作。而这样的场所和环境，恰恰要靠元宇宙来实现。人们可以在元宇宙中体会到理想的城邦生活，参与、创造、体会并沉浸其中，从而真正做到在精神、灵魂、文化、艺术包括美学上实现自由。

未来可期，2023 年将是元宇宙发生重大转折的一年，元宇宙可能会在技术上得到突破，在应用场景中得到进一步拓展，也将有更多的人以更多方式参与其中，从而形成一种从小众到大众，从知识精英向企业家、向政府管理层，更加广泛的突破。在众多的经济发展中，元宇宙还会发挥它自身的包容性，将更多元素纳入其中，通过自身的技术为人类提供前所未有的机会，这将会展现一个具有与大航海时代、工业革命时代、宇航时代同样具有历史意义的新时代。

二、电子信息产业：新一轮科技革命的领军者

乔 标[①]

电子信息产业是创新最活跃、带动力最强、渗透性最广的战略性新兴产业，已经成为世界各国抢占未来科技和产业发展先机，确立竞争新优势的战略制高点。电子信息产业也是我国新时期迈向高质量发展、提升产业国际竞争力的重要支柱和核心动能，是我国经济稳增长大局的压舱石，数字经济发展大局的主阵地，碳达峰碳中和大局的先行者。

（一）新时期电子信息产业发展对国民经济社会发展的必要性

电子信息产业是目前全球创新活跃的高新技术产业。随着新一轮科技

---

① 乔标，中国电子信息产业发展研究院副院长，赛迪研究院副总工程师，《图解中国制造 2025》作者，蓝迪国际智库专家委员会委员。

革命的深化推进，电子信息产业以其现代化和高科技化的特点，促进了我国社会经济结构向更高级的方向发展，被应用于许多行业领域，已经深入融合进了人们生活的各个层面。近年来，中国经济进入新的发展阶段，经济模式进入深刻改革期，面临着经济增长模式转型升级的局面，在宏观经济转变的大背景下，电子信息产业也面临着新的发展趋势。目前，电子信息产业发展的重要方向为智能化、数字化、高效化。技术革命推动电子信息产业传统模式的逐步变革，智能技术、智能电器、智能服务、智能汽车、人形机器人等名词被大众熟知，智能产品正在成为世界主要工业提供产品的新方向。电子工业与互联网等信息技术相结合，推动了数字化发展，灵活利用数字处理技术传输、挖掘、存储、处理信息，进一步实现了资源的优化组合，满足了时代发展的需求。

积极发展电子信息产业，可以有效推动社会发展，同时推动思维转换，充分发挥技术优势，推动各个领域实现创新，促进国民经济大幅增长。电子信息产业与技术的发展应用也为国家安全提供了良好的技术基础，彰显了我国的综合实力，并促使当前政策不断完善，优化各个信息产业。加快电子信息相关技术的研究，调整发展战略，可为我国各行业技术的提升奠定基础，例如计算机网络、航空航天、智能化教室和无线通信等。灵活利用电子信息技术的优势，大力推进行业技术革新，将会加快社会和经济的发展。

（二）全球竞合中的电子信息产业发展现状

由于经济全球化，电子信息产业呈现差异化发展，其产品的设计、生产、销售、服务等产业链分工也愈加明显。发达国家凭借多年的经验积累及技术优势，占据了电子信息产品设计及销售等利润率较高的行业，而技术含量较低的电子信息产品制造业则向发展中国家聚集。美国、德国、英国、日本等发达国家占据了电子信息产业链制高点——科技含量高、利润大的行业，并纷纷出台了相应的产业发展规划，采取积极全面的激励措施，试图进一步增加产业聚集，积极布局全球电子信息产业再分工。

1. 美国电子信息产业发展现状

美国在电子信息产业中拥有世界领先的综合实力。这源于美国在产业技术创新能力上的优势。金融危机之后，美国应用技术创新将遭受重创的产业重新布局，迅速恢复了产业经济。美国在电子信息产业领域拥有丰富的人力资源和资本，以硅谷为代表，众多知名大学和研发机构为产业发展保证了人才供给；大量的风险投资满足了产业的资金需求，在产业竞争上拥有绝对优势。此外，美国政府对研发投入、科技、教育，对技术和产品严格的专利保护和在基础设施建设等方面的政策扶持，推动着电子信息产业的发展。

2. 欧盟电子信息产业发展现状

以英国、德国、法国等一些欧盟国家为首，同样有相关企业掌握着大量信息领域高端产品的核心技术，基本占据高端信息产品的研发设计、生产制造、技术服务等价值链高端。如英国是全球电子工程、半导体设计和光电学的创新基地，有对发展电子产品而言良好的商业环境和基础设施。英国政府重点聚焦无线网络和移动通信网络的进一步发展。一方面积极促进大数据技术研发，在数据挖掘和价值萃取中占据世界领先地位；另一方面积极推进云计算项目，利用信息技术促进政府管理与政府服务模式转型。欧盟成员国在重点发展智能制造、移动通信网络等领域的相关战略及政策的推动下，电子信息产业市场规模也逐年增长。德国以"工业4.0"为核心，将制造业生产与现代信息及通信技术深度融合，德国政府也在积极推进信息化基础设施建设。德国慕尼黑国际电子元器件博览会是全球电子制造业的风向标，拥有九十年历史的德国柏林国际消费类电子产品及家用电器博览会也是世界上规模和影响力最大的国际视听及消费类电子产品展览会之一，规模巨大、历史悠久、影响广泛。

3. 日韩电子信息产业发展现状

日本是电子工业及信息领域公认的强国，不但在电子制造业位居世界前列，而且在材料和应用技术上也在全球中占据领导地位，同时孕育了很多享誉世界的企业。目前在电子领域,日本拥有全球最全的产品线,这为其创造了相当程度的国际竞争力。

韩国在全球信息通信技术发展指数排名中居世界前列,电子信息产业规模庞大,部分产业在全球市场中具有重要地位。电子元器件和无线通信设备是韩国电子信息产业的中坚力量,半导体、移动通信和消费电子产品市场份额居全球领先地位。

综观美国、欧盟及日韩等国,以美国为代表的发达国家拥有深厚的电子信息产业发展基础,集成电路设计与制造、元器件、半导体等电子信息产业基础技术始终处在世界领先水准。在新技术不断涌现的当今社会,占领未来的科技高地是我国当前科技领域重点布局的内容,如何紧抓电子信息产业未来发展方向,布局重点领域,提高我国电子信息产业的质量和国际竞争力,是我国电子信息产业发展必须思考的问题。

(三)中国电子信息产业发展特征与挑战

近年来,中国电子信息产业正进入技术创新密集期,电子信息制造业应用领域呈现多方向、宽前沿、集群式等发展趋势。我国也提出了"中国制造2025"等升级改造计划,加快电子信息技术产业向高新技术领域转变。

1. 电子信息产业规模大、体系全、竞争力较强

我国电子信息产业规模数十年处于全球第一,是全球最大的电子信息制造地和最大的电子产品市场。2021年,我国电子信息产业主营业务收入达25万亿元,其中电子信息制造业14.13万亿元,软件和信息技术服务业收入9.5万亿元,电信业务收入1.47万亿元。2021年,电子信息制造业增加值增速达15.7%,高于全国工业平均增速6.1个百分点,是工业稳增长的重要压舱石;软件业务收入增速高于第三产业增速9.5个百分点,是服务业增长的新动能。

2. 电子信息产业空间聚集形态凸显

目前,我国在地域上形成了长三角、粤港澳、京津冀、福厦沿海、成

渝地区等若干具有代表性的电子信息产业聚集区。聚集区分工有所不同，其中长三角地区主要承担电子信息产品的生产和组装功能，如电脑、半导体、手机等产品及其零部件的生产，主要城市有上海、南京、无锡、苏州等。粤港澳地区主要承担消费类电子产品和电脑零配件的生产和组装，主要城市有广州、深圳、中山、佛山、东莞等。京津冀地区主要承担着电子产品研发功能，包括元器件、家电、通信设备等产品的研发和生产，主要分布在北京、天津、大连、青岛等地区。福厦沿海区域以及成渝地区在计算机、手机、半导体、新型显示、软件等领域的研发、制造能力也较为突出。

近年来，电子信息的产业布局也正由东部沿海加快向中西部转移，形成了一批特色产业重镇，吉安的电子信息产业正是在此机遇中加速发展。事实上，实行梯度转移是电子信息产业发展的显著特征和必然趋势，不但有助于推动西部开发和中部崛起，也为促进电子信息产业的升级换代打造新的产业集聚地，形成更为良性的全国产业空间布局。

3. 中国电子信息产业发展面临的两大挑战

我国的电子信息产业虽然有了一定的规模，但是在尖端和高附加值的行业与发达国家还有差距。一是核心基础产业薄弱，核心技术受制于人。电子信息产品和信息技术服务自主创新能力亟待提高，科技投入不足，鼓励创新的配套政策还不完善，管理体制和机制还不能满足自主创新的要求，核心技术仍掌握在欧美发达国家手中。二是缺乏高层次人才。"科学技术是第一生产力"，对于电子信息产业的发展更是如此，但我国电子信息产业的人才储备量有限，专业人才也流失严重，如何加强人才培养，建立一支研发创新能力强的电子信息高层次人才队伍，是我国电子信息产业发展急需解决的问题。

（四）电子信息产业下一步发展举措建议

1. 持续攻坚基础技术以保障电子信息产业安全

系统梳理我国信息技术领域基础技术，按照保障产业安全的底线要求，选择有限目标，集中资源持续投入，加快实现关键技术创新突破，坚定走以自主创新推动我电子信息产业高质量发展之路。

2. 搭建密切协作的产业网络以应对供应链风险

持续跟踪、关注全球经贸发展最新趋势和特征，研判供应链"断链"风险程度，针对国内外停工停产或复工复产动态形成行业工作方案。构建更为密切的产业网络，加强产业链上下游的协同和搭接，以网络化、系统性的产业体系应对供应链风险。

3. 推进新基建有效建设以增强信息技术赋能

夯实新基建技术基础，进一步拓展信息技术对全社会发展的赋能。引导社会资本和民间资本投向新基建，打通基础"瓶颈"。发挥资本市场作用，助力金融体系与产业部门精准对接。

4. 紧抓前沿领域创新以提升产业核心竞争力

紧盯5G、人工智能、智能汽车、量子计算等技术热点，鼓励智能家居、可穿戴设备、行业电子产品和服务创新，做好新兴技术和产品超前布局，发挥大国大市场优势，引领全球电子信息产业竞争新技术、新产品、新业态、新模式。

5. 补齐专业技术人才短板

要突出"高精尖缺"导向，健全多层次人才培养体系，打造知识型、技能型、创新型劳动者大军，补齐各行业领域技术人才短板。

总体来看，中国电子信息行业在近年来取得了长足的发展，但同时面临着一些挑战和机遇。全球经济持续低迷，政治形势复杂，外部技术封锁和供应链风险依然严峻，面对挑战，中国有着全球制造中心的产业链优势和人员技术水平优势。数字经济、人工智能、新能源汽车等新兴电子终端产品的加速发展迭代，为我国经济发展创造了有利条件。稳增长、扩内需、促投资，新一代信息技术将持续推动我国电子信息产业高质量发展，产业结构调整不断加快，产业链供应链关键自主能力不断提高，高端产品份额不断提升。面向未来，中国电子信息行业要不断审视自己发展的问题，充分利用内生动能,不断开拓新兴赛道、布局高端、加速融合、数字转型,始终以高质量发展为目标,以本土化为基础,提升产业整体竞争力,如此才能在瞬息万变浪潮下立于不败之地。

三、可持续发展产业:全力打造实现碳中和目标的技术支撑体系

夏 青[①]

碳中和说法源于森林作用。森林作为陆地生态系统的主体,具有吸收并固定二氧化碳的碳汇功能,最早被认定为缓解全球气候变化的重要手段。实现碳中和目标,不仅是中国能源结构的一场革命,还将推动中国人民生活方式的绿色改变,生产清洁化水平大幅提高,生态文明价值观深入人心。这一全方位的变革,将促成绿色生产力对生产关系的更大推动力。习近平主席在第七十五届联合国大会上的讲话中指出,中国将提高"国家自主贡献"力度,力争2030年前二氧化碳排放达到峰值,努力争取2060年前实现碳中和。碳达峰碳中和是高质量发展的内在要求,中国明确碳达峰碳中和目标愿景,为中国经济社会发展全面绿色转型指明了方向,也为全球应对气候变化共同行动贡献了关键力量。实现"双碳"目标,是中国向全世界作出的庄严宣示,也是可持续发展的必由之路。放眼未来,中国探索的这条生态优先、绿色低碳的"中国式"高质量发展道路,大有可为。

(一)我国碳达峰碳中和取得的成效

党的十八大以来我国"双碳"工作取得积极成效,生态文明建设特别是推动经济社会发展全面绿色转型方面取得显著成效。

一是环境质量显著改善。十年来,国家持续大幅增加环保投入,加大环境基础设施建设力度,有力保障了打好污染防治攻坚战。与2012年相比,2022年各项环境指标都得到有效提升,城市污染得到有效管控。

[①] 夏青,中国环境科学研究院原副院长兼总工程师,南水北调专家委员会委员,中国国际文化交流中心"一带一路"绿色发展研究院专家委员会秘书长,蓝迪国际智库专家委员会委员。

二是生态系统质量和稳定性稳步提高。十年来，国家坚持山水林田湖草沙一体化保护修复，构建以国家公园为主体的自然保护地体系，推动长江经济带发展、黄河流域生态保护和高质量发展，深入实施大规模国土绿化行动，累计完成造林9.6亿亩①，占全球人工造林的四分之一，着力强化生态系统稳定性和生物多样性保护，筑牢了生态安全屏障。

三是产业结构优化升级成效明显。十年来，国家深入推进供给侧结构性改革，淘汰落后产能、化解过剩产能，大力发展战略性新兴产业，促进了新产业、新业态、新模式蓬勃发展。

四是能源绿色低碳转型成效显著。十年来，国家深入推进能源革命，立足以煤为主的基本国情，强化煤炭清洁高效利用，积极发展非化石能源，持续深化电力体制改革。如今，我国清洁能源消费占比显著上升，煤炭消费占比开始下降。目前，我国可再生能源装机规模已突破11亿千瓦，水电、风电、太阳能发电、生物质发电装机均居世界第一。

五是能源资源利用效率大幅提升。十年来，国家大力推进节能减排和资源节约集约循环利用，建立并完善能耗"双控"制度，强化重点用能单位管理，引导重点行业企业节能改造，开展绿色生活创建行动，大力发展循环经济，实施园区循环化改造，构建废旧物资循环利用体系，积极推进水资源节约、污水资源化利用和海水淡化，推动我国能源资源利用效率大幅提升。

六是生态文明体制改革深入推进。十年来，国家按照党中央、国务院决策部署，扎实推进生态文明制度建设，制定了现代环境治理体系、国家公园体制试点、生态保护补偿机制、生活垃圾分类制度、生产者责任延伸制等一系列改革方案，建立美丽中国建设评估指标体系，探索生态产品价值实现机制试点，推进福建、江西、贵州、海南国家生态文明试验区建设，形成一批可复制可推广的改革经验，为全国生态文明体制改革提供了借鉴。

---

① 1亩≈666.67平方米。

（二）碳达峰与碳中和之间的关系

部分研究机构、部分地区盲目提出提前实现碳达峰，这些观点貌似争先，实则误事。其根源在于，缺乏对碳达峰碳中和目标整体性的正确认识，仅仅把碳达峰作为一个碳排放量数字指标来对待。只有厘清碳达峰与碳中和之间的关系，才能准确把握碳达峰碳中和深刻内涵，努力实现降碳目标。

1. 碳达峰是碳中和目标的"基线峰"

碳达峰是碳中和目标的基线峰，而不是不受碳中和目标约束的碳排放量高峰。这一基线峰的意义在于两个重大转变：一是我国进入了碳指标绝对值评价新阶段；二是从2021年起，我国即进入碳中和目标管理新时期。从这两个要求来看，盲目提前碳达峰时间，并不表明全中国已做好了碳中和的全部准备，或已建立目标管理系统。

建立碳中和目标管理系统，最重要的是通过碳达峰，核准我国能源革命、绿色发展的优化基线，分区域、分行业、分能源、分用户预测发展模式和减碳数量，从而进入后三十年的减碳革命进程。所以，碳达峰要的不仅是数字，更重要的是模式，规划出高质量发展的绿色、低碳、循环操作模式，在发展中大幅减少碳排放量。这需要一一落实目标、指标、技术、项目、投资、效益"六位一体"的量化评价体系。目标要能层层分解，确保结果能验证；指标要能量化评估，落实目标管理；技术要能见诸实效，证明硬核实力；项目要能持续发力，符合减污降碳；投资要能优化分析，产生"金山银山"；效益要能定期核算，享受生态福祉。这一体系，要在碳达峰过程中进行验证，确保行之有效。因为"3060"目标从未有实践经验，所以必须有能源革命硬核技术作为支撑，不断适应技术革命的新形势，从而体现接地气、干实事、见实效。

必须认识到，实现碳中和目标，不仅是我国能源结构的一场革命，还将推动我国人民生活方式的绿色改变、生产清洁化水平大幅提高、生态文明价值观深入人心。这一全方位的变革，不是某个部门、某个省市、某个行业的事，而是跨部门、跨地区、跨行业的大事，需要不断深化。通过效益共享、经验互学，完善碳中和推进模式。

2. 碳达峰是碳中和目标的"信心峰"

实现碳中和目标，第一步需要用碳达峰检验我们的行动方向、推进模式、技术决策。有了第一步的稳妥，才有实现碳中和目标的把握和信心。要真正把碳达峰指标变为碳中和目标的分解依据，不能只停留在绿色金融、绿色能源、绿色交通、绿色建筑等子系统目标的理念层次，而是要真正建立行动系统，通过行动确立信心。

一是要确定合理的碳核算方法。国内已经应用的联合国政府间气候变化专门委员会（Intergovernmental Panel on Climate Change，IPCC）清单方法，即IPCC颁布并为各国接受的成果，应该成为"国内统一，国际接轨"的基础。

二是要淘汰"黑色"生产力。确定清洁生产准入门槛，凡有布局越红线、环保不达标、结构不合理、工艺难更新等问题者，都可列入淘汰之列。只有进入清洁生产水平提升行列的，才可要求核算碳排放指标、源头治理方案、废弃物资源化和能源化水平等。要将碳中和目标分解到每个企业的清洁生产指标中，真正使每日每时的生产活动与减污降碳融合。过去提节能减排，实质上是将节能减碳、治污减排分别实现降碳、减污两件事按一件事来办。在碳中和目标下，需要体现减污、降碳目标的各自特征，要更加重视降碳指标，因为它更逼近碳中和目标的任务分解值。

三是要将碳达峰任务分解。全国要分区确定碳排放控制目标，以及能源、产业、建筑、生活等重点领域减污降碳协同控制任务量和时间表；要完成本区域各类碳排放源的减碳重点任务和重点项目清单；要基于对区域森林、湿地、海洋、农田、土地利用等各类碳汇现状的测算和评估，完成区域碳达峰碳中和推进路径和实施方案编制，以及相关碳交易、碳审计、碳核查和碳信息化平台等配套管理平台设计。

四是要通过碳达峰推进碳汇交易。在保证我国碳中和量化目标基线正确的基础上，使我国的碳排放数据在国际互认、碳交易、征收碳税等方面获得正确地位,有利于让世界接受我国在减碳领域的突出进步,并在碳税征收市场取得先机和效益。开拓我国实现碳中和目标过程中降碳和增汇效益兼具的路径。

这四个方面是最低要求。只有落实在碳达峰实践系统中,才能真正具备降碳信心。

3. 碳达峰是碳中和目标的"里程峰"

碳达峰碳中和目标要充分发挥好创新作为第一动力的作用。能源绿色低碳发展要突破储能、智能电网等关键技术,支撑构建清洁低碳安全高效的能源体系。要发展原料、燃料替代和工艺革新技术,推动钢铁、水泥、化工、冶金等高碳产业生产流程零碳再造。加快发展新能源汽车技术,形成公路绿色低碳运输方式。同时,建筑领域要发展"光储直柔"配电系统相关技术,助力实现用能电气化。要发展碳汇和碳捕集利用与封存等负排放技术,着眼长远应发展非二氧化碳温室气体减排技术。要加强产业技术集成耦合创新以及注重颠覆性技术创新,碳中和技术路线发展应考虑资源约束问题。要加强青年科技人才的培养。要达到上述要求,必须探索可持续发挥作用的创新模式,破解在政府决策、行业实践、技术评定等方面广泛存在的利益约束难题。

总之,碳达峰并不是简单的碳指标数字任务,不需要盲目提前完成碳达峰任务。只有全力打造有利于节能降碳的技术支撑体系,并通过实践验证,最终提前实现碳中和目标,才是硬道理。

(三)实现碳中和目标,需要学习和理解"先有机制后有工程"的指示

美丽河湖、海湾建设卓有成效,示范项目越来越多,从山顶到海洋的大规模建设工程会应运而生,在众多工程项目决策之前,学习和理解"先有机制后有工程"的指示非常必要。工程项目落地应先建立的"机制",除了常规规划、设计方案和技术经济可行性报告外,还应在目标、问题、结果三个方面给予特别重视,形成以导向、措施、效益为一体的立项考核

机制，才能放心地开展工程建设。

1. 目标导向：以水定岸，以海定陆

牢牢抓住影响河湖、海湾美丽的岸上和陆上人类活动因素，突出建立山水林田湖草沙生命共同体这一主线，实现河湖与海湾生态目标导向的"三水"指标系统：

（1）水资源指标。

确定生态流量既要从水文频率出发正算，又要从生态指标实际需水倒算；既考虑可行性，又满足必要性。还要根据不同水平年、不同保护情景、不同保护对象评估生态流量的保障程度。必须重视跨界合作问题，这是影响环境的基础条件。

（2）水环境指标。

水质指标要从环境本底值出发确定，把林、田、草、沙的影响转化为对应水质控制指标，既要考虑基准、标准要求，又要体现区域环境特征。解决水环境问题，要重视已存在的河湖、海湾本底要素与自然净化能力，才可能防止不恰当的工程措施扰乱自然生态平衡。

（3）水生态指标。

突出主要保护对象，选择代表性强、影响力高、公众熟悉的水生生物、水生植物、珍稀保护物种中的任一保护对象，不必单纯追求生态指标自成系统，重在与水资源、水环境指标融为输入响应体系，形成"三水"融合评估效果的实用指标体系。

2. 问题导向：硬核技术，攻克要害

这里所说的问题，既包括影响美丽河湖、海湾目标实现的主要人类活动问题，也包括循常规思维照搬传统工程手段，以工程代替环保的决策问题。

（1）杜绝以工程代替环保。

简单地罗列治理内源、外源工程，而不明确治理对象、规模、措施、投资、效果、效益验收要求，或是单项工程有要求，而形成的治理系统无综合验收指标，这就是以工程代替环保。因为工程只是实现环保目标的手段，如果动用手段却不能把控环保结果，就是典型的为工程而工程。例如，某条河水质超标，明明是工业园区清洁生产水平不足，园区污水处理厂达标水平低，不针对性解决控源问题，却花10多亿元开展区域绿化工程，最终，绿树的美丽遮盖不住河流超标的污点。又如，某条河号称为解决底泥重金属污染要清淤，却不做底泥再悬浮条件模拟，不评价底泥重金属对水质贡献率和分布特征，也不设计清除出的底泥如何处置。必须完成的环保工作不做，却投入高额资金上清淤工程，回报是破坏了原有的河底生态系统，底泥成为固体废物、危险废物烂在手中。

（2）重视硬核技术攻克要害。

实现这个要求的关键是落实减污降碳。硬核技术的特色就是既减污又降碳，既有绿色生产力的先进又有绿色人民币的效益，针对问题优选技术才能使硬核技术攻克要害。

3. 结果导向：降本增效，享受回报

我们建设美丽河湖、海湾的宗旨是生态为民，生态利民，生态惠民，这个"惠"字是最终结果，代表生态福祉，也就是让人民看到"绿水青山就是金山银山"。必须让人民看到回报，享受产出。全国人民要环保，不能只会向政府要钱，要学会环保挣钱。

（1）重视降本增效硬核技术。

世界领先的布朗气发生器产出氢氧气新能源，不仅少用天然气，增加碳汇，而且大大提升各类燃烧质量，投入产出优势远高于其他能源，是区域绿色发展的普适性技术；最先进的饮用水处理工艺可以在6分钟内将源水处理达到2023年4月必须达到的国家新颁布的饮用水标准，从吨水处理1元多降至0.2元，占地面积减少三分之二，让人民享受直饮水；习近平总书记十几年前任副主席时见证引进的匈牙利处理污水生态仿根膜技术，现已发展到第五代，能建达地表水三类的工业园区污水处理厂，实现低成本生产新生水，回补生态环境。

（2）关注自然生态系统碳汇。

在无碳新工艺替代量和低碳化改造减排量增加碳汇的同时，必须重视自然碳汇，包括海洋和林业碳汇。重视林业碳汇价值并开发利用的最佳案例是北京冬奥会。在冬奥会绿色设计"环境正影响""可持续、向未来"理念指引下，仅治沙覆绿优化生态一个领域就大大提高了京张两地的森林覆盖率。一是风沙源治理，与2015年相比，北京从41.6%增至44.4%，张家口从37%增至50%。二是赛区绿化，张家口赛区造林10240平方千米，崇礼赛区造林860.87平方千米。正因为有全部赛区森林覆盖率超70%、核心赛区森林覆盖率超80%的碳汇资源保障，京张两地为实施冬奥会碳补偿措施贡献110万吨林业碳汇，达冬奥会减碳130万吨目标90%以上，是零碳冬奥会的保底措施，确保降本增效。

过去十年，我国生态文明建设取得的历史性成就，是对全球可持续发展的重大贡献，也是共建清洁美丽地球的实际行动，国际社会有目共睹、有口皆碑。当前，我国生态文明建设已经进入以降碳为重点战略方向、推动减污降碳协同增效、促进经济社会发展全面绿色转型、实现生态环境质量改善由量变到质变的关键时期。实现碳中和目标，需要我们厘清碳达峰与碳中和之间的关系，也需要学习和理解"先有机制后有工程"的指示。展望未来，我国将以"双碳"工作为牵引，减污、降碳、扩绿、增长协同推进，全面加强资源节约和环境保护工作，加快推动形成绿色低碳生产生活方式，努力建设人与自然和谐共生的现代化，实现可持续发展。

四、先进制造产业：全球科技创新主阵地

张 立[①]

先进制造业作为制造业金字塔的塔尖，是科技创新的主阵地，是未来

---

① 张立，工业和信息化部赛迪研究院院长、党委副书记，中国半导体行业协会常务副理事长，蓝迪国际智库专家委员会委员。

世界经济发展的主导力量，也是各国参与国际竞争的先导力量。先进制造业对于我国而言是兴国之器与强国之基，是构建现代产业体系、培育发展新动能、助推经济高质量发展的重要手段。发展先进制造业，是我国实现经济良性循环的关键所在，也是构建新发展格局的主战场。面对新形势、新挑战，我国亟须发挥先进制造业拉动区域经济、调整产业结构、稳定经济增长的作用，以先进制造业的高质量发展，塑造发展新优势，驱动增长新引擎，促进经济稳进提质。

（一）先进制造业和全球科技创新

先进制造，主要指的是运用新技术、新设备、新材料、新工艺、新流程、新生产组织方式对劳动对象进行的安全、高效、清洁加工制造从而形成社会所需要的高质量、高性能的工业产品的过程。先进制造业，不仅体现为技术、工艺的先进性，也体现为制造模式、生产组织方式和供应链等的先进性。其中既包括依托先进技术而形成的战略性新兴产业、高技术产业，也包括通过技术改造、工艺革新、商业模式和生产组织方式实现转型升级后的传统产业。先进制造业以创新为动力，以硬科技为核心，表现为全球领先的技术水平、生产效率和产品质量，是现代产业体系的重要组成部分。当前，新技术、新业态、新模式的不断涌现，加速了制造业发展动力、生产模式、支撑要素和组织方式等的快速变革，也推动中国传统产业改造升级并转向先进制造业。

（二）我国先进制造业的现状

我国虽是制造业大国，但并非制造业强国。2022年6月，党的十八大以来工业和信息化发展成就发布会在北京召开。发布会上公开的数据显示，2012—2021年，工业增加值从20.9万亿元增长到37.3万亿元，年均增长6.3%；制造业增加值从16.98万亿元增加到31.4万亿元，占全球比重从20%左右提高到近30%。500种主要工业产品中，我国有四成以上产品的产量位居世界第一。高技术制造业和装备制造业占规模以上工业增加值比重分别从2012年的9.4%和28.0%提高到2021年的15.1%和32.4%。当前，经济全球化是不可逆转的时代潮流，全球化竞争的加剧、能源环境的制约以及依赖于廉价的劳动力是我国制造业进一步发展的"瓶颈"。面对外国对核心科技的垄断，为了实现制造业的可持续发展，解决核心技术"卡脖子"问题，务必要从粗放式的传统制造业向集约型的先进制造业转变。

（三）我国先进制造业的发展建议

1. 数字化转型，转变生产方式

加快数字化转型有利于打造国际竞争新优势，有利于转变制造业生产方式、优化产业资源配置、推进绿色发展，是推进制造业高质量发展的必然要求。制造业数字化转型涉及5G、人工智能、区块链等大量新一代信息技术，是新一轮科技革命中创新最活跃、交叉最密集、渗透性最强的领域之一，正在成为全球各国产业竞争的焦点。对于发达国家而言，推动数字化转型有利于凭借其在信息技术和信息资源方面的优势，不断加强对全球经济的控制力。对于发展中国家而言，制造业数字化转型不仅代表着一类新兴技术领域和一个快速增长的新兴产业，更是一条与发达国家处在同一起跑线的新赛道，能够引领传统工业化的创新体系、生产方式、产业形态、体系机制等产生颠覆式重构，有机会发挥后发优势，实现换道超车。当前我国制造业数字化转型过程中存在传统工业设备数字化改造难度大、工业软硬件装备供给能力不足、工业系统平台接口不统一、工业大数据开发创新能力不足等问题，深度影响着制造业数字化转型进程。推进制造强国建设，亟须国家对制造业数字化转型开展全局性谋划和系统性部署。

推进制造业数字化转型，可以从七个方面入手：一是要加强工业数字装备供给创新，大力发展数字机床，大力发展面向各类工业测量感知应用场景的数字仪器仪表，大力发展数字控制器，发展工业网络设备；二是要大力发展和推广工业软件，创新工业软件培育模式，推进产学研联合攻关，大力发展PaaS型工业互联网平台，加大政策扶持力度；三是要加大供给端标准推广力度，推广国家强制统一标准，主动对接国际主流标准；四是要加快传统工业设备数字化改造，加快推进工业网络建设，深化5G、工业

Wi-Fi 等技术在工业现场应用，加快推进机床改造，对新增设备积极推广应用标准统一、开放互联、平台支撑、智能应用的工业数字装备；五是要推进企业数据汇聚和共享流通，建立企业数据发展统筹规划和顶层设计机制，建立企业数据汇聚机制，做大做强企业数据中心平台；六是要积极推进智能工业业态创新，推进智能工厂、无人工厂、灯塔工厂等建设，推动机器、软件、传感器等发展，推进工业互联网平台建设，推进"5G+工业互联网"应用；七是要强化工业网络信息安全保障，增强技术保障能力，加强工业数据安全保障，加强工业数字装备安全管控。

2. 区域化布局，壮大城市载体

城市作为先进制造业的核心载体，是我国先进制造业高质量发展的主阵地，在激发创新活力、加快动能转换、培育企业梯队、加速产业集聚、推动绿色发展等方面具有不可替代的作用。赛迪顾问智能装备产业研究中心《先进制造业百强市（2022）》相关成果显示，截至 2021 年底，先进制造业百强市总计完成规模以上工业增加值近 19 万亿元，占全国规模以上工业增加值的 60% 以上，较 2018 年增长超 10 万亿元。同时，自 2018 年以来，先进制造业百强市培育了先进制造业集群决赛优胜者 23 个、近 23 万家高新技术企业、3000 余家专精特新"小巨人"企业、380 个单项冠军企业，建设了 127 个新一代信息技术和制造业融合发展试点、118 个绿色工业园区和 1598 个绿色工厂。

城市作为先进制造业发展的重要载体，可从五个方面入手，推动先进制造业快速健康发展：一是创新引领，培育先进制造业发展新动能。先进制造业城市应加快推动重大科技创新平台建设，完善创新网络体系，强化企业创新主体地位，激发人才创新活力。二是融合赋能，培育先进制造业发展新模式。先进制造业城市应持续深化新一代信息技术与制造业融合发展，持续拓展数字产业化和产业数字化发展空间，提升生产性服务业供给能力，积极培育高附加值的新业态、新模式。三是集群建设，形成先进制造业发展新格局。先进制造业城市既要志存高远，培育世界级先进制造业集群，提升制造业全球竞争力，也要聚焦区域经济发展，培育中小企业特色产业集群，进一步助力现代化产业体系构建。四是品牌打造，释放先进制造业发展新活力。先进制造业城市既要着力强化龙头企业引领带动能力，也要注重培育梯次有序的企业队伍，加快构建梯次有序、融通发展的市场主体结构。五是绿色助推，开创先进制造业发展新局面。先进制造业城市应以"双碳"目标为牵引，深入实施绿色制造，构建全生命周期绿色制造体系，推进工业节能降碳，推广应用先进适用的绿色技术。

3. 集群化发展，提升核心实力

在当前全球产业链不断追求本土化和多元化布局、企业形态和产业组织变革日新月异、区域协调发展战略深入实施的背景下，先进制造业集群凭借其根植于区域的完备产业生态和网络化协作系统，成为畅通制造业国内国际双循环、服务构建新发展格局的重要抓手。

集群的形成与发展是多种因素影响的结果，培育集群要尊重产业发展规律和地方承载力，可以从以下三个方面展开思考。一是运用系统化思维，综合考虑文化、区位、政策和产业等因素，从顶层设计、政策体系、发展思路与具体路径等角度，提出科学化的集群培育举措。二是培育发展集群不能流于形式，要注重与产业链和产业园区的融合，将产业园区作为集群发展的优质内核，将产业链作为集群发展的联系纽带，通过培育优势企业、打造优势产业链、做强平台经济、促进链式融合和组建集群中介组织等，促进集群的"结网与互动"。三是国家级集群离不开政府强有力的引导和政策的支持。培育发展集群要处理好培育与发展的关系，时刻警惕集群可能由于外部的威胁或内部僵化而失去竞争力的潜在风险。应将集群政策作为区别于产业政策、区域政策的一项新型政策工具，用于解决集群市场失灵、产业治理能力欠缺和产业科技金融人才循环生态不健全等问题，引导集群可持续发展。

我国制造业具有规模体量大、链条配套齐全和发展空间广阔的优势。因此需要整合资源、集中力量，加快培育发展一批具有较强竞争力的先进制造业集群。可以从以下三个方面着手：一是在国家层面，加快制定出台培育先进制造业集群的计划或意见，统筹优化全国集群布局；充分发挥竞争机制作用，持续开展先进制造业集群竞赛，择优选取一批具有竞争力的集群开展试点示范；积极探索多层次的集群培育发展体系，开展集群发展质量效益评价，不断提升集群竞争力。二是在地方层面，因地制宜，聚焦特色产业集群化发展，科学编制集群培育方案，形成集群培育发展的总体思路、目标和路径；建立协同推进机制，创新包含产业、创新、财政、金融、区域等在内的集群政策工具箱，强化政策的协同性。三是在集群层面，遵循"点-线-面-网"立体化发展路径，建设大中小企业融通发展平台载体，以产业链部署创新链，配套资金链和人才链，合力打造集群网络协作生态；推动集群发展促进组织做精做强，着力当好集群代言人、编制集群协作网、建设集群观测台、担当集群自律员。

（四）未来世界先进制造业十大发展趋势研判

从全球先进制造业发展变化形势来看，世界先进制造业显现出三个共同的发展特征：创新引领、集群打造、锤炼先锋。创新引领主要是指以提升技术引领和创新能力作为先进制造业发展壮大的关键抓手。集群打造主要是以集群形式打造具有国际竞争力的先进制造业作为重要举措。锤炼先锋主要是以锤炼世界级龙头企业和品牌作为先进制造业的先锋力量。展望未来，当前世界先进制造业十大发展趋势，为新时期我国先进制造业发展提供了新思路、新方向。

趋势一是先进制造业创新格局与技术应用将呈现多元化特点。从全球格局来看，形成了中国、美国、日本三国为主的竞争格局，我国连续三年专利合作条约（Patent Cooperation Treaty，PCT）申请量位居世界第一。从技术应用方向来看，形成了信息、生物和能源多元化应用格局。

趋势二是先进制造业产业生态将以新技术为纽带不断丰富。当前新技术不断扩充传统产业边界，衍生新业态、新模式，推动产业生态的不断变化，提升传统产业活力，以应用场景为牵引，构建大中小微企业专业化分工协作的新兴产业生态体系。

趋势三是先进制造业将以前沿技术群落推动多领域融合发展。当前新一代信息技术与先进制造技术深度融合，贯穿于先进制造业的各个环节，数字孪生、人工智能、移动互联网、区块链等形成的前沿技术群落，将持续推动先进制造业与新一代信息技术、现代服务业等多领域的融合发展。

趋势四是提高能源利用效率将成为先进制造业绿色发展的重要方向。随着各国陆续制定"双碳"目标，碳排放总量将逐渐成为未来制造业发展的关键制约因素，应该重视效率的提升，提高绿色发展水平（见图3-1）。

趋势五是先进制造业供应关系由经济效益优先转向安全稳定优先。从全球来看，受新冠疫情、俄乌冲突、能源危机和经济停滞衰退等事件影响，制造业供应关系的不稳定因素增多，先进制造业全球化进入重塑期，其配置逻辑由经济效益优先转向安全稳定优先。

趋势六是先进制造业品牌质量由品牌建设逐步走向品牌生态建设。由供给方基于产品质量和核心价值观的品牌建设模式已转向品牌生态建设，通过提升品牌言论透明度和增强与需求方的互动成功建设其品牌生态。

趋势七是构建多方共建的协作网络将成为先进制造业集群提升的关键。随着产业组织模式不断演进，应培育多级协作的产业组织能力，构建多地共建的融合型产业协作体系，形成提升集体创新效率的多方创新协作网络。

英国《可持续制造战略计划》	日本《2050年碳中和绿色增长战略》	中国《工业能效提升行动计划》
■制定《工业能源效率计划》 ■推动高效节能制造、生态效率型制造 ■制造业服务转型等可持续商业模式 ■工业系统转型	■能源：供给结构调整 ■制造业：能源利用效率和产品碳中和 ■绿色交通：氢燃料、电动飞机 ■绿色建筑：太阳能、建筑新材料	■提升重点行业领域能效 ■提升用能设备系统能效 ■提升企业园区综合能效 ■推动数字能效提档升级

图 3-1　主要国家提升能源利用效率战略

资料来源：赛迪顾问。

趋势八是产业活力、梯队企业和创新生态将助力先进制造业城市跃升。城市是发展先进制造业的重要载体,是先进制造业持续创新的主阵地,未来城市发展先进制造业的关键在于激发产业活力、培育企业梯队、塑造创新生态。

趋势九是全要素聚合、多元化服务将成为先进制造业园区发展特征。园区作为发展先进制造业的主要聚集地,在多重因素驱动下,逐渐向"全要素聚合、多元化服务"的全产业链发展模式转变,应重点构建以先进技术驱动和高效产业治理驱动的"双驱动"成长模式,推动产业的合理布局,建立人才资源、技术转移等完善的科技服务体系。

趋势十是打造数字业务新支点将成为先进制造业企业保持竞争力的核心。随着数字技术与先进制造业的不断融合,运用数字技术,构建数字业务生态将成为企业塑造和保持自身竞争力的关键。具体来看,一是数字技术产生的软件相关知识产权,将成为企业构建技术壁垒的护城河;二是数字技术深度融入创新过程,将成为企业挖掘创新红利的加速器;三是数字技术将深度融入生产环节,对复杂产品和核心工艺的镜像能力将成为优化企业智能制造水平的主战场。

当今世界正经历百年未有之大变局,新一代信息技术正加速融入制造业应用场景,全球制造业产业链和供应链结构正发生深刻变化,机遇与挑战并存。传统制造业在应急保障、产业链协同、生产管理等方面显现出不足,将促进以创新为核心的智能制造快速发展、传统制造模式迭代升级,推动制造业迈入新的发展阶段。

未来,面对新时期技术变革提速、国际分工重塑、中美摩擦加剧等挑战,我们只有保持战略定力、坚持稳中求进,持之以恒推动制造业数字化转型,才能实现工业经济高质量发展。在保持我国传统制造业优化升级"稳中求进"的前提下,我们需要培育先进制造业产业竞争优势,实现向全球价值链高端跃迁的跨越式发展,使中国制造向中国创造、中国速度向中国质量转变,才能使我国从"制造大国"迈向"制造强国"。

五、医药大健康产业：助力实现健康中国战略目标

毕井泉[①]

高质量发展是全面建设社会主义现代化国家的首要任务。医药大健康产业既是国民经济的重要组成部分，也是推进健康中国建设的重要内容。促进医药大健康产业高质量发展，推进健康中国建设对增进民生福祉、实现中国式现代化、共建人类卫生健康共同体具有重要意义，是政府、业界和广大人民群众的共同期盼，也是我们的共同责任。

（一）中国医药大健康产业发展面临的五个痛点

医药大健康产业是全球新一轮科技变革中科技含量最高、创新最为密集、投资最为活跃的领域之一。过去十年，我国在医药创新领域取得重大成果，中国批准上市新药数量占全球15%左右，本土企业在研新药数量占全球33%，在中国开展的新药临床试验有5500多项。医药的创新，已经成为我国进入创新型国家的重要标志之一。推进医药大健康产业高质量发展，需要更多原创性科学发现。我们在看到取得的成就的同时，也要看到存在的不足。

一是创新药的质量与世界先进水平还有差距。总体上，我国的生物医药创新起步比较晚，近几年批准上市的创新药绝大部分属于跟随式、引进式创新，新靶点、新化合物、新作用机理的原创新药寥若晨星。即便如此，这也是历史上的进步。我们把跟随式、引进式创新做到同类更好、同类更快，也有临床价值和经济可及价值。但是也要看到，这样的创新数量不能太多、时间不能太晚，如果不能做到更好更快，或者研发失败，投资变成沉没成本的结局也是不可避免的。

二是创新药的研发投入巨大，市场预期不够稳定，创新企业面临资金

[①] 毕井泉，十四届全国政协常委、经济委员会副主任，原国家食品药品监督管理总局局长，中国国际经济交流中心常务副理事长，蓝迪国际智库专家委员会委员。

困境。新药研发是高风险的事业，实现周期太长，新药上市后能够销售多少数量，销售收入能不能覆盖研发成本，能不能有利润投入新的研发，这些都是企业创新需要思考的问题。同时，稳定市场预期对于新药持续研发也至关重要。资本会从预期差的领域流向预期好的领域，这是市场在资源配置中起决定性作用的具体体现。创新药价格形成机制直接影响企业的市场预期。中国的生物医药研发企业普遍规模较小，资金实力较弱，主要依靠社会资金支撑新药研发，如果没有稳定的投资，就会选择退出，生物医药研发就很难继续进行下去。创新药面临着巨额的市场开发资金投入的压力，这也是很多小型科技型企业不能承受之重。创新药的高风险应该对应高回报，面对九死一生的高风险，如果没有高额的回报，很多企业会选择放弃。

三是创新药缺乏一个良好的价格机制。没有良好的价格机制，医药的专利保护和数据保护也就没有了意义。我们要充分认识中国创新药的商业模式：医药产业风险太大，实现周期太长，只有积累了一定资金的风险基金愿意做生物医药投资，他们也期待着通过产品上市来获得回报，从而能够进一步投资创新药，形成良性循环。如果我们认识不到生物医药产业独特的商业模式，具体政策机制不能鼓励创新，也就没有企业愿意承担风险，最后受影响最大的还是无药可医的患者。

四是我国的医疗保障体制尚需完善。生物医药创新依赖于多层次医疗保障体系建设，在医药卫生体制改革方面，我国的难点在于破除医疗机构以药养医的补偿机制，理顺医疗服务价格。当下我们亟须关注的问题包括：农村和社区没有足够的经过规范化培训的医生；没有统一的电子病历制度；社区医院、基层卫生院医务人员对当地患者的基本情况不了解；基层医务人员的待遇低，留不住人；以药养医的体制机制依旧存在；等等。这些问题都导致基层医疗机构很难和大型医疗机构"竞争"。

五是医生收入问题亟须解决。第一个问题是收入水平，第二个问题是收入来源。收入水平不足以吸引优秀的医学毕业生到基层。从收入来源看，现在医疗机构医务人员工资性支出相当一部分来源于药品、耗材、检查、检验的结余。大型医疗机构由于人才多、患者多、设备多、手术多，因此"结余"也就多。基层医疗机构由于没有这方面的人才，有了设备也不会使用，吸引来的患者少，没有机会使用高值药品、耗材和复杂的检查检验，所以"结余"能力比较差，"结余"能力弱，收入水平低，又进一步限制了优秀人才的流入。从20世纪90年代初推进医药卫生体制改革以来，我们一直强调要强基层，推行分级诊疗，小病不出乡、大病不出县，但这次疫情暴发再次暴露出，基层医疗资源基础薄弱的问题虽有改观但无根本性变化，患者向少数大城市集中、向三甲医院集中的问题依然严峻。

（二）解决痛点，需促进医保、医疗、医药协同发展和治理

医药健康产业既是国民经济的重要组成部分，也是推进健康中国建设的重要内容。党的二十大报告提出，要深化医药卫生体制改革，促进医保、医疗、医药协同发展和治理。同时提出，要坚持面向世界科技前沿、面向经济主战场、面向国家重大需求、面向人民生命健康，加快实现高水平科技自立自强。为了解决我国生物医药发展面临的痛点，落实党的二十大报告中提出的"促进医保、医疗、医药协同发展和治理"，提高生物医药产业发展质量，提出以下十二个建议：

一是必须依靠创新。人类战胜疾病离不开科学发现和技术创新，实现医药大健康产业高质量发展必须依靠创新。鼓励创新必须充分尊重企业的知识产权。生物医药领域知识产权制度的逐步完善，也是我国生物医药创新驱动发展的重要保障。

二是鼓励原创性研发，鼓励临床价值更优的药物上市。近年来，批准上市的创新药大部分属于跟随式、引进式创新，新靶点、新化合物、新作用机理的原创性新药不多，创新的质量与世界先进水平还有差距。我们非常需要以原创性科学发现为基础的研究开发，也一定会诞生出更多的原创性治疗药物。2021年国家药品审评中心发布的《以临床价值为导向的抗肿瘤药物临床研发指导原则》提出，应尽量为受试者提供临床实践中最佳治疗方式/药物，新药研发应以为患者提供更有临床价值的治疗选择为最高目

标。这些要求应该成为药物研发的普遍适用的指导原则。要从审评审批、临床使用、医保支付多方面采取措施鼓励原创性、临床价值更优的创新药上市和使用，鼓励从中医药宝库中发现具有高价值的原创性成果。对于已有治疗手段的适应证，要鼓励新药研发企业去开发更有临床价值的新药。

三是需要有源源不断的资金投入创新药的研发。创新药的研发是一个需要巨额投入、连续不断的过程。自 2008 年起我国设立新药创制重大专项，中央财政累计投入 200 多亿元。自改革药品审评审批制度以来，生物医药创新成为风险投资的热点，近八年来投入生物医药和医疗器械研发的社会资金近 1.5 万亿元。需要引起重视的是，近年来社会资金投入有所减少，很多创新企业面临资金困境。这就需要增加基础研究投入。没有强大的基础研究，很难出现原创性的科研成果。建议增加生命科学领域基础研究的经费投入，改革科技成果评价方法，落实《促进科技成果转化法》和《科学技术进步法》中科技成果转化净收益不少于 50% 奖励科研人员的规定，激励科学家发明创造。

四是稳定创新药市场预期。稳定市场预期对于新药持续研发至关重要。资本会从预期差的领域流向预期好的领域，这是市场在资源配置中起决定性作用的具体体现。创新药价格形成机制直接影响企业的市场预期。新药研发是高风险的事业，新药上市后能够销售多少数量，销售收入能不能覆盖研发成本，能不能有利润投入新的研发，这些还是交给企业自己去探索。对于高价格的创新药，医保根据资金情况确定支付标准。

五是需要大力推进仿制药质量疗效一致性评价工作。解决药品可及的根本性措施是发展仿制药。要继续鼓励企业开展仿制药一致性评价，落实有关奖励政策，抑制恶性竞争，保证中标药品质量和供应。要明确未通过一致性评价药品文号的退出政策，研究按药品文号收取年度监管费，迫使多年不生产的僵尸文号退出市场，减轻监管压力。目前通过一致性评价和按新标准批准上市的仿制药已经有 5238 个品规，覆盖近 900 个品种，但仅相当于医疗机构经常使用药品的一半。仿制药一致性评价是我国生物医药走向高质量发展的重要组成部分，是解决历史遗留问题的重要途径，是临床替代原研药、实现药品可及、减轻医保资金压力的重要手段。近年来，仿制药集中带量采购累计节约医药费 3000 亿元，提高了患者用药的可及性。

六是使患者能够用上最好的治疗药物。鼓励医疗机构及时采购批准上市的新药，不受医院用药数量限制。现在每年批准上市的新药只有几十种，不会对医疗机构用药数量的增加构成压力，建议调整相关规定。

七是提高监管水平和效率。推进生物医药产业高质量发展，要从药品研发全生命周期各个环节与国际通行做法和最佳实践对标，找出差距，完善政策，提高效率和透明度，为科学家和企业提供更高效、更可预见的服务，提高医药研发的国际竞争力。

八是规范商业医疗保险发展。建立多层次医疗保障制度的关键是划清基本医疗保险和商业医疗保险的边界，明确商业医疗保险的市场范围，便于保险公司精算，推出有明确承保范围的商业保险产品，便于消费者投保，也便于社会监督。要明确商业医疗保险收支平衡、略有结余的原则，鼓励商业医疗保险公司之间的竞争，提高理赔效率，给投保人提供优质的医疗保障服务。

九是建立多层次医疗保障体系。社会保障是人民生活的安全网和社会运行的稳定器。为了解决鼓励创新和满足患者需要的矛盾，应该更好地发挥医疗保障的社会共济作用，把"保大病"，防止参加医疗保险的人因病致贫、因病返贫作为首要任务。加快建立多层次医疗保障体系，分担基本医疗保障资金不足的困难，是鼓励生物医药创新、实现高质量发展的重要途径。

十是改革医疗机构的补偿机制。要按照"总量控制、结构调整"原则，在不增加社会医药费总负担的前提下，逐步理顺医疗服务价格，实现医疗服务收费对医务人员工资性支出全覆盖。推进全国统一、医疗机构和医保机构共享的电子病历、电子处方制度，促进合理用药，实现检查检验结果共享，减少医生的重复劳动，提高诊疗效率，减少处方差错，提高基层医生诊疗水平。实现医药分开的改革，才能让药品回归自身的属性。

十一是扩大生物医药领域的国际合作。要进一步扩大生物医药领域的制度性开放，更多地参与国际药物研发指导原则的制定和采用，最大限度降低生物医药产业发展的制度性成本。加强国际社会公共卫生和医药信息交流。新冠疫情发生后，我国第一时间向世界卫生组织通报疫情，第一时间与国际社会共享病毒基因序列等信息，第一时间公布诊疗方案和防控方案，为各国抗击疫情和疫苗研发争取了宝贵的时间。中国研发的新冠疫苗为很多国家抗击疫情作出了贡献。中国生物医药创新虽然刚刚起步，但研发出的抗癌药物美价廉，完全可以惠及亚太和"一带一路"发展中国家的患者。

十二是深化医药卫生体制改革。医药卫生体制改革，是落实党的二十大精神必须啃的"硬骨头"。习近平总书记在报告中提出，要"深化医药卫生体制改革"，"促进医保、医疗、医药协同发展和治理"，要"发展壮大医疗卫生队伍，把工作重点放在农村和社区"，"促进优质医疗资源和区域均衡布局"，"提高基层防病治病和健康管理能力"。近年来，有关部门全面加强基层医疗卫生体系建设，推进分级诊疗，推广三明医改经验，对缓解人民群众看病难、看病贵的矛盾发挥了重要作用。三明医改经验最重要的是调动医务人员积极性，实行医生年薪制、改革以药养医的体制机制、推进医药分开。推进医疗服务价格改革，破除医疗机构人员部分工资性支出来源于药品、耗材、检查检验结余的以药补医的体制机制，对于营造尊重医生、爱护医生的社会氛围，营造学生愿意学医、毕业的医学生愿意当医生、愿意到基层当医生的社会环境至关重要。

深化医药卫生体制改革，还需要把医疗卫生工作重点放在农村和社区。一是明确与居民签约提供家庭医生服务的经济政策。推广全科医生签约服务的好处是，便于患者与医生之间建立相互信任关系，真正落实居民健康"守门人"的作用。二是改革公立医院补偿机制。按照"总量控制、结构调整"原则，在不增加社会医药费总负担的前提下，把诊疗费、手术费、护理费提高到能够覆盖医务人员工资性支出的水平。三是实行全国统一、医疗机构和医保机构共享的电子病历、电子处方制度。促进合理用药，实现检查检验结果共享，减少医生的重复劳动，便于基层医生全面了解患者情况，提高诊疗水平；破除以药养医的体制机制，有助于增强患者对医生的信任感，促进医患关系和谐；有助于提高医生积极性，帮助基层医院留住医学人才，发挥基层医院的兜底作用，使我国的医疗卫生事业走向良性循环发展的轨道。

（三）实现健康中国建设战略目标，每一个小群体都不应该被忽视

随着生物医药产业的飞速发展，越来越多的身患罕见疾病的小群体逐渐被看见，被关注。近年来，党和国家高度重视罕见疾病患者群体，出台多项政策保障罕见疾病诊治和孤儿药研发，罕见疾病诊疗方面取得了长足进步。2015 年以来，我国有 35 个罕见疾病用药批准上市，覆盖 17 种罕见疾病，已上市 67%罕见疾病用药进入国家医保目录，大大减轻了患者的用药负担。罕见疾病药物研发存在患者招募难、开发风险大、市场规模小等一系列困难，基本上不具备经济可行性。针对这个科学上有意义、市场上有需要，但实际上很难赚到钱的难题，须研究制定符合罕见疾病规律的特殊政策。鼓励企业研发罕见疾病治疗药物，是罕见疾病有药可用的关键。为此，以下九个建议将有助于调动企业研发罕见疾病治疗药物的积极性：

一是要高度重视罕见疾病药物研发问题。罕见疾病治疗，关系到 1 亿多人，应当把解决好罕见疾病用药问题提高到"守住人民的心""保障人民健康"的高度来认识，提高到切实落实科技创新战略的高度来认识。

二是要稳定企业开发罕见疾病用药的市场预期。专利制度和数据保护制度都属于知识产权保护的范畴，本质上是给予创新者市场独占的奖励。这种市场独占，一定包含自主定价。没有自主定价，市场独占就没有意义，专利和数据保护就会失去存在价值。对于创新药这类市场充分竞争的产品，

应充分发挥市场在资源配置中的决定性作用，不宜实行政府价格管制。

三是要努力降低企业的研发成本。在科学性的基础上适当减少罕见疾病临床试验受试者数量；对境外已批准的治疗儿童罕见疾病药物，可使用境外申报临床数据在中国上市；缺乏种族差异数据的，可进行少量样本的临床试验后，加速批准上市等。

四是要多方面采取措施减轻患者负担。不能因为部分罕见疾病治疗药物价格高，就剥夺这部分患者享受作为投保人的医保支付权利。为了平衡鼓励罕见疾病药物研发和医保资金支付压力大的矛盾，建议研究改变医保支付固定比例的做法，对部分高价格治疗药物降低医保支付比例。不宜把罕见疾病患者排除在医保支付之外。对价格过高的药物，建议研究医保支付最高限额，限额以内部分由医保按规定支付，限额以外部分由患者、商业保险、社会慈善、基金补助及政府救助共同承担。

五是要延长罕见疾病药物市场独占时间。目前含新型化学成分的药物数据保护时间为六年，建议参照日本、欧盟的做法，把罕见疾病药物数据保护时间延长至十年。

六是要免收企业罕见疾病药物销售收入的所得税。财政部门已经对罕见疾病药物增值税按3%征收、研发费用抵免所得税等政策优惠。要进一步研究对罕见疾病治疗药物销售收入免收企业所得税。

七是要建立罕见疾病药物研发基金。建议各级政府设立罕见疾病治疗药物研发基金，对于罕见疾病研发项目给予补助。鼓励社会资本设立罕见疾病基金，资助罕见疾病治疗药物开发。

八是要及时更新、定期公布罕见疾病目录。罕见疾病诊断是医学进步的重要标志，要根据医学进步定期公布罕见疾病目录，把新发现的罕见疾病及时补充到目录，指导医务人员提高早发现、早治疗能力，指导科研人员研发诊断试剂和治疗药物。

九是要研究制定罕见疾病相关法律，通过立法来保障罕见疾病患者的权益。

（四）推进健康中国建设，生物医药产业发展前景广阔

随着中国现代化的全面推进，经济社会发展，居民收入增长，健康中国建设，生物医药产业发展前景广阔，主要体现在以下三个方面：

一是共享健康中国建设新机遇。党的二十大提出了"人民健康是民族昌盛和国家强盛的重要标志"，"把保障人民健康放在优先发展的战略位置，完善人民健康促进政策"，强调要"加强重大慢性病健康管理，提高基层防病治病和健康管理能力"，"深化医药卫生体制改革，促进医保、医疗、医药协同发展和治理"，"促进多层次医疗保障有序衔接"。中国有14亿人口、近3亿慢性病人口、2.64亿60岁以上老年人。人民群众日益增长的健康需求将为生物医药产业发展开辟更加广阔的前景。

二是共育创新驱动发展新动能。党的二十大报告强调"创新是第一动力"，"坚持创新在我国现代化建设全局中的核心地位"，"加强知识产权法治保障"，"加快实施创新驱动发展战略"。中国人口多、发展快、市场规模大、医疗资源和科技资源丰富，是生物医药创新发展的沃土。中国生物医药创新刚刚起步，但已显露出蓬勃的生机和活力。近十年来，在中国开展的新药临床试验有5500多项，在研新药数量占全球33%。2015年以来，批准上市新药475个，占全球15%左右；医保支付方式发生根本性变化，很多新药上市当年即可进入医保支付目录。专利期补偿、专利链接等制度已初步建立，数据保护政策的落实也在积极推进。鼓励生物医药创新的环境不断优化，中国完全有可能为人类健康事业作出更多的贡献。

三是共创制度性开放新未来。党的二十大报告强调"推进高水平对外开放"，"稳步扩大规则、规制、管理、标准等制度型开放"，"合理缩减外资准入负面清单"，"营造市场化、法治化、国际化一流营商环境"。医药行业是中国最早对外开放的行业之一，跨国公司进入中国，带来了现代医药新的理念、技术和管理方式，对提高中国卫生健康水平发挥了重要作用。同时，跨国公司在中国快速发展中实现了自身的发展和壮大。四十年前，施贵宝、杨森、武田等跨国药企进入中国的时候，面临的市场环境比现在

困难得多。相比四十年前，现在可以说发生了天翻地覆的变化。我们有理由相信，未来四十年跨国医药公司一定能比前四十年取得更加辉煌的成绩。

我们应当从战略意义上认识生物医药的创新。从未来整个中国产业转型和科技创新的发展方向来看，生物医药是最有可能让中国的创新技术产品走向世界、服务全人类的产业，是具有战略意义的产业。我们也要充分认识中国创新药的商业模式，充分认识稳定市场预期的重要性。我们应支持创新、鼓励创新，要认识到生物医药的创新依赖于强大的基础研究，要增加生物医药投入，改革科研管理体制，尊重科学家首创精神，允许科学家个人享有部分权益，激发科学家发明创造的积极性。要认识到生物医药创新依赖于监管的高质量、高效率，要在临床试验、伦理审查、遗传物质审查、审评审批各环节对照国际标准，找出差距，完善政策，缩短伦理审查、临床试验和审评审批时间，努力降低研发成本，提高中国生物医药研发服务的国际竞争力。要认识到生物医药创新依赖于多层次医疗保障体系建设，要认真落实"十四五"规划中健全多层次医疗保障制度的要求，抓紧起草商业医疗保险法，明确商业医疗保险基本原则和相关税收政策，将商业医疗保险纳入保障监管，生物医药创新依赖于各国科学家、产业、监管部门的合作，要加强生物医药领域国际合作，特别是抗癌药物的国际合作，统一临床试验标准，优化监管流程，提高监管效率，让更多的创新药走向国际市场，惠及更多国家和人民。

面对全新的历史发展机遇，"让我们携手同行，健康中国梦，创新正当时"！生物医药是造福人类健康的伟大事业，也是永远不会过时的朝阳产业。为生物医药产业发展创造一个良好的体制和政策环境，既满足人民群众健康的需要，也是生物医药企业共同的呼声。未来，我国医药产业还需继续大力投入创新研发，聚焦临床未满足的需求，关注全球医药研发和创新动向，顺应高质量发展新趋势，通过多种协同创新举措，造福更多群众，实现健康中国的战略目标。

六、文旅产业：开放加速文旅产业发展

唐晓云[①]

随着国家新冠疫情防控政策的调整，旅游业正逐步走出"疫情寒冬"，但产业面恢复速度仍慢于市场面，旅游经济运行的稳定性还有待进一步巩固。三年期间，疫情也促使旅游业在阵痛中转型升级。每一次的危机都孕育机遇，后疫情时代旅游业的发展也在疫情中有了方向。

（一）后疫情时代国内文旅行业发展现状和特点

受国内新冠疫情暴发反复性的影响，2022年前三季度的旅游市场景气程度整体上要低于2021年，国内旅游市场小幅收缩，呈现下降趋势。但随着疫情影响程度逐步降低，国家防疫政策逐渐放开，出行限制逐渐解除，预计2023年国内旅游市场整体将会扭转颓势，旅游出行将大幅增长。

当下我国文旅行业已呈现出全新态势，主要有以下几个特征：一是国内旅游市场全面恢复，游客消费信心进一步稳固。二是旅游市场格局加速重构。近距离、高频次的出行休闲模式，已成为新冠疫情以来国民旅游休闲的显著特征。三是文化和科技强劲赋能，文化体验有效促进了旅游消费。四是融合创新效果明显，旅游跨界融合呈现出新气象，文化、娱乐、体育业与数字经济深度融合，观演+旅游、博物馆+旅游、美食+旅游、研学+旅游等都受到游客广泛青睐。

（二）加速恢复的旅游业态势下我们应该如何做

1. 发展方式转变应该成为旅游业高质量复苏振兴的主方向

旅游业作为受新冠疫情影响最深的行业之一，面临的不仅是来自企业自身的变化，也包括人员流失、供应链断裂、市场的流失，更多的是来源于游客需求的变化、目的地、产品和业态的升级的需求，以及产业链、供应链的重构和发展方式的转变。

---

① 唐晓云，中国旅游研究院副院长，蓝迪国际智库专家委员会委员。

2. 品质提升应当成为旅游消费提振的总引擎

服务品质是旅游业实现可持续发展良性循环的第一道护城河，游客满意是旅游发展的核心，也是以人民为中心的发展思想在旅游领域的具体体现，它直接反映的是游客对旅游服务品质的主观感受，但是背后具体体现的实际上是政府作为、企业创新和目的地的体系优化。唯有提升服务品质，旅游企业才能够有可持续增长的竞争力，旅游产业才能构筑供需匹配、有市场需求和供给体系支撑的高质量发展的基础。

3. 人才培养和能力建设应当成为旅游业可持续发展的强支撑

在旅游业面临体系重构、发展模式转变的过程中，人才是根本。有意识、主动地进行企业人才培养和行业人才的能力建设，是行业复苏的必修课，也是旅游业持续发展的基石。

4. 加强科学文化培育，推进文旅与科普深度融合

在文化和旅游高质量发展新阶段，依托文化和旅游资源优势，以体系化文化和旅游科技研发、多层次科普公共服务、市场化科普产品开发，构建事业与市场相结合、科技创新与科技普及协同的文化和旅游科普体系，对服务新时代国家科普工作战略布局、赋能文化和旅游产业体系现代化具有重要意义。为了加强科学文化培育，推进文旅与科普深度融合，可以采取以下措施：

一是强化文化自信，加快推进新时代科学文化建设。科学文化是人类文明和文化发展的高级产物，是以现代科学精神为核心推动科技创新的动能性社会基础。它包含科学的知识形态、科学探索中的求真务实和开拓创新精神以及科学与社会之间所产生的互动效应。要通过创作更多反映科学家事迹和现代科技进展的优秀作品，弘扬科学精神，激发国民科技强国的自信。在图书馆、博物馆、文化馆（文化站）等公共文化场所开展系列化、连续性、群众参与性强的公益科技活动，推动科技融入群众文化生活。以科学活动和科技创新为媒介，探求中华优秀传统文化、革命文化和社会主义先进文化对当代世界的普遍意义，开展面向世界的文化对话，坚定文化自信。

二是加强顶层设计，推动科普与文化和旅游全面融合。加强文化和旅游领域科普工作制度建设，将科普工作与文化建设、非物质文化遗产保护和传承、旅游发展等工作深入结合。强化科普工作激励机制，充分调动文化和旅游系统的科普积极性。在文化和科技五年发展规划中专题规划部署科普工作，建立常态化科普工作体系，加强文物、文化和旅游资源统筹利用，强化图书馆、博物馆、文化馆、美术馆、旅游服务中心等公共服务设施的科普利用和工作统筹。充分发挥社区图书馆、文化站及村级农家书屋等的科普宣传作用，使其成为科普文化阅读推广、科学文化传播的重要力量。

三是引入市场主体，推进文化和旅游科普社会化。积极培育研学旅行、科普旅游、博物馆旅游、科普科幻动漫等新业态，以科学文化涵养人、以科技知识充实人、以科普作品感化人、以科技体验激发人，不断拓展文化和旅游内涵，充分发挥市场主体在科学普及中的积极作用。积极探索引入社会资本，利用前沿技术、新型媒介等创新手段助力提升行业科普效能。不断加强跨系统、跨领域、跨国界合作，共享权威、优质的科普资源，尤其是加强与教育、体育等的跨领域合作，加强科普资源、科普作品的国际合作，推动优秀中国科普作品走向世界。

四是进一步加强科普工作研究和科普人才建设。在国家社科基金艺术学、国家艺术基金、部级文化和旅游科研等项目中设立文化自信与科普工作的研究选题，以理论引领科普工作实践。积极推进科学文化专题研究，探索科学文化的形成、弘扬和传承机理，为科学文化培育提供指引。在现代服务业与文化科技重点专项工作中，充实有关文化和旅游科普的技术、设施和系统工具研发，为文化和旅游科普提供科技平台，进一步强化科技创新与科普工作协同发展。加强导游、博物馆讲解员等文化和旅游工作者的科普宣传能力培养，充实文化和旅游科普志愿者队伍。

（三）新环境下文旅产业的发展趋势

宏观形势有利于旅游经济向上发展。随着各地防控政策措施的优化，新冠疫情防控成为常态化，旅游业也将进入稳步恢复期。进入2023年，国内经济加快复苏、开放。中国旅游研究院发布的《2022年中国旅游经济运行分析与2023年发展预测》预计，暑期旅游市场有望迎来全面复苏。2023年，国内旅游人数约45.5亿人次，同比增长约80%，约恢复至2019年的76%；实现国内旅游收入约4万亿元，同比增长约95%，约恢复至2019年的71%。2023年，文旅产业将呈现以下趋势：

1. 数字化及其相关技术将主导旅游业升级进程

全球数字经济蓬勃发展，在各国国民经济中逐步占据核心地位。在数字经济快速发展的互联网下半场，文化和旅游融合的数字创新正在迎来前所未有的历史机遇，数字化及其相关技术也将成为主导未来产业升级的关键技术。

2. 面向文化和旅游融合的特定技术将不断创新发展

文化和旅游融合发展为技术创新提供了广阔的应用场景。文化场馆的数字化建设，旅游演艺借助技术力量着重文化内容的打造，夜经济下的饮食文化、休闲文化的挖掘探索，文创产品的科技创新，文化艺术的数字展览，新媒体、新媒介对文化艺术的新表达，非物质文化遗产等文化艺术结合新技术全新呈现等使技术应用创新有了更多用武之地，让人们在平凡的旅途中享有更多有品质的文化产品，增进旅途中的获得感和幸福感。5G、虚拟技术、增强现实技术、全息技术等新型科技为艺术带来不一样的创作源泉，也为艺术的表达提供全新的展现形式，进一步促进文化和旅游的深度融合。科技、文化和旅游三者的结合，赋予文化作品新的内涵展现形式，结合旅游活动形成具有科技感的文化参与模式，为游客提供互动式的、科幻的文化旅游体验。

3. 旅游装备制造、生态环保技术将迎来发展新机遇

智能家居生活已经成为新一代年轻人日常生活的重要部分，尝试不同

科技项目正在成为游客消费新的增长点。旅途中的智能机器人、娱乐机器人、智能腕表、VR/AR眼镜、穿戴式设备、智能导览等智能服务和娱乐装备技术不断为游客带来智能化、便利性新体验，可望在未来逐步成为旅途中的必需品。景区、酒店、机场、城市公共休憩空间纷纷部署智能技术装备，改善目的地服务体验，提升旅游公共管理和治理水平。北京大兴机场、雄安新区市民服务中心等科技含量高的城市地标已然成为新型的游客"网红"打卡地。低空飞行器、地效飞行器、无人驾驶车船、房车营地等水面、地面、低空装备，以及冰雪、山地、水上运动等装备将伴随体育旅游、山地旅游、海洋旅游、房车营地旅游和低空旅游发展迎来发展机遇。此外，面向"五位一体"的发展总体布局，伴随生态环境保护的要求持续推进和低碳发展模式的逐步形成，旅游领域的节能减排、生态环境技术将有望实现大发展。

4. 旅游目的地将依托智慧城市发展开启新一轮技术升级

依托各级政府部门智慧城市检核和全域旅游发展升级，建立便捷、安全、智能化的公共休闲社区成为城市旅游建设的目标。在5G、人工智能、物联网等共性技术的支撑下，城市智能交通导引、智能休闲社区、数字博物馆/艺术馆、智能信息系统监管平台、面向每个游客定制化营销体系等不断满足市民和游客品质生活需求的智慧化工程都将有望被重点布局。为吸引游客，保障游客享受更加智能化、安全性、便捷性服务，全国各主要旅游目的地将开启新一轮旅游技术升级。

5. 新技术演化和旅游业高质量发展推动智能旅游时代的到来

以需求为主导是旅游科技领域的发展主线。无论是品质导向的新消费主义生长，还是更加安全更好体验的需求呼唤，科技无疑是未来旅游发展的重要动能。我国旅游业要在新一轮全球旅游产业价值链中寻求更高位次，需加快培育以市场为主体的技术研发和应用体系，以此带动行业的全面升级。为此，未来的旅游领域科技创新，在需求方面要面向品质服务开启旅游技术创新之路；在供给方面要使数字成为流动的生产要素，加快旅游企业的数字化转型。通过数字的多链融合与服务场景叠加应用,加快建设共享共建的数字基础设施,将5G、先进分析、区块链、人机交互、物联网、人工智能等先进技术深入扩散到旅游企业的管理流程、运营流程、服务供应链条、产品和服务创新、城乡跨区域供应、线上线下服务融合等应用领域。随着新技术在旅游领域创新应用,旅游业的智能时代也将到来。

在三年疫情中,旅游业受到巨大冲击,产业格局深刻变动,在这个过程中经历了自然淘汰、谋求转型、创新发展,也激发了人们关于行业发展路径和方向的深度思考。同时,旅游产业是推动国民经济增长的关键要素,是传播中国文化、增进各地人民情谊、增强文化自信的重要渠道,也是人民生活品质的一个重要指标。经过三年疫情的阵痛,文旅业有了深刻的沉淀,相信伴随防疫政策的逐渐放开,文旅行业一定能凤凰涅槃,走向新的高度。

七、媒体产业:展示真实、立体、全面的中国

周锡生[①]

在这个媒体格局和传播方式不断嬗变的时代,在媒体深度融合的进程中,高速的传播节奏、碎片化信息、自媒体形式越来越受到大众推崇。在此背景下,主流媒体怎样重新理解用户,如何在互联网舆论阵地上做大做强,怎样实现传统主流媒体的数字化生存,成为亟须面对的现实问题。同时,广大媒体人要遵循互联网和人工智能传播的发展规律,更要坚信内容是不变的"王道",用永不停步的探索和创新精神,重塑理想信念,彰显媒体价值。

(一)国内外媒体格局变革的显著特征

随着全球信息科技的迅猛发展,国内国际传媒业界正在发生深刻的变

---

① 周锡生,十二届全国政协委员,新华通讯社原副社长兼副总编辑,中国搜索信息科技股份有限公司总裁,蓝迪国际智库专家委员会委员。

化，特别是以信息化、数字化、网络化为特征的现代传播技术的广泛应用，推动着全球传媒格局的重大变革。这种重大变革带来了挑战与压力，也带来了诸多发展的机遇和拓展的空间。当前，国内外媒体格局的变革，表现出以下几个明显的特征：一是传统媒体与新兴媒体的深度融合。放眼世界媒体，很难再严格区分哪家依然属于绝对的传统媒体，哪家属于绝对的新兴媒体，传统媒体和新兴媒体的界限逐步模糊。二是媒体固有的版面、时段局限概念正在被打破。传播的空间无限扩大，传播的效能得到极大提升。地域性正在被全国性乃至全球性取代。传媒格局的深刻变化，给人们及时获取信息带来了巨大方便。三是媒体在传播模式、报道组织指挥形式和发行上都发生了重大变化。媒体内容的采集、组织、提供甚至策划者，未必是媒体采编人员本身，而很可能是其本来的受众。媒体需要思考如何以最小的代价、最快的速度、最大的范围、最有效的手段，挖掘资源，整合资源，开发资源，利用资源，借助外力扩张实力，节省成本，拓宽市场。四是传媒内容与技术更加深度融合。以互联网为代表的新兴媒体，较之任何传统媒体都更加依赖技术。

（二）如何把握传媒变革，积极应对挑战

在国内外传媒已经发生并将进一步发生重大变革的新形势下，怎样抓住新媒体变革带来的新机遇，迎接媒体变革的新挑战，是摆在我们面前的重要课题。谁能够顺应媒体发展的新趋势，顺应受众对传播内容和接受方式的分众化需求，把内容建设与技术应用紧密结合起来，谁就能赢得新媒体时代的主动权。

1. 转变观念、顺应潮流，掌握主动，推动传媒发展

一是要高度重视国内外传媒格局的新变化，切实转变以传播者为中心的传播理念。新媒体的发展已经充分表明，在新的传播形势下媒体人已经不可能也无须垄断全部媒体内容的生产。媒体内容的生产，至少是部分内容的生产，可以借助和动员社会力量来参与完成。

二是要以更加宽广的思路，拓展合作，走联合之路。在当今媒体变革

的大环境下，任何一家媒体单打独斗、闭门发展都不可能在市场竞争中获胜。任何一家传统媒体，如果不大胆探索与新兴媒体全面融合之路，将在与新兴媒体的无情竞争中落伍。任何一家新兴媒体，如果不借助传统媒体多年积累的各种资源、运作经验、管理经验和人才优势，都难以保持强劲、稳健的发展势头。任何一家媒体，如果不将技术创新提升到新媒体发展的战略高度，走与高新技术更加紧密结合的发展道路，都将付出不应付出的巨大代价。

三是要大胆创新媒体营销观念，不能简单沿用传统的营销方式。如今的媒体营销，不仅是营销内容，也需要同时营销创新方式和先进的思想理念。媒体的受众不再是固定的群体，他们需要更便捷的接收方式，更灵活的订阅方式，更方便的付费渠道。

2. 主流媒体要发挥优势，守正创新

互联网、移动互联网和社交媒体迅猛发展，新媒体百舸争流，创新不断，竞争激烈，媒体生态和形态已经发生重大变化，舆论斗争主要在新媒体领域展开。面对新媒体的挑战，主流媒体需要做到以下三点：

一是要从战略眼光看待新媒体，做好新媒体。我国的新媒体，特别是传统媒体创办的主流新媒体，承载着特殊使命任务，能否做好新媒体，不仅事关一批报纸期刊的生存与发展，更直接关系到我国意识形态安全、软实力建设、国际形象与国际舆论斗争。面对商业新媒体的强势发展，传统媒体不要苦恼，不要悲伤，更不要痛哭流泪。只要坚忍不拔，勇于奋进，明确方向，找准路径，发挥好传统媒体的优势，通过融合发展，就能改变局面，开创美好的未来。

二是主流新媒体在竞争发展中要趋利避害，注重发挥自身优势，不要走偏。中国新媒体的发展空间很大，潜力无限，关键在于如何去挖掘和开拓。主流新媒体首先要做好本地化的新媒体，使之成为当地最强，而不要舍近求远。其次要始终坚持深化内容建设，这是最大的优势。不管是什么媒体，说到底竞争取胜的关键还是内容，不要过分迷信算法和智能推送。

只有深化了内容建设，尽量满足受众的需求，而不是自说自话，新媒体才有人看，才有真正的人气和流量，才有引导力、影响力、公信力、传播力，才能很好地开展经营创收，发展壮大。

三是要理性看待和妥善处理内容与技术的关系。要注重新媒体技术，但不要过度迷信新技术，不要把大量资金投入到新技术。就传媒行业而言，其内容产品属于高度的思想性产品，并非人工智能等先进技术可以做到和做好的。机器可以编发稿件，但这种稿件是否合用、是否安全、是否可靠、是否导向正确，都是现实问题。大数据和先进算法、智能推送可以解决个性化推送和相对精准推送的问题，但它始终不能解决内容的安全把关、价值观和导向问题。主流媒体的内容产品必须有温度、高度、精度和准度，媒体产品尤其是主流媒体的新闻报道类内容产品，其政治责任和社会责任极其重大，来不得半点儿马虎，因此不要简单地把AI的概念植入媒体融合。目前的很多传媒新技术尤其是智能媒体技术，还处于研发和初试阶段，尚未到成熟和安全的阶段，未来的发展之路还很长。

3. 加强国际传播，提升传播效能需强化的基本素质

中国是世界第二大经济体，在国际舞台上的地位不断提升，引发国际关注，但国外对中国的舆论战、信息战、情报战从未停止。我们需要一步一步地向世界讲述中国故事，让世界了解中国，因为稳定的国际舆论环境，可以为我国改革发展营造有利的外部环境，为推动构建人类命运共同体作出具体的贡献。现下的中国，需要学习国际传播、教授国际传播、加强国际传播。此外，人们对于新闻报道的消息缺乏理性的判断，碎片化地接收外界信息，会在未知全貌的情况下得出自己的结论，因此，我们必须在所得到的消息中分辨真假，以辩证的眼光去分析形势，不能妄下结论，并在未来的国际传播相关工作中规避此类错误。那么，在观察分析国际形势时，如何成为一名清醒的国际传播人、一个有认识高度的当代媒体人？笔者认为应注意以下"十大关键词"：

一是"表象与内在"。就乌克兰危机而言，我们所了解的只是表象，事

实上现场到底发生了什么，我们不得而知。经过几手转载，我们拿到的消息，只是别人让我们看到的。

二是"战争与和平"。尽管当下的时代背景是和平与发展，但是当前国际关系中严峻的一面依然突出，国际形势和国际关系错综复杂，局部战争和紧张、动荡的一面有所上升，对国际关系的总体和平、缓和与稳定形成较大的冲击和挑战。

三是"人类与世界"。人，本身就在世界之中，人一方面受到世界的影响，另一方面也在改造着世界。而关于历史的文娱作品中一定有人的存在，这些文娱作品也反过来作用于世界。

四是"地缘与国际"。地缘政治的理论已经诞生百年之久，地缘政治的观念也已经浸入一代又一代的政治家的灵魂中，已经成为他们观察世界、处理国际关系、制定外交政策的重要理论工具。可以预见的是，未来地缘政治观念及其衍生品将会继续深刻影响世界各国的外交政策与国际局势。

五是"政治与经济"。经济是政治的基础，经济决定政治的作用。经济利益制约着世界各国对外政策的抉择，不同国家间经济利益的矛盾和差异成为世界性政治对抗和冲突的基本根源。国家间的经济关系具有强烈的政治性，这是当代国际关系的突出特征。而世界政治体系又是在世界经济体系的基础上形成的，它一经形成就给国际社会的经济关系以重大的影响。因而，世界政治具有相对的独立性，并能够反作用于世界经济。

六是"军事与科技"。俄军"匕首"高超声速武器系统在北极顺利完成测试，美国海军开始在约旦附近海域测试无人帆船……2022年初，美俄等军事大国在新型武器装备研发领域动作频频。近年来，随着全球科技水平的不断提高，大量尖端技术被运用到军事领域，新一轮世界军事科技革命风起云涌，战争形态正在悄然改变。

七是"强权与反霸"。近年来，从普通民众到主权国家、国际组织，反战斗争有复杂化的倾向和扩大化的趋势。但是，考察民众的反战表现、各国的对美心态以及国际组织对美国霸权的制约能力，还难以得出称霸与反霸的矛盾已经上升到国际社会的主要矛盾的结论。当前国际社会的主要矛盾不是称霸与反霸的矛盾，而是国际社会对和平与发展的不断追求，与影响和平与发展的因素在增多之间的矛盾。

八是"利益与道义"。我们生活在一个比以往更复杂、更动荡的世界里，新的国际关系正在往前发展。国际体系、格局、秩序的变革是历史必然，但也是漫长的。美国的霸权行径与新兴大国崛起共存，多极化进程必然一路坎坷，国际体系过渡必然十分漫长。大多数国家一般以利益为先，但是，只要国际社会多一份平和，变对抗为合作，就能为共同构建人类命运共同体助力。

九是"影响与改变"。他国对中国的印象，不会因我们的意志而改变，但是可以影响，进而改善。中国通过不断向外展示生动且真实的中国，可能会在潜移默化中使他国对中国的认知发生改变。

十是"教训与启示"。中国既要借鉴他国发展成功经验，也要吸取各国遭遇的危机的教训，以推动中国实现科学发展。

4. 应做强县级融媒体，打通"最后一公里"

自2018年习近平总书记提出扎实推进县级融媒体建设以来，全国县级融媒体中心建设全面加速。扎实推进县级融媒体建设是新时代治国理政新举措，是强化新闻舆论阵地、提升社会治理水平、加大风险防范力度的有效方法。只有积极推进县级融媒体中心建设，才能真正打通媒体融合发展的"最后一公里"、连接群众的"最后一公里"、基层治理的"最后一公里"，更好地满足人民群众的信息需求，扩大主流价值的影响力版图，让党的声音传得更开、传得更广、传得更深入。同时，县级融媒体中心的建设也可破解内部和外部受制约的很多难题，有效整合利用各种资源，并延展这些资源，将这些资源快速有效地接入联通全国乃至世界的互联网和移动互联网发布平台。县级融媒体中心是从地域和行政的概念上划分的，其实在浩瀚的互联网新闻信息海洋中，只要内容能有效吸引受众，不分县级、省级、国家级，都可以随时通达全国与世界。因此，扎实推进县级融媒体中心建设的意义十分重大。

（1）我国推进县级融媒体中心建设的成效。

目前全国县级融媒体中心的建设发展取得了三大成效。一是各地在思想上更加重视，在认识上不断深化，已基本走出了建设初期的疑问和困惑，逐步走向目标明确，应对网络新媒体、自媒体和社交媒体冲击挑战和创新发展的康庄大道。二是县级融媒体中心建设全面发力，各地争先恐后，百舸争流，形势喜人。2021年10月20日，国家网信办发布了最新版《互联网新闻信息稿源单位名单》，为鼓励支持县级融媒体中心发展，首次将具备条件的江苏江阴市、浙江长兴县、福建尤溪县、江西分宜县、河南项城市、湖北赤壁市、湖南浏阳市、四川成都高新区、陕西陈仓区、甘肃玉门市10家县级融媒体中心纳入名单。三是县级融媒体中心积极探索，创新发展，并想方设法拓展业务，前景看好。很多地方的县级融媒体中心围绕服务大局、深耕本土，积极传播当地的新闻信息，以优质产品抢占舆论话语权，增强社会正能量，同时依托融媒体业务进行"融+X"的创新探索，包括打造当地"新闻+政务+信息"的跨界服务平台，参与当地的数字化社会治理，参与建设当地的智能化综合服务平台，参与当地的智慧城镇建设，有的甚至开始布局智慧产业，扩大数据运营范围，有的还创办了融媒学院，并以此为载体拓展对外输出模式，与本省和外省的媒体、企业等进行合作，实现服务创收和增收。

（2）县级融媒体中心要坚持求真务实，远离浮躁。

现在各种媒体的竞争日益激烈，而受众的增量是有限的，我国的网络普及率和移动用户占比在全世界都是很高的，网民增量空间已经不是很大，网络传播有效性的空间扩大关键在于融媒产品的提质增效。如果不真正做实，不注重能力建设，就难以吸引受众，不可能做大做强做好。对于县级融媒体中心而言，何谓做实？笔者认为主要是以下三点：

一是必须牢记使命初心，坚定信心，不畏艰难，砥砺奋进。对于县级融媒体中心来说，首先要把融媒体业务做实做精并力求做特色，使之在当地成为不可取代和难以超越的强势融媒体，不仅主动服务于当地党和政府的工作大局，而且让当地的受众也离不开它。在此基础上，争取让本省和外地的各种新媒体都抢着转发其报道稿件，采用其融媒体产品。"原创、精品、深度、本土的内容"是县级媒体融合的最大优势和最核心资源。县级融媒体中心要充分挖掘乡镇街道等基层的潜力，发挥好融媒体报道力量布局和基层产品的采集制作的资源优势，弥补地方融媒体的不足，增加地方特色的融媒体报道内容。

二是要妥善处理守正与创新的关系、内容与技术的关系。作为县级融媒体中心，既要顺应新媒体的创新发展规律，高度重视技术建设和创新，也必须在技术创新演变的乱云飞渡中始终保持自己的基本战略定力。有些花里胡哨的技术变革，并不是县级融媒体中心所必需或当前所急需的。如果过分强调技术创新，不自量力地投入技术研发建设改造，而忽视了县级融媒体中心的基本职能，把大量的时间、精力甚至有限的资金投入在技术跟风上，或者跟着资本市场的新概念玩概念，恐怕是要走弯路、吃大亏的。同时要坚决贯彻落实好习近平总书记加强互联网内容建设的重要指示精神，在县级融媒体中心建设中狠抓内容建设。要坚持政治家办中心的核心思想，在内容建设上坚持以人民为中心，加强"四力"，充分利用自己的优势和资源，多把眼睛向下，多关注了解当地广大干部群众的真实需求和多元需求，多做一些受众喜闻乐见的本地化特色报道产品，在"三贴近"中加强网络空间正能量传播和舆论引导。

三是要妥善处理"主业"和"副业"的关系。县级融媒体中心建设运营，仅靠财政资助显然不是长久之事，必须逐步形成自己的运营能力。县级融媒体中心拓展经营创收是必需的，否则在发展中会受到很多制约。但在发展进程中要始终正确、理性和妥善处理"主业"和"副业"的关系，不能顾此失彼，更不能本末倒置。县级融媒体中心在拓展衍生业务时要注意量力而行，既要积极探索可行性，也要注意不可行性。不要贪大求全，不要不知深浅盲目跟风。

（3）县级融媒体中心的发展要行稳致远，注重高质量发展和内涵创优。

地方新媒体融媒体报道，既要高大上，也要增加烟火气。地方新媒体融媒体不缺受众，关键是要准确、理性地把握受众需求，转变内容品种的采编制作观念和思路，讲好讲足讲活当地各种精彩故事，在充满烟火气的报道之中争得话语权、影响力。县级融媒体中心的发展已经历了最初的筹建和起步阶段，目前已达到一定规模和水平。各地的县级融媒体中心都已形成了自己的一些产品。现在的关键，是要在各种融媒体产品的策划、采集和制作上，力求更高水平，体现更强能力。既要加强产品的正能量传播和舆论引导，又要加强产品的创新性和精致度，粗糙的老旧产品已经过时。同时，要尽量增加融媒体中心与受众的互动交流。网络新媒体特别是社交媒体的一大诱惑或者说吸引力、影响力，在于其有强大的互动功能。但互动不一定就是跟帖评论，类似"知乎"那样的问答类产品也是较好的互动产品。从理论上讲，县级融媒体中心对当地情况熟悉，又掌握着当地很多稀缺资源和历史资源，是可以把这些互动产品做大的，而且会有很好的效益。县级融媒体中心的创新创优也应该是多方面的，尤其要抓住核心。加强县级融媒体中心的国际传播能力，用情用力地向外界和世界更多、更生动地讲述当地的各种感人、精彩故事，是当前急需的重要创新。

传媒的对象是社会大众，他们的认可才是传媒业真正的成功。中国传媒业要做好"三大坚守"——坚守好传媒的主阵地、传媒业主业和主流媒体发展主线，增强"六大关注"——关注世界正在发生的和即将发生的重大变化、关注国内外财经新闻、关注世界高新技术发展、关注需求、关注社会的发展变化、关注全球传媒行业的发展变化尤其是创新发展。同时，面对新形势新任务，我们要把握时代大势、坚持守正创新、加快融合发展，全面提升国际传播效能，为我国改革发展稳定营造有利外部舆论环境。我们需要明白，中国的国际形象需要由全体中国人去塑造，讲好中国故事需要每一个中国人的努力。我们既要了解中国，也要了解世界，在世界可接受的角度,讲好中国故事,传播好中国声音,展示真实、立体、全面的中国。

八、教育产业:大力发展适应新技术和产业变革需要的职业教育

鲁 昕①

近年来,教育行业的政策法规不断完善,始终坚持公平而有质量的教育导向;社会、学校、家庭、个人"四位一体",对于教育行业形成了长久稳定的良好预期;多层次、宽领域、全方面的教育需求更加健康地推动着行业持续发展。2022年全国教育工作会议在北京召开,会议强调,在"两个大局"背景下,教育内外环境发生深刻变化。必须跳出教育看教育、立足全局看教育、放眼长远看教育,准确识变、主动求变、积极应变,抓住重大机遇,开创教育新局面。会议提出的五个"深刻认识和把握"尤其是"要大力发展适应新技术和产业变革需要的职业教育"的新论述,为实现职业教育高质量发展提供了明确而具体的发展导向、政策举措和工作方法。我们要以习近平新时代中国特色社会主义思想为指导,深入学习贯彻习近平总书记关于教育尤其是职业教育的重要论述和全国职业教育大会精神,坚持从政治上看职业教育、从民生上抓职业教育、从规律上办职业教育,聚焦"大力发展适应新技术和产业变革需要的职业教育"这条主线,紧紧围绕中心、扎实服务大局,将《教育部2022年工作要点》部署落到细处、落到实处、落到深处。

(一)中国职业教育发展的历史轨迹

1. 历史回顾:职业教育发展的阶段和成就

新中国成立七十余年来,我国职业教育发展大体经历了三个阶段,且都带有每个时代的印记。从1949年新中国成立到1991年,是我国职业教育的1.0时代,是奠基式发展阶段。从1992年我国确定了建立社会主义市

---

① 鲁昕,十三届全国政协民族和宗教委员会委员,中国职业技术教育学会会长,教育部原副部长,蓝迪国际智库专家委员会委员。

场经济体制的改革目标到2013年，是我国职业教育规模化发展的2.0时代。2014年国务院印发《关于加快发展现代职业教育的决定》至今，我国职业教育进入了内涵式发展的3.0阶段，从规模走向质量。

七十余年来，职业教育在国家发展历史进程中，伴随着国家发展而发展，伴随着国家强大而壮大，创造了六大成就。一是建成了世界最大规模的职业教育，具备了每年培养数以千万计技术技能人才的能力。二是建成了世界上最完整的工业门类，十九大类1000多个专业覆盖了国民经济所有产业和行业。三是建成了世界区域面积最大的职业院校布局，目前拥有高职学校1418所、中职学校10229所，做到了全国31个省（自治区、直辖市）333个市2846个县职业教育和培训全覆盖。四是培养了世界上最大规模的职业教师队伍，数以百万计的教师工作在覆盖国民经济各领域、各部门、各行业的专业教育岗位上，目前我国中高职专任教师总数达到133.2万人。五是提供了数以千万计的专业技术技能人才，支撑了经济转型和产业升级，分别就业于轨道交通、先进制造、现代农业、电子商务、旅游服务、航空服务等新经济、新业态、新模式岗位。六是职业教育成为脱贫攻坚的重要支撑。职业教育一头连着教育，一头连着产业。从人才培养来看，职业教育可以帮助贫困人口掌握实用技术技能，提升就业创业能力；从服务产业发展来看，职业教育可以为贫困地区特色优势产业发展和基本公共服务提供人才支撑。

2. 历史经验：办好职业教育的经验和启示

回顾历史，发展职业教育有以下五个方面的经验。一是必须基于国家发展阶段，与所处的时代相契合。二是必须支撑国家发展目标。国家在不同发展阶段有不同的发展目标，职业教育要支撑国家目标在不同阶段得以实现。三是必须服务国家产业战略。我国的国家产业战略阶段清晰、目标明确、任务具体，职业教育发展要跟上产业进步、技术迭代的步伐。四是必须支撑科学技术进步。高端研究型人才、科技成果转化人才、转化成果行业应用人才、一线操作技术技能人才组成了完整的科学技术进步人才生态链，缺一不可。五是必须对接社会市场需求。职业教育作为一种教育类型，与普通教育同等重要，要从生产力全要素维度定位教育。

历史经验给办好职业教育带来了五个启示，即必须坚持产教科深度融合；必须与科学技术进步同行；必须与市场需求精准对接；必须服务和支撑区域经济；必须与终身教育发展并进。

（二）2022年中国职业教育发展的现状

2022年，借助"智能教育"东风，中国教育行业交出一份亮眼答卷。虽然受新冠疫情等因素影响，教育行业仍面临着诸多困境，但在政策引导、技术创新、资本整合等推动力的作用下，中国智能教育行业的发展更趋成熟。尤其在2022年下半年，全行业紧抓国家数字化战略发展的机遇期，以人工智能、大数据、5G等新一代信息技术为驱动力，推动关键技术和教育场景的不断融合及智能教育的深化发展，在线教育、AI教育、个性化教育进一步得到普及。

（三）面向未来，应如何开展好职业教育

1. 深化产教科城融合，办好世界职教博览

按照教育部"打造职业教育大型展览和世界一流的产教合作国际公共产品"的定位，把办好世界职业教育产教融合博览会作为中国职业技术教育学会2022年的首要任务。博览会要在世界职业技术教育发展大会组委会领导下，坚持"国际性、公益性、服务性、广泛性、有效性"的基本原则，瞄准新一代人工智能、量子技术、智能制造、高端装备等新技术创新应用，服务数字化升级、智能化升级、绿色化发展等产业变革需要，展示职业教育在服务国家战略中的地位和作用，展示中国职教与世界职教发展的同频共振。博览会拟设立"产教科融合展""省区市成果展""数字教育资源展""国际职业教育展"四个展区，同期举办"前沿科技发展与成果转化""青年科学家与青年教师""新技术新产业发展"三个论坛。通过博览会，向世界职业教育的改革发展贡献中国智慧和方案。

2. 强化数字技术赋能，提升职教教师能力

把新技术师资培训作为重要工作抓手，围绕高端制造业和制造服务业，打造高素质专业化创新型职教师资队伍。一是继续办好新技术系列职业教育师资培训，联合中国农业大学、中国工业互联网研究院、华为、科大讯飞等战略合作伙伴，举办微电子技术、工业互联网、5G、现代农业等职业教育师资培训。二是开展西部"数字工匠"师资培训计划，围绕云计算、大数据、物联网、人工智能、数字经济重点产业，课程链式衔接、线上线下结合、岗课赛证融通，以数字工匠之师培养为支点，衔接西部地区数字经济教育链、人才链和产业链、创新链。三是落实与职成司、教师司等司局有关职业教育师资培养培训的合作方案，产教科深度融合，搭建"青年教师+青年科学家+企业技术专家"双师型职业教育师资人才服务平台，培育"工匠之师"。

3. 适应数字经济发展，着力开展课题研究

当前，数字经济正在成为重组全球要素资源、重塑全球经济结构、改变全球竞争格局的关键力量。要深入学习领会习近平总书记有关数字经济健康发展的重要论述，围绕数字技术与实体经济融合，数字中国建设，数字经济催生的新产业、新业态、新模式、新场景、新职业，以前沿课题为牵引，坚持问题导向、目标导向，跨学科、跨领域、跨区域组建研究团队，开展数字经济时代职业教育转型发展研究，职业教育对做强做优做大数字经济的贡献研究，数字经济时代技术技能人才供需精准对接机制研究，数字技术、应用场景与职业教育教学改革融合研究等课题，探索职业教育如何更好适应、服务、支撑数字经济健康发展，为优化专业结构、课程设置、教材开发、师资培养等提供决策案例示范和理论指导。

4. 坚持跳出教育谈教育，汇集各方支持职业教育

坚持跳出教育看教育、立足全局看教育、放眼长远看教育，多元跨界融合、广泛凝聚共识，形成助推教育改革发展的合力。广泛团结动员两院院士、经济学家、青年科学家、头部科技企业家等社会各界关注并支持职

业教育改革创新。围绕"卡脖子"技术、先进制造业和制造服务业、职教文化自信，举办第三届新时代卓越匠心文化论坛和光子智造、智慧农业、智能网联汽车等高端论坛，搭建新理念新技术前沿阵地与落地载体。加强与各省级职教学会的沟通协调，形成良好的信息共通和资源共享长效机制，在加强智库建设、深化"三教"改革、重塑职教生态等方面协同合作。开展"新时代好匠才""技能成才强国有我"等活动，挖掘宣传技能成才、技能报国的典型事迹，大力弘扬劳动光荣、技能宝贵、创造伟大的时代风尚。

5. 推进新版专业目录落地，抓好"说课程""说教材"

以推进新版专业目录落地作为增强职业教育适应性、构建高质量职业教育体系的切入点，聚焦先进制造业技术技能人才缺口，把握教育质量生命线，突出教师素质、教材改革、教法创新重点，着力提高职业教育内涵质量。坚持场景引领，围绕新版专业19个大类，系统设计和举办24期"说专业·说课程·说专业群·说教材"研讨会，用数字技术改造赋能职业教育，覆盖全国中职、高职专科、高职本科一体化设计的职业院校一线教师，着力提升职业教育师资数字化教学能力。强化类型特色，推进补知识化短板工作，举办两期"职业院校人才培养方案适应数字经济发展"论坛，引导职业院校思考"为何补""补什么""怎么补"，并落实在人才定位、培养方案、教学标准、课程设置等方面。办好"中国职教大讲堂""中国职教云说课"。

6. 瞄准技术产业变革，加强学会智库建设

以习近平总书记有关新发展理念、数字经济、新技术、技术人才、职业教育等的重要论述为指导，深刻认识和把握现代化经济体系转型升级对职业教育的迫切需求，围绕"智库型"学会建设定位，从战略定位、战略方向、战略重点、战略安排、战略举措等方面，深入研究强国建设背景下现代职业教育支撑高质量发展要解决的重大理论问题，推动职业教育理论创新。围绕教育部重点工作，瞄准技术变革和产业优化升级方向，开展职业教育按专业大类差异化生均拨款制度研究、中职学校和高职院校办学能力评估研究、先进制造业现场工程师培养路径与对策研究、职业教育助力实现碳达峰碳中和途径与措施研究、职业教育知识技术技能建设研究、元宇宙技术教育应用研究、职业教育产业贡献研究等重大课题，推出一批高质量智库成果。

7. 服务国家重大需求，推进数字资源建设

基于数字经济时代人才需求，对标国家教育数字化战略行动，2022年，学会在前期工作基础上，产教科协同打造三大数字化资源平台，着力推进职业教育数字化转型和智能化升级。一是建设数字化人才实训基地。聚焦数字技术与制造业深度融合，按照"场景引领、科技布局、岗位切入、能力导向"的理念，提供与新专业相匹配的新技术场景应用与实训环境。二是建设科技成果转移转化平台。联合中国科学院计算所，组织科技成果转化工作委员会，打造集理论教学、应用实验、项目实训、科研创新和成果转化于一体的科教产融合平台。三是建设职业教育国家"公有云"数据存储平台，依托中国科学院计算所南京研究院"信息高铁综合试验基础设施项目"，为职业教育数字化资源库建设提供更为安全可靠的信息基础设施和数据存储平台。布局"东数西算"国家重大工程技术技能人才培养。

8. 着眼制造业竞争力，优化分支机构建设

瞄准制造强国、质量强国、网络强国等强国建设目标，聚焦提升制造业核心竞争力，不断激发分支机构活力、发挥协同效能、提高服务能力。一是围绕解决芯片、高端装备、新材料、种源等"卡脖子"领域技术技能人才供给问题，指导微电子技术专业委员会、高端装备制造专业委员会、科技成果转化工作委员会、增材制造技术研究院、现代农业职业技术教育专业委员会等高水平开展工作。二是围绕国家重大战略实施，助力安全、新能源、"双碳"等领域技术技能人才培养，高水平成立网络安全专业委员会、工业互联网技术专业委员会、智能网联汽车和新能源汽车工作委员会等工作载体。三是充分发挥以两院院士、青年科学家、头部科技企业家、

教育家等为主的专家指导委员会作用，引领分支机构高质量科学发展。

（四）职业教育未来发展的新趋势

展望未来，我国的职业教育需聚焦以下六大领域，以适应高质量发展。一是助力科技自立自强的战略，二是助力支撑现代产业体系建设，三是助力构建新发展格局，四是助力数字中国建设进程，五是助力乡村振兴，六是助力推进绿色转型发展。

元宇宙技术将成为融媒教育创新发展的新路径。元宇宙是技术的集成，融媒体数字人才培养要运用元宇宙技术，研究元宇宙应用场景。把元宇宙技术作为学生的技术技能，能够大力推动职业教育与智能融媒深入融合，全面提升媒体行业数字技术技能人才培养水平。

道阻且长，行则将至。未来中国职业技术教育学会坚持围绕中心服务大局，凝心聚力办大事、转变作风办实事，以"一张蓝图绘到底"的姿态和"一茬接着一茬干"的担当，为大力发展适应新技术和产业变革需要的职业教育作出更大贡献。蓝迪国际智库将与学会携手，把握职业教育发展新方位，聚焦"大力发展适应新技术和产业变革需要的职业教育"这条主线，共同推进中国职业教育的发展。

第二部分

蓝迪平台整合优势资源,赋能经济发展的模式

第四章　打造中国特色的新型应用型智库

2013年4月，习近平总书记对"中国特色新型智库"建设作出重要批示，将智库发展提升到国家战略高度，作为国家软实力的重要组成部分。2015年1月，中共中央办公厅、国务院办公厅印发《关于加强中国特色新型智库建设的意见》，为新型智库建设进行了系统的顶层设计，对中国特色新型智库的概念确定与功能描述做了详细的阐述与规划，将智库的作用与重要性提到了空前的高度，也将新型智库建设正式定格在国家决策层的执行方案上。2021年发布的《中华人民共和国国民经济和社会发展第十四个五年规划和2035年远景目标纲要》再次明确提出"加强中国特色新型智库建设"。党的十九届六中全会把推动国家治理体系和国家治理能力现代化作为重要的战略目标。

中国特色新型智库的发展模式必须深入贯彻落实习近平总书记关于中国特色新型智库建设的指示精神。在中国特色新型智库蓬勃发展的当下，智库在服务党和国家重大战略中的作用越来越大。尤其是在当前世界风云变幻、国际格局发生重大变化、新冠疫情给世界经济贸易发展带来巨大冲击的背景下，智库在承担为服务主体提供智力支撑的同时，也在积极探索自身的创新发展之道。通过高水平决策推动研究成果转化、平台搭建整合资源、提升服务水平等举措，探索创新型服务内涵，施展新作为，展现新气象。

作为国家新型智库，蓝迪国际智库一直以"服务创新"作为自身可持续发展的核心要素，围绕提升决策影响力、学术影响力、社会影响力以及实践应用价值为目标，统筹规划、突出优势、聚焦目标，形成了一套独特的创新型智库服务范式。确切地说，这套范式是以"智库+"与"平台化"的国际视野和前瞻性思维，精准对标服务对象的需求，通过推动需求方与合作方之间的融合发展，提质增效于服务对象的高质量转型发展。

第一，积极服务于政府。蓝迪国际智库一直把各级政府作为重要的服务对象，布局国内具有重大经济发展战略的关键节点区域和城市，积极建言献策。作为经济发展的两大关键因素，只有政府之手与市场之手牵手融合，才能促使经济健康、稳定、快速发展。为此，蓝迪国际智库充分发挥自身优势，进行政企两手抓、双促进，切实为政府解决难题，为企业清除产业痛点。

第二，努力打通"双循环"关键堵点。通过畅通的国内外资源网络，聚集对接"政商研"跨界高端资源，根据国家战略规划和区域产业基础，有针对性地解决各级地方政府所面临的产业调整升级的难题，帮助作为市场主体的企业寻找新的战略定位，重新整装出发。

第三，形成"挖掘—培育—推介"企业服务三步法。服务有发展潜力的企业，是蓝迪国际智库的重头工作。针对当前变幻的国际形势给国际产业链供应链带来的重要影响，导致企业经营发展遇到诸多难题和挑战的现实，蓝迪国际智库通过"挖掘—培育—推介"三步走的方式，为潜力企业插上梦想与腾飞的翅膀。截至2022年底，蓝迪平台已经汇聚500多家企业，覆盖人工智能、智能制造、智慧城市、基建与新基建、能源与新能源、医疗健康、环保、教育、农业及食品加工、文旅等众多新兴技术和民生领域。

第四，构建"创新型、应用型"的成熟服务范式。主要服务品牌有高层咨询会、研究报告、企业服务。其中，高层咨询会是以城市为抓手，通过前期调研、现场考察、项目匹配、建言献策和总结回访五个步骤，根据区域经济特征和产业基础与国家战略规划进行精准匹配设计，有力推动区域经济高质量发展；研究报告是蓝迪国际智库在开展研究工作时，以国际化战略眼光，在强化理论和实践、国内外经验相结合的基础上，经过比较分析和政策评估，组织平台"政商研"三界专家，形成相关研究报告，这些报告及时反映相关情况，提出建议，大大提升了智库的影响力；在企业服务方面，蓝迪国际智库主要以优质资源整合为引擎，重点抓住需求、项目和结果三个环节，为企业发展搭建高效优质的合作平台。

一、政企两手抓、双促进，切实解决产业痛点

作为经济发展的两大关键因素，"政府之手"与"市场之手"实现互相融合与平衡，才是经济健康发展的源泉。要通过发挥政府宏观调控的优势管公平，管环境。要发挥市场的竞争优势实现要素资源的市场化配置。充分发挥"市场之手"和"政府之手"的叠加效应以及互补优势，共同实现资源的有效配置。在遵循经济发展规律的情况下，蓝迪国际智库服务国家经济发展，政企两手抓、双促进，通过输出科学化、精准化、高效化的智库成果，助力政企加快转型升级，抢抓新一轮发展机遇。

"十四五"时期，各级政府除了要实现经济高质量发展、优化经济结构、提升创新能力等传统目标外，还要加快构建"双循环"新发展格局。与此同时，地方政府还面临着推进"双碳"目标，加快实现绿色环保发展的问题。面对当前的发展压力以及发展"瓶颈"，各级政府必须借助智库"外脑"力量，聚集高端资源，巧解发展难题。蓝迪国际智库自成立以来，一直把各级政府作为重要的合作对象，积极布局国内具有重大经济发展战略加持的关键节点区域及城市，如粤港澳大湾区、横琴粤澳深度合作区、RCEP创新试验基地、长三角城市群、京津冀地区、珠海、青岛、苏州、宁波、保定、涿州等，与相关地方政府建立了极强的信任基础与紧密的交流合作。主动作为，以智库前瞻性眼光深入研究这些重点区域与地方政府的发展难题。通过深度调研需求，集合智库专家资源，为政府提供顶层设计、战略研究、决策咨询、产业规划、传播话语体系设计、城市品牌打造、招商引资、项目资源导入等服务，取得了一系列重要的工作成果。

当前，世界风云变幻，国际格局发生重大变化。新冠疫情给世界经济贸易发展带来了巨大的冲击，给国际产业链供应链带来了重要影响，给企业经营发展带来诸多难题和挑战。与此同时，国家新政频繁出台，在新的

国家战略引导下，经济转轨，产业结构转型升级。企业在当前的大变局中，只有读懂国际国内大势，读懂国家及地方政府的政策手段，了解国家的发展倾向与战略转向，才能搭上国家这趟经济发展的高铁。因此，企业要充分与智库展开合作，把准发展方向，发力提质增效。蓝迪国际智库一直以来高度重视企业在保持我国经济行稳致远中所发挥的"压舱石"作用。针对企业所面临的"无法高站位地把握时代发展脉搏""缺乏精准解读国家发展战略以及重大政策""无法深刻认识产业变革核心"等问题，蓝迪国际智库充分发挥智库"前瞻性、科学性、高水平"的研究能力，为企业提供全方位的决策解读、精准的战略定位、深度的市场分析、优质的合作资源、高端化的品牌建设及营销推广等多样化服务，帮助企业把握宏观经济规律，了解国家经济政策方向，及时调整企业发展战略，打通经营决策盲区，转变发展方式，抢抓市场成长机遇，从而为企业寻求更好的发展之道。

同时，蓝迪国际智库还精准抓住政企良性互动机制不健全这一限制地方经济发展的重要问题，积极成为政企交流合作的沟通桥梁。在为政府决策提供智力支持的过程中，因地制宜，对于事关民营企业和民营企业家的重大经济决策和重要产业政策在制定、落实、评估过程中，广泛、充分吸收民营企业家意见，向上传达行业、企业发展过程中所面临的诸多痛点难点，促进"政府之手"与"市场之手"的融合发展，推动政企合力，共克时艰。目前，通过一系列工作与努力，蓝迪平台政企深入互动的有效载体正在形成。

蓝迪国际智库在其服务对象和运作模式两个层面形成了"两手齐抓""两轮驱动"的协同性模式。在服务对象上，蓝迪国际智库一方面关注国内外热点问题，紧抓"行政力"，为国家决策机构服务；另一方面关注企业发展，牢抓"市场力"，始终关注与第四次产业革命相关的新兴技术及产业发展。在运作模式上，蓝迪国际智库寻求运行动力上"行政力"与"市场力"的"双轮驱动"模式。以有利于出实际成果为目标，在行政和市场之间找到一个平衡点，探索智库发展的"第三条道路"。

二、打通"双循环"关键堵点，国内外资源网络精准对接

构建以国内大循环为主体、国内国际双循环相互促进的新发展格局的痛点、堵点、难点在于产业的关键核心技术不足。在科技产业，从各国的历史实践来看，政府的支持是必要的，甚至会超过产业政策的范畴。就目前我国科技产业发展的情况而言，我国各级政府在产业的科技布局以及推动上均占据主导地位，企业跟随政府步伐，动态优化战略执行与调控，从而确保战略决策得到实施，动态核心竞争力得到保证。为进一步优化我国科技产业生态，各级政府需要在实战的基础上加强产业方向的研究和论证，逐渐把企业意见吸收到产业方向制定上来，加强对科技产业前沿的跟踪研究和项目直接支持，推动和鼓励企业间的相互协作。与此同时，企业也要主动作为，进一步培养提升前瞻性研究和布局的能力。在"双循环"大背景下，政企间互动合作的重要性将进一步凸显，这将更加有利于我国政企共同促进产业生态良性发展。蓝迪国际智库于2015年在新型全球化及第四次产业革命中应运而生，致力于推动产业创新与结构升级。近年来，蓝迪国际智库不忘初心，始终坚持开展有利于推动政企联动发展的重大工作。"双循环"战略的提出，更加坚定了蓝迪国际智库的发展道路。我们在过去七年的工作中，始终坚持"问题导向、需求导向、项目导向、结果导向"的原则，精准把脉政企的发展问题，通过聚集对接"政商学"跨界高端资源，有针对性地解决各级地方政府所面临的产业调整升级的难题，帮助企业寻找新的战略定位，重新出发。在智库建设的过程中，我们探索形成了一种国内国外联通资源整合、互促合作的服务模式。

蓝迪国际智库致力于发掘和整合资源，探索并实践"不求所有，但求所用"的发展理念，形成了"小平台、大网络"的组织运作机制。自成立以来，蓝迪国际智库建立了完善的智库网络、国际网络、城市网络、企业网络和媒体网络，具备了支撑"一带一路"国际智库建设和应用型高端智库建设的基础和优势。在蓝迪国际智库平台上所有机构和成员的精诚协作

与共同努力下，通过七大服务体系，致力于提供法律、政策、项目信息和金融支持，推动文化和品牌推广及能力建设，促成国际标准体系的完善，扎实服务"一带一路"建设，同时推动国内区域和产业发展；积极与包括政党、政府、议会（全国人大）相关部门、智库、企业、行业协会、金融机构、社会组织、媒体和国际多/双边机构等在内的战略合作伙伴及支持机构合作。其中，政党、政府、议会（全国人大）相关部门积极支持开展国际合作，智库主要参与战略决策和咨询，企业参与项目投资和建设，行业协会参与企业组织和标准对接，金融机构参与项目的投融资，社会组织参与公共服务，媒体参与宣传和品牌服务，国际多/双边机构参与国际合作与服务。

我们确定了以"区域+节点城市"对接相关"国家"的合作机制，例如"横琴粤澳深度合作区+澳门"对准"葡语系国家"，"RCEP创新试验基地+青岛"对应"东盟国家、德国、日韩"，"上合示范区+胶州"链接"上合组织成员国"，"中东欧国家经贸合作示范区+宁波"瞄准"16+1合作机制国家"等，建立起了完善的国际网络和国内城市网络。通过确定国内重点区域和重点城市的发展和资源需求，高效整合对接优质的国内外政党、政府、议会、智库、企业、金融机构、社会组织、媒体和国际多/双边组织等优质合作伙伴以及多元化的产业资源，以国际化战略眼光助力政企开发新的发展高地，为政企搭建国际化的互动合作平台以及配置核心的发展资源要素，从而推动"双循环"大背景下地方新一轮的经济转型、产业调整、对外开放、对标国际、企业战略调整以及"抱团出海"，参与国际竞争，实现互利共赢。

三、"挖掘—培育—推介"为潜力企业插上梦的翅膀

蓝迪国际智库在新型全球化和第四次工业革命背景下应运而生，始终坚持以打造中国特色新型智库为目标，服务于国家治理体系和治理能力现代化；以"一带一路"倡议为载体，推动构建国际新格局与"人类命运共

同体";以第四次产业革命与数字经济为引擎,促进科技创新与成果转化。自 2015 年成立以来,蓝迪国际智库一直在积极探寻新型智库与企业的合作路径,致力于"挖掘—培育—推介"优秀的中国企业与技术,尤其是第四次产业革命的高新技术企业以及"隐形冠军"企业,为全球发展与国家战略实施服务,现已搭建起广泛的企业网络及完备的企业服务体系。截至 2022 年底,蓝迪平台已汇聚 528 家企业,覆盖人工智能、智能制造、智慧城市、基建与新基建、能源与新能源、医疗健康、环保、教育、农业及食品加工、文旅等众多新兴技术和民生领域。蓝迪平台企业间产业合作、跨界融合不断增强,形成新的经济增长点及持续繁荣的平台生态。原动力是蓝迪国际智库从创立以来,一直坚持的企业赋能三步法:挖掘—培育—推介。

（一）企业赋能三步法:挖掘—培育—推介

在企业挖掘方面,蓝迪国际智库积极通过与各省市地方政府、科研院所、头部投资机构等的合作来挖掘所在区域、所在行业领域的头部企业、"独角兽"企业、产业链上下游配套企业。更重要的是,在链接企业过程中,通过对企业进行深度的实地调研,聚焦企业以及企业痛点,并基于行业的现状、行业竞争格局、竞争对手优劣势、企业上下游、企业行业地位及市场占有率、企业治理结构、市场集中度、商业模式、技术及产品研发等重要指标,分析预测蓝迪所挖掘的相关企业的发展前景和投资价值,挖掘和突出企业优势,形成专题企业调研报告。同时,将优质的企业和项目纳入蓝迪国际智库项目库中,持续跟踪企业发展动态。

在企业培育方面,蓝迪国际智库现已形成一支多学科、跨领域,具有专业教育背景、行业积淀,熟悉市场与资本操作,能为企业提供系统全面服务支持的人才队伍,可以充分调动蓝迪国际智库的智库网络、城市网络、国际网络、媒体网络等资源,按照"国家+区域/城市"的合作模式,为其所挖掘的优质企业匹配在发展过程中所需要的资源,与优质的企业建立紧密的合作关系,提供战略咨询、市场推广与业务拓展、投融资平台对接、政府公关等涵盖企业发展全生命周期的多样化服务。经过科学论证分析，从项目库中挑选出具有极大发展潜力的企业，对其进行全方位的孵化与培育，推动相关企业在核心技术领域锁定目标，实现整体科技水平从跟跑向并行、领跑的战略性转变；引导和鼓励企业加强颠覆性技术研发，推动5G、人工智能、芯片等一批硬技术进入行业应用，重点扶持虚拟现实、区块链、量子技术等颠覆性创新技术的突破。

在企业推介方面，蓝迪国际智库通过主办、承办相关高端会议、论坛品牌活动来推介企业，并联手国家相关部委、地方政府为企业提供发展的机会，以提升企业在国内外的知名度；将企业当前发展需求和国家发展战略、国际产业趋势相结合，充分发挥蓝迪国际智库的平台优势，在"一带一路"沿线国家、上海合作组织成员国、粤港澳大湾区与葡语系国家、中东欧国家、中巴经济走廊等区域与国家对企业进行重点推介，为企业搭建国际化的交流与合作平台，以促进企业新旧动能转换，助力加快形成"双循环"新发展格局。其中，蓝迪国际智库在开展对外合作的过程中，积极助力蓝迪平台企业海尔集团参与中巴经济走廊建设，链接中巴的政府及企业资源，帮助海尔集团成功建设海尔—鲁巴经济区。新冠疫情之下，密切关注中巴两国疫苗合作，积极推介蓝迪平台企业斯微（上海）生物科技有限公司开展 mRNA 疫苗在巴基斯坦的 Ⅱ/Ⅲ 临床试验，帮助其对接巴基斯坦卫生部相关部门以及巴基斯坦顶级的 CRO 公司，并积极跟进试验动态与结果。此外，帮助蓝迪平台企业广联达科技股份有限公司对接意大利罗马大学建筑学院，成功地开发了 2020 年 GISBIM 数字集成设计培训课程，为企业人才培养提供了新动力。

（二）蓝迪企业服务体系

蓝迪不仅充分发挥自身企业赋能优势，还通过整合优质合作伙伴，共同搭建起包含法律服务、政策研究、技术标准、信息服务、金融支持、文化与品牌、能力建设七大要素的企业服务体系，为企业发展提供全方位、全周期的服务（见图4-1）。该体系的高效运转，已极大地助力蓝迪平台企业优化资源配置、加强能力建设，为企业转型升级与"抱团出海"赋能，加快融入"双循环"新发展格局。

图 4-1 蓝迪国际智库平台的企业服务体系

1. 法律服务

蓝迪国际智库携手中国律师业具有领先优势的集团性律师事务所，以及全国政协委员、中华全国律师协会监事长、国浩律师事务所合伙人、蓝迪国际智库专家委员会委员吕红兵，国浩律师（上海）事务所主任、管理合伙人、蓝迪平台成员黄宁宁等法律行业专家，为平台企业提供法律咨询服务。针对涉法问题进行分析、指导，帮助企业及时做好防控和排除法律风险，深入企业开展"法律体检""法企对接"等专项法律活动，确保企业的合法权益以及商业价值不受侵犯。

2. 政策研究

蓝迪认为营商政策的稳定性是地方政府"商誉"的关键，与频繁出台优惠招商政策相比，保持合理稳定的"稳商"政策更能够吸引长期合作的企业。蓝迪国际智库组建了由东南大学文化传媒与国际战略研究院、中国社会科学院俄罗斯东欧中亚研究所、中国社会科学院"一带一路"研究中心、中国俄罗斯东欧中亚学会、赛迪研究院、中国旅游研究院等青年学者主导的研究团队，与相关重要节点国家以及中国地方政府（如横琴粤澳深度合作区、上合示范区、宁波自贸区、昆山开发区等）、商协会和企业之间建立了密切的沟通机制，积极引导地方优化营商环境，为优质企业及项目的落户做好政策支撑。

3. 技术标准

技术标准犹如市场边界，是企业拓展国内外市场的重要条件。蓝迪国际智库非常重视技术标准的引领性作用，通过联手中国标准化研究院、北京标研科技发展中心等相关专业机构，与其标准领域的专家团队合作，系统梳理各产业、产品在国际及中国的准入和技术标准，确保企业能够以标准为引领，开展研发、设计、加工、制造等业务及进行国内外合作，促进市场联通。

4. 信息服务

商机信息是企业开展经济技术合作的必要前提。单一企业，特别是中小企业，了解和把握跨国商机存在一定难度。蓝迪国际智库积极与中国电子信息产业发展研究院、中国信息通信研究院等国内外重要的产业创新发展平台及服务机构合作，在5G、工业互联网、智能制造、移动互联网、物联网、车联网、未来网络、云计算、大数据、人工智能、虚拟现实/增强现实（VR/AR）、智能硬件、网络与信息安全等方面进行深入研究与前瞻布局，在融合各大领域的战略和政策研究、技术创新、产业规划与发展、安全保障等方面发挥了重要作用；联合中国电子信息产业发展研究院和中国电子信息产业发展研究院的专家团队为各地政府及平台企业提供宝贵及时的市场信息指导，从而助力地方政府及企业的科学合理规划发展。

5. 金融支持

蓝迪国际智库已与横琴粤澳深度合作区金融发展局、金融全牌照的兴业证券等建立了战略合作伙伴关系，共同合力支持地方政府进行金融创新，在政府资金引导下，充分发挥贷款、债券、基金等金融工具的作用，吸引全球资金支持国际合作。同时，为在成长过程中的蓝迪平台企业提供投融资对接，并为具有一定规模和资质的平台企业提供保荐上市服务。

6. 文化与品牌

企业文化和品牌是塑造企业影响力、控制力、领导地位的有力武器。蓝迪国际智库积极发挥自身的智库网络、媒体网络资源，积极与中国旅游研究院的专家团队合作，开展文旅发展研究及产业规划，导入优质的文创资源，借助大数据平台，共同塑造与提升企业的品牌形象，扩大企业的内涵，以助力企业构筑特色企业文化，打造高质量的企业品牌，发挥企业的整体品牌效应。

7. 能力建设

蓝迪国际智库充分发挥其行业专家的资源整合优势，帮助企业有针对性地进行培训和指导，助力企业高质量发展。例如，为加快推动我国基因治疗产业技术的创新研究及应用，蓝迪国际智库组织召开了"基因治疗创新技术研讨会"，评估总结了今迪森基因技术公司自主研发的肿瘤基因治疗产品创新技术，将有助于加快该项创新技术的成果转化与落地，为全国甚至全球广大肿瘤患者带来更多福音。此外，为助力企业抓住碳中和发展新机遇以及实现企业自身的高质量发展，蓝迪国际智库邀请了中国标准化研究院就企业如何建立健全生物降解技术标准体系，充分发挥标准在技术型企业发展中的重要作用进行了探讨，并为江苏欧尔润生物科技有限公司制定了餐厨垃圾微生物降解技术要求企业标准及团体标准，指导欧尔润取得了科技部中国生产力促进中心协会的科技成果评价，将为欧尔润进一步参与我国绿色环保建设提供有力的认证支持。蓝迪国际智库通过培训和指导企业构建指标体系，在助力企业实现高质量发展的同时，将智库的智慧成果系统化、标准化，构建了一个能够促进和引领各类主体健康发展形成合力的生态体系，有利于优化营商环境、推动地方经济社会发展。

总之，蓝迪国际智库现已探寻出一条新型、应用型、平台型"智库+企业"合作路径，积极通过自身的资源优势，为企业发展赋能，努力帮助平台企业解决发展问题。未来，蓝迪国际智库将继续关注重点企业的核心技术发展、技术标准建设，重点挖掘企业与科技的发展潜力，助力企业插上梦的翅膀,让更多的科技成果走向民生领域,造福人民;同时,将着重提升企业的国际化能力建设,更加多方位地提升企业的文化与品牌建设,并在国际舞台上展现出更大的中国企业实力,助力其参与国际竞争。

四、形成"应用型"成熟服务范式,加强平台型智库品牌建设

作为新型国家智库,蓝迪国际智库始终聚焦战略性和前瞻性,以战略思维和前瞻视角为双轮驱动,汇聚思想,注重成果,以"中国视角"聚焦中国实际,为政府和企业问诊把脉,深入研究相关国家及地区经济社会和企业经营发展面临的重大问题。并充分利用专家智库资源,对相关问题提出切实有针对性、可操作性,精确精准的对策建议及措施方案,促进地区经济高质量发展。与此同时,蓝迪国际智库更加注重顺应时代潮流和发展趋势,紧紧围绕"人类命运共同体"以及"共商、共建、共享"的全球治理体系建设等重要课题和焦点问题,提供中国方案,贡献中国智慧。

为此,蓝迪国际智库在探索高端智库发展道路的过程中,通过充分发挥智库功能以及平台优势,为决策者提供高质量智力服务以及资源对接,形成一套成熟的服务范式,呈现出"创新型、应用型"的特点。具体而言,这套范式聚焦三个核心,即高层咨询会、研究报告、企业服务。其中,高层咨询会是以城市为抓手,通过前期调研、现场考察、项目匹配、建言献策和总结回访五个步骤,根据区域经济特征和产业基础与国家战略规划进行精准匹配设计,有力推动区域经济高质量发展。研究报告是蓝迪国际智库在开展研究工作时,以国际化战略眼光,在强化理论和实践、国内外经验相结合的基础上,经过比较分析和政策评估,组织平台"政商研"三界专家,用心用情用力凝汇出的具有可执行性的独创性思想智慧产品。这种以应用研究为根本的成果,大大提升了智库的影响力。在企业服务方面,蓝迪国际智库主要以优质资源整合为引擎,为企业发展搭建高效优质的合

作平台。

（一）高层咨询会品牌：以城市为抓手，助力区域经济高质量发展

高层咨询会是蓝迪国际智库的核心业务品牌，主要是以城市为抓手，通过前期调研、现场考察、项目匹配、高咨会建言献策和总结回访五个步骤，根据区域经济特征和产业基础与国家战略规划进行精准匹配设计，有力推动区域经济高质量发展。新冠疫情反复延宕，2022年，蓝迪国际智库在抗疫任务艰巨的环境下，稳中求进，奋力进取，根据部分地区的区域经济特征和产业基础，精准规划、设计、匹配国家发展战略，助推区域经济高质量发展。先后对山东胶州、江西吉安、浙江宁波、江苏昆山四个城市进行了调研考察与项目匹配，为这些城市区域经济的高质量发展提供了智力支持和资源对接。

1. "上合示范区"高质量发展专家研讨会

建设中国—上海合作组织地方经贸合作示范区（简称上合示范区）是党中央赋予山东的重大战略机遇与使命，按照党中央、国务院决策部署，上合示范区要打造"一带一路"国际合作新平台，拓展国际物流、现代贸易、双向投资、商旅文化交流等领域合作，更好地发挥青岛在"一带一路"新亚欧大陆桥经济走廊建设和海上合作中的作用，加强我国同上海合作组织（简称上合组织）国家互联互通，着力推动形成陆海内外联动、东西双向互济的开放格局。

上合示范区自启动建设以来，主动服务和融入国家开放战略，高标准推进国际物流中心、现代贸易中心、双向投资合作中心、商旅文化交流发展中心建设，圆满完成了体制机制改革、国家试点任务落地等工作，有力地促进了上合组织、"一带一路"沿线国家和地区间的经贸合作。

在"双循环"新发展格局中，上合示范区是中国融入国际大循环的重要切入点。在推动新一轮经济全球化、高质量共建"一带一路"和上合组织步入第三个十年的背景下，蓝迪国际智库在完成前期调研考察的基础上，于2022年7月18日在北京组织专家，通过分析全球形势与上合组织相关

国家最新情况，就上合示范区发展环境、目标定位、建设方向与行动举措进行了深入探讨。

2022年7月18日，蓝迪国际智库组织上合示范区高质量发展专家研讨会

蓝迪国际智库组织出席上合示范区高质量发展研讨会的专家有：十二届全国人大外事委员会副主任委员、中国社科院"一带一路"国际智库专家委员会主席、蓝迪国际智库专家委员会主席赵白鸽，中共中央对外联络部原副部长、中国人民争取和平与裁军协会副会长周力，民盟中央经济委副主任、中国企业管理研究会副理事长冯奎，中国国际商会双边合作部部长、上海合作组织实业家理事会中国委员会秘书长吴蒙，中国社会科学院上海合作组织研究中心执行主任、中国社会科学院大学教授李进峰，中国俄罗斯东欧中亚学会秘书长、中国社会科学院俄罗斯东欧中亚研究所研究员王晓泉，新华社中国经济信息社经济智库总经理助理王槭，中国经济信息社新华丝路事业部总经理助理、新华丝路网总编辑李璐。

蓝迪国际智库的与会专家与青岛市委常委、胶州市委书记、上合示范区党工委书记、管委会主任张新竹等领导进行了深入交流与探讨，根据专家们的建议，结合上合示范区实际情况，蓝迪国际智库整理出一份《在双循环与对外开放新格局中加强上合地方经贸合作示范区建设的报告》递交中央。

2. 吉安高质量发展论坛

井冈山是"中国革命的摇篮"，中国共产党人在这里点燃了星星之火，创建了第一块农村革命根据地，开启了中国革命走向胜利的光辉征程。在全面建设社会主义现代化国家新征程中，传承和发扬井冈山精神尤为重要。

2016年2月，习近平总书记到吉安调研，强调全面建成小康社会一定要让为中华人民共和国诞生作出重要贡献的革命老区发展得更好。2019年5月，习近平总书记在江西考察，提出"努力在加快革命老区高质量发展上作示范、在推动中部地区崛起上勇争先"的目标要求，强调要推进红色基因传承，走好新时代的长征路。近年来，江西吉安紧抓老区振兴、中部崛起国家战略，以建设革命老区高质量发展先行区、全省共富共享美好生活实践区、全国红色基因传承示范区为目标，推动区域高质量发展。

2022年7月30日，蓝迪国际智库组织吉安高质量发展高层咨询会

为深入落实习近平总书记重要讲话精神，紧扣"作示范、勇争先"的目

标定位，蓝迪国际智库专家团受吉安市委、市政府邀请，于 2022 年 7 月 29 日—30 日来到吉安，举办了为期两天的"吉安高质量发展论坛暨蓝迪国际智库高层咨询会"。会议重点围绕如何高质量建设"革命老区高质量发展先行区、全省共富共享美好生活实践区、全国红色基因传承示范区"展开讨论。通过交流研讨，蓝迪国际智库专家为吉安推进改革开放、抢抓第四次产业革命机遇、发展新兴产业等提供建议和智力支持。

蓝迪国际智库专家团首先围绕吉安市乡村振兴实践进行了深入调研。在井冈山高科技农业博览园内，专家们详细调研了以农业龙头企业发展带动村民致富增收情况，对吉安市乡村振兴所取得的成果表示充分肯定，同时指出要强化政策支持，完善相关配套服务设施，引导企业积极带动更多农户增收致富。

在高层咨询会上，蓝迪国际智库专家委员会主席赵白鸽指出，一个地区的发展优势，往往是在把握大势抢抓机遇中形成的。当前，"双循环"新发展格局、RCEP 生效给区域发展创造了有利条件。因此本次会议的召开意义重大，参会嘉宾应共商共议，找准吉安市在新发展格局中的位置和比较优势，支撑吉安主动融入、集聚资源，从而打开新的发展空间。

重庆市原市长黄奇帆发表了《促进开放、强化创新，提高全要素生产率》的主旨报告。他指出，在当前动荡的国际局势下，经济发展的重心可以概括为改革、开放与创新。在改革方面，首要任务是构建全国统一大市场，这一任务具有深远的战略意义，是中国进入全球经济强国的必然选择。这就要求各地方以改革的思维、务实的措施消除经济系统中客观存在的体制性、机制性障碍及内循环的政策性阻碍，充分利用中国特大规模单一市场优势，以新政策、新应用拓展市场新空间。就开放而言，RCEP 就是当前规模最大、最有力、包容性最强的自贸协定。城市应坚定不移地扩大开放，从推动 RCEP 规则在政策制度层面落地、扩大发展货物与服务贸易、探索金融及多领域的开放措施等方面发力，用足用好 RCEP 的开放红利。此外，还要坚定不移地强化创新，加大基础研究投入，兼顾培育生态主导型的"链主"企业与"专精特新"中小企业，全力提升经济发展的全要素生产率。

针对吉安市下一步的发展路线，黄奇帆给出了四点建议。一是提高吉安市的市区首位度，加快主城区服务业中心建设。同时确保主城区人口在全市人口中的比重在20%~30%，推动吉安从国家级中等城市快步发展到国家级大城市。二是完善物流基础设施，可以将城市周围150千米半径范围内地、市、州的物流聚集，以弥补城市物流机场的缺失。三是大力发展农业产业，发挥吉安市基因红、生态绿的特色，发动农户共同参与，制作特色农产品、工艺品，形成原材料、加工、销售的完整产业链。四是引入一批企业集团，以产业链为依托进行上下游全链招商，打造拥有属地特色的工业产业。

与会其他专家也相继作了专题报告，包括中美绿色基金董事长徐林《"绿色"应成未来经济发展的新动力》、中国旅游研究院副院长唐晓云《旅游供需变化及其对吉安的启示》、赛迪研究院信息化与软件产业研究所所长姚磊《数字经济的时代特征》。这些专家分别从各自的专业优势出发，就如何助力吉安革命老区建设焕发新活力方面给出高屋建瓴的指导。

3. 宁波枢纽自贸区建设专题研讨会

2020年4月，习近平总书记到浙江宁波考察；8月30日，国务院正式印发《北京、湖南、安徽自由贸易试验区总体方案及浙江自由贸易试验区扩展区域方案》；9月21日，浙江自贸区扩区方案公布，宁波片区正式成为浙江自贸试验区的重要组成部分。2021年5月18日，宁波市人民政府印发《中国（浙江）自由贸易试验区宁波片区建设方案》，进一步明确了宁波片区"一枢纽、三中心、一示范区"的战略功能定位，即国际航运和物流枢纽、国际油气资源配置中心、国际供应链创新中心、全球新材料科创中心和智能制造高质量发展示范区。

为借助智库势能及专家力量，加快实现宁波片区的建设目标与主要任务，支持宁波片区改革创新突破与争先进位，宁波经济技术开发区（简称经开区）管委会与蓝迪国际智库展开了深度交流与合作。在宁波经开区管委会与蓝迪国际智库的共同组织下，蓝迪国际智库于2022年11月25日—27日组织专家组赴宁波经开区开展调研，并在宁波市北仑区举行宁波枢纽自贸区建设专题研讨会。出席专家有：十二届全国人大财经委员会副主任委员、重庆市原市长、蓝迪国际智库专家委员会联合主席黄奇帆，中国基本建设优化研究会党委书记、国家财政项目评审专家孙晓洲，广联达科技股份有限公司党委书记、董事、高级副总裁刘谦，知微数据董事长于霄。

与会专家在宁波经开区重点调研的企业包括：宁波旭升汽车技术股份有限公司，该公司主营产品为新能源汽车变速系统、传动系统、电池系统等核心系统组成部件。荣获国家高新技术企业、国家制造业单项冠军示范企业等殊荣。该公司抓住新能源汽车产业快速发展的历史机遇，坚持以汽车轻量化及新能源汽车零部件为发展方向，力争成为全球汽车新能源轻量化领域的领跑者。2017年在上海证券交易所挂牌上市。万华化学（宁波）有限公司（简称万华宁波），是宁波万华工业园核心企业，该公司拥有两套大型MDI生产装置，总产能达120万吨，是目前全球规模最大、综合实力最强的MDI生产基地。万华宁波先后获得国家科技进步奖一等奖、"国家环境友好工程""浙江省首批循环经济示范园区"称号。2021年实现销售收入306亿元，净利润66亿元。

与会专家调研的项目包括百地年200万立方米丙烷地下洞库项目和大榭观景平台项目。其中百地年200万立方米丙烷地下洞库项目为大榭开发区内企业提供上游原料供应和储存。大榭观景平台可以俯瞰临港石化产业群、亿吨港口群、世界最大45万吨原油码头和穿鼻岛综合开发项目，也可以远眺舟山群岛和宁波舟山港国际航道，是观看大榭全区产业布局和深水岸线的最佳位置。

现场调研后，在专题研讨咨询会上，宁波市商务局党组书记、局长、自贸办主任张延向与会专家汇报了《宁波片区"枢纽自贸区"建设行动方案》（简称《行动方案》），专家们对此进行了深入研讨，形成了创新性的对策建议。黄奇帆专门作了专题讲话，就《行动方案》提出了高屋建瓴的指导与建设性建议。

2022 年 11 月 25 日，蓝迪国际智库组织宁波枢纽自贸区建设专题研讨会

黄奇帆认为，《行动方案》无论是从深度还是广度，都更加贴近目标，高度肯定。作为经济学家，他从关于枢纽自贸区定位理解、具体内容、政策突破三个方面给出建设性建议。关于概念界定："国际港航物流枢纽"这个概念完全可以，但"全球跨境贸易枢纽"定位中，应该再扩充一个服务贸易，争取成为服务贸易枢纽。关于"智能制造创新枢纽"的提法，有些不符合通俗的叫法，因为制造业中无论是智能制造还是先进制造，都属于产业范畴，一般称为"高地"。关于业务丰富，黄奇帆从五个方面作了补充：一是空运方面，既然是枢纽自贸区，应该把空运作为硬件条件写进方案，力争成为世界千万个大小机场中的前 100 家。为此，机场应该符合五个条件，即客运量到千万级、货运量往百万吨发展、航站楼道路扩大 30 倍、国际客运或货运航线 100 条、一个物流货运航空公司把宁波机场作为货运基地。二是高铁枢纽，争取从国家铁道部方面获得支持，让宁波至少有 4 条国家高铁干线，以此加强宁波的铁路货运能力。因为宁波是枢纽，要乘势而上，把集装箱枢纽搞上去，力争成为一个国内铁路集装箱枢纽站。三是业务带动，作为综合自贸区，要带动制造业发展。包括机器人产业、新能源汽车、石油化工、工业基础技术产业四个领域。四是数字贸易，与亚马逊合作要继续、加大，但同时要把中国自己的亚马逊做起来。五是业务板块，既然是枢纽自贸区，本质上应该包括服务贸易、跨境电商、数字贸易、离岸贸易、转口贸易，不要将货物贸易涵盖其中。政策方面，黄奇帆表示既然与国际接轨，税收政策方面要有突破。

4. 昆山开发区高质量发展研讨会

积极抢抓国家发展战略机遇，自1984年8月起自费创办开发区，1992年经国务院批准成为国家级开发区。近年来，昆山开发区大力发展以工业为主的开放型经济，全方位、大跨度引进项目、资金、人才和科技等资源，创新开发功能，提高开放水平。在全国2800多个县域中，已连续十七年居百强县首位，被列为江苏省六个社会主义现代化建设试点地区之一。

作为中国县域经济"领头雁"，习近平总书记殷切希望昆山"勾画现代化目标"，江苏省委、省政府赋予昆山现代化建设试点的重大任务，苏州全力支持昆山打造社会主义现代化建设县域示范。为进一步落实习近平总书记重要讲话精神，紧扣昆山开发区现代化、国际化的发展目标，助力昆山在社会主义现代化进程中走在前列，受昆山市委、市政府和昆山开发区党工委、管委会的邀请，蓝迪国际智库专家组于2022年11月28日，在昆山举办了昆山开发区高质量发展研讨会暨蓝迪国际智库高层咨询会。

2022年11月28日，蓝迪国际智库组织昆山开发区高质量发展研讨会

蓝迪国际智库专家首先调研了三一重工、清陶能源、友达光电、国力电子等代表企业，详细了解了昆山智慧综保区、咖啡创意产业园的建设情况。咨询会上，蓝迪国际智库多位数字经济、基础建设、智能制造领域专家学者解析市场要素、科技创新、产业升级、开放贸易等领域的发展大势，并结合昆山开发区实际，就如何进一步扩大自身制造业优势、壮大优势产业、打造产业集群、扩大对外开放、发展新型产业等提出一系列举措建议。

关于怎样打造昆山高端的制造业产业集群，适应党的二十大提出的中国式现代化的要求，形成全国现有范围的示范地区，黄奇帆作了全面、深入的阐述。具体从两个方面展开，一是对中国式现代化的具体理解，二是关于昆山市的未来发展。其中，关于昆山市在中国式现代化背景下的发展如何推进，黄奇帆重点从五个方面展开：一是充分发挥制造业优势，针对产业链主招商。苏州的制造业是一个大规模的产业链的集群，是中国最为开放的外资集群的基地，是中国最大规模的两头在外的产业链集群的基地。要推动苏州制造业现代化发展，根据苏州昆山的实际，要针对世界产业链的类型，比如联锁工艺的产业链、离散的产业链、巨头联合型的产业链等特征布局产业链集群。就这个意义而言，苏州或昆山下一步的产业链要补上价值几十亿美元的重大项目，并且在现在的垂直整合水平分工的产业链中，要通过代工龙头企业来补。二是继续发展货物贸易，补充服务贸易。苏州已经是一个开放高地、外资投资高地、货物贸易的高地，进出口贸易各方面的成就都令人瞩目。作为开放高地，如何根据中国式现代化更加开放，措施是在新时代继续把货物贸易继续做强做大的基础上，补充服务贸易。三是顺应新时代制造业发展趋势，抓紧布局新"五大件"，即新能源汽车、机器人、AR/VR头盔眼镜、3D打印机以及3D打印材料。四是在"双循环"背景下，提升人均可支配收入指标。五是正确运用RCEP实施机遇，进一步加大对外开放。RCEP对亚洲和中国会带来很多益处：使亚洲成为世界的中心、倒逼国内改革、加大"双循环"、推动中国的"一带一路"相关企业"走出去"、帮助中国补上服务贸易的短板。

（二）研究报告品牌：以应用研究为根本，提升智库影响力

研究报告是蓝迪国际智库研究成果的体现，主要聚焦目标导向和价值引领，把对人类的关怀、国家的热爱、社会的关切、人民的责任放在首位，瞄准国家需要、服务政府决策、研判民众诉求、履行智库使命。在这一目标导向和价值引领下，组织平台"政商研"三界专家，形成前瞻性、战略性、建设性和应用性的政策建议，产出品质高、影响大、聚焦准、成效好的研究成果。与此同时，蓝迪国际智库更加注重研究成果转化，不断促进智库研究者的文章、对策、谋划转化为党政部门的文件、决策、规划等。截至2022年底，形成了近百篇高质量研究报告，91篇已获得国家相关领导及部委的重要批示。

2022年，在新冠疫情反复延宕，以安全防疫为主要任务的大背景下，蓝迪国际智库稳中求进、积极筹划，成果丰富。其中，包括以下内容。

1. 《地方抢抓RCEP机遇，带动区域发展——RCEP青岛经贸合作先行创新实验基地的实践》

RCEP作为全球市场规模最大的自由贸易协定，是推进地区经济一体化、开发地区经济增长潜力、促进成员国扩大贸易投资的重大举措。RCEP签署以来，全国各地相继开展相关创新实践，力图更有效发挥RCEP对贸易经济带来的助力作用。

山东省青岛市是地方城市中RCEP先行先试的典型案例。RCEP正式签署不久，青岛市抢抓对外开放新机遇，围绕深化与RCEP成员国开放合作开展了一系列积极探索，在顶层设计、配套服务、平台搭建等方面进行全方位部署。中国社会科学院"一带一路"国际智库、蓝迪国际智库基于实地调研，共同撰写了《新形势下RCEP实施环境与发展趋势》《地方抢抓RCEP机遇，带动区域发展——RCEP青岛经贸合作先行创新实验基地的实践》两篇高质量研究报告递交中央。报告全方位分析了青岛地缘、人文、产业等自身优势及当下青岛拥有的RCEP先行先试的良好条件，总结了青岛市市北区海关、税务、商务局、贸促会、工商联等相关工作成果，简析了青岛在载体创新、制度创新、产业升级等方面的创新实践成果，就加强青岛 RCEP 创新发展提出诸多建议。报告得到国家相关领导和部门的批复和高度重视，为青岛加速打造 RCEP 经贸合作示范城市，高水平建设对外开放新高地，在全国范围内发挥引领示范作用，提供借鉴和参考。

2.《在双循环与对外开放新格局中加强上合地方经贸合作示范区建设的报告》

上合组织作为中俄等新兴大国和发展中国家主导的新型地区合作组织，经济总量和外贸总额的年均增速远高于世界平均水平，在欧亚地区经济合作中发挥着重要引领作用，已成为世界上人口最多、面积最大的区域性国际组织之一。2022 年，新冠疫情大流行沉重打击了世界经济，乌克兰危机使世界经济形势雪上加霜。美国的霸权行径同发展中国家求和平、谋发展形成尖锐对立，也对上合组织国家间的经贸合作造成了严重冲击。在推动新一轮经济全球化、高质量共建"一带一路"和上合组织步入第三个十年的背景下，高标准建设上合示范区显得尤为重要。

2022 年 7 月 18 日上午，由胶州市委、市政府，中国社会科学院"一带一路"国际智库主办；蓝迪国际智库、胶州市发展研究中心承办的上合新区高质量发展专家研讨会在北京召开。会议旨在通过分析全球形势与上合组织相关国家最新情况，研讨上合新区的发展环境、目标定位及未来建设方向，会后形成了《在双循环与对外开放新格局中加强上合地方经贸合作示范区建设的报告》。报告通过开展上合组织经贸合作的前景研究，分析上合组织经贸合作在新形势下的机遇和挑战以及上合示范区的战略定位与作用，总结相关建设经验与成果，创新性地从缔结城市合作、搭建平台等方面提出了未来加强上合示范区建设的多项路径与举措：一是因地制宜，着眼上合组织国家优势开展互利合作；二是发挥轴心作用，以上合示范区为轴促进上合组织国家与 RCEP 国家合作；三是以模式创新带动产业链重组，为国际多双边框架下地方经贸合作提供样板；四是突出主线，强化上合示范区的经贸合作中枢地位。报告还从平台建设、物流保障、金融支持、展会升级四个方面提出了所需的政策建议,得到了高层领导的批复和高度重视,为高标准建设上合示范区,打造现代化国际合作新平台提供了重要参考。

3.《关于加快推动我国建筑业数字化转型发展的建议》

数字经济正成为重组全球资源要素、重塑全球经济结构、改变全球竞争格局的关键力量,目前已上升为我国国家战略。2022年1月12日,国务院专门印发《"十四五"数字经济发展规划》,对数字经济发展作出了全方位部署,明确了我国数字经济发展的基本原则和发展目标,提出了我国数字经济发展的总体要求、主要任务、重点工程和保障措施。建筑业是国民经济的支柱产业,是构建新发展格局的重要阵地,在我国城镇化发展速度逐步趋缓以及"双碳"战略背景下,建筑业需从追求高速增长转向追求高质量发展。加快推动建筑业数字化转型是实现建筑业智能化、绿色化、工业化高质量发展的重要保障,是提升"中国建造"核心竞争力,推动我国建筑业"走出去"的关键支撑,也是落实我国数字经济整体发展战略的重要举措。

2022年7月21日,中国社会科学院"一带一路"国际智库、蓝迪国际智库、全联房地产商会、广东省建设工程标准定额站及广联达科技股份有限公司等密切关注建筑业数字化转型,在广州召开中国数字建筑峰会2022·城市峰会,就新格局下数字化转型的发展前景、如何加快部署新技术与建筑业深度融合、全方位系统性开展建筑业数字化转型、系统性数字化重塑企业掌控力与拓展力等议题进行了深入交流与探讨,会后形成了《关于加快推动我国建筑业数字化转型发展的建议》。

报告深入分析了中国建筑业数字化转型发展现状,指出我国建筑业数字化转型成效逐渐显现,与此同时,中国建筑业数字化仍面临诸多挑战:一是建筑业自主知识产权软件和平台应用不足,面临严重"卡脖子"问题;二是建筑业数字化投入不足,投入产出比不高;三是建筑业行业特征复杂,数字化变革难度大。

报告就加快推动我国建筑业数字化转型发展提出七条建议：一是确立以 BIM 模型为代表的建筑业数据资产的法律效力，促进 BIM 技术全过程协同集成应用；二是加大对建筑业底层数字化技术能力的培育，大力支持建筑领域自主可控技术研发，鼓励优先采用具备自主可控核心技术的数字化产品；三是在固定资产投入中进一步提升数字化基础设施占比，在产业政策中加大对数字化投入的扶持力度，在较大规模政府类投资项目中保障数字化投入；四是加快推进国有建筑企业和设计咨询企业的数字化转型，加强国有建筑企业在数字化建设方面的投入，鼓励国有建筑企业与国内具有建筑业数字化核心技术和优势的科技企业开展合作，并广泛使用自主可控的数字化产品；五是建立引领性政策和机制，加快推动建筑业数字化转型发展，将数字技术应用列入国家优质工程奖项评选条件，打造一批数字化应用示范项目，树立一批建筑企业数字化转型标杆；六是加大对建筑业数字化复合型人才和智能建造产业工人的培养；七是加快推进我国建筑业数字化能力"走出去"，鼓励企业和社会团体加强有关建筑业数字化国际标准的制定，不断扩大建筑业数字化的国际市场，建立产业合作机制，推进"一带一路"新基建高质量发展，同时重视网络安全及数据跨境流动治理，保证海外经济运营安全，破解企业迅速应对和处置海外危机的"瓶颈"。

4.《关于生态塑料产业发展与实践的报告》

生态环境保护和可持续发展问题，关乎国计民生，第五次联合国环境大会上正式公布了"结束塑料污染"的重大决议。生态塑料是将纳米复合材料技术研制的母料添加到聚乙烯原料中，使其发生化学性质改变，并在光、热、氧、水和微生物等自然环境要素作用下，在两年内逐渐降解为二氧化碳、水和有机质的新型环保材料，具有很好的推广应用前景。宿州市委、市政府认真落实习近平总书记关于"积极应对塑料污染"的重要指示，积极推进区域生态保护，"宿州模式"已取得了阶段性重大成果。该项目关系国家塑料污染治理及中国创新技术在全球可持续发展中的推广和应用等重大问题。

2021年1月16日,中国社会科学院"一带一路"国际智库、蓝迪国际智库和中国产学研合作促进会在北京联合召开生态塑料产业发展专题研讨会并撰写了《关于生态塑料产业发展与实践的报告》。为了保护好中国原创、国际先进的颠覆性技术,尽快发展壮大生态塑料产业,不断满足国内外市场需求,蓝迪国际智库针对当前存在的问题,提出三点建议:一是加大力度支持生态塑料产业发展并加快向全国复制推广"宿州模式"。生态塑料技术与制品应用已经过成功试验阶段,生态地膜已进入规模应用成熟阶段,现在急需进入全国广泛应用阶段。基于安徽省积累四年发展生态塑料产业的基础和经验,建议安徽省持续加大支持生态塑料产业发展,并加快向全国复制推广以治理塑料污染与发展生态塑料产业同步并举的"宿州模式"。二是加快支持组建生态塑料标准化技术委员会并出台国家标准。2014年国家标准委就已下达《复合型双降解生态地膜》(编号20142021-T-469)国家标准立项计划,确定由生物基材料及降解制品标准化技术委员会归口组织,但由于其制标范围和专业领域与生态塑料技术路线、使用原料、加工工艺和检验检测方法均不相同,导致这项国家标准迟滞八年仍未发布。目前,全球已有十几个国家发布类似技术路线国家标准,而我国生态塑料技术水平远高于这些国家的技术标准,但至今未颁布国家标准。因此,建议国家标准委抓紧组建全国生态塑料标准化技术委员会,先行颁布《复合型双降解生态地膜》国家标准,再行制定颁布国家系列标准。三是将生态地膜纳入补贴范围并争取在全国加快推广应用。我国共有普通塑料、生物基降解塑料和生态塑料三类塑料制品。三类塑料制品中的农用地膜政策各不相同,普通加厚地膜,国家给予每亩采购补贴40元、回收补贴20元;生物基降解地膜每亩采购补贴60元;生态地膜至今没有列入国家补贴范围。恰恰生态地膜比前两种地膜更具优势,已被600余万亩大田实际应用成功检验,建议将生态地膜列为全国地膜主推产品、纳入国家补贴范围。

(三)企业服务品牌:以资源整合为引擎,搭建高效合作平台

第四次产业革命最大的特征是产业的跨界和融通,谁能组织好资源,

谁能把这种概念很好地融合起来，谁就是21世纪的成功者。尤其是在"双循环"大背景下，新型智库的功能是，通过整合国际与国内资源，联合各行各业合作机构，建立多样化的合作渠道与网络，为政企带来更高质量的服务，从而助力区域、地方或者企业撬动经济社会发展的杠杆。蓝迪国际智库自成立以来，一直以积极整合资源为宗旨，以搭建高效合作平台为目标，重视与具有资源整合能力、推动开放合作与跨界融合的平台型机构建立战略合作伙伴关系。在提供服务的过程中，蓝迪国际智库整合了多方优势，为决策者提供政策研究、法律服务、技术标准、信息服务、金融支持、文化与品牌、能力建设七大服务内容，促进双方共同推进项目落地，共同打造智库创新合作生态圈。

具体而言，与蓝迪国际智库在质量标准服务、法律服务、金融服务和商务服务领域建立战略合作伙伴关系的平台型机构包括：

1. 质量标准服务

随着新一轮科技革命和产业变革加速发展，重大颠覆性技术不断涌现，产业生态快速演化，标准在科技与产业间的桥梁作用更加显著，在全球创新版图和产业布局深度调整中已经成为关键要素。蓝迪国际智库坚持标准引领产业高质量发展，注重平台企业对标准应用方面的诉求。在标准制定领域，蓝迪与国家级权威标准化机构中国标准化研究院和第三方国际质量合规性（IQC）原创引领机构北京标研科技发展中心建立了长期战略合作关系。充分发挥这两家标准制定机构的优势，为平台中的"独角兽"与"隐形冠军"等企业进行战略策划、产品运行流程标准化、综合应用实施等，提供良好的服务。

（1）中国标准化研究院。

中国标准化研究院隶属国家市场监督管理总局，是开展基础性、通用性、综合性标准化科研和服务的社会公益类科研机构。中国标准化研究院是蓝迪国际智库标准服务体系的重要支持机构，致力服务和支持蓝迪国际智库平台企业的标准化需求。双方自建立合作伙伴关系以来，先后为山东济南天壮环保有限公司、新疆亚欧国际物资交易中心有限公司、江苏欧尔润生物科技有限公司等平台企业制定标准等，有力推动了蓝迪国际智库平台标准服务机制的完善与发展。

未来，双方将释放标准化科技成果应用效能和技术服务潜能，提高标准化服务发展能力，以服务现代产业发展，推动经济体系优化升级为着力点，系统建立节能减排、生态环保、绿色发展等领域标准体系，深入推进新技术新产品新业态新模式标准化建设工作，加强标准化科研国际合作，服务质量强国建设，助力经济社会高质量发展。

（2）北京标研科技发展中心。

北京标研科技发展中心（简称北标研）是蓝迪标准化服务的重要合作伙伴，北标研以国家质量基础设施（NQI）和自主原创国际质量合规性（IQC）全新理论为基础，以产业链重塑和打造全新产业生态为关注点，将"标准化+产业计量+检验检测认证+国际认可"等质量要素协同联动，开展法理、政策、技术、管理、品质+品牌和国际化等多维度研究。北标研着眼"中国团标"国际化建设，积极对接"一带一路"沿线国家投资和产业合作项目，提供国内外创新技术产业化和境外区域产业协作高质量发展综合规划。

北京标研科技发展中心主任、北京计量协会秘书长、蓝迪国际智库专家委员会委员谭晓东提出：应加强标准化建设，实现高质量发展。当今世界处于百年未有之大变局，全球格局重构引发国际规则重塑，标准作为国际规则的重要组成部分日益成为各国博弈焦点。以大数据、云计算、人工智能、量子通信等前沿技术为代表的第四次工业革命的到来，重塑了世界经济格局，也为标准化价值体系的建立带来新的驱动力。标准的统一，对于规范技术行为，使相关方和国际服务对象快速了解先进生产力发挥的产业作用进而提升国内外企业对生产工艺、技术水准、生产流程、服务规范等互信度具有不可替代的作用。正因如此，标准也被当今国际公认为产业质量基础的评定依据和规范发展的保障。标准对企业占据市场主导地位、企业"走出去"、产品认同，乃至合作双方之间加强、加快深入的产业合作与贸易合作，拓展新的合作领域，都具有极其重要的意义。

加强标准化建设的重要意义在于国际质量标准认证对企业的创新具有积极影响，有利于加强国家之间的产业合作与贸易合作，也有助于推进软件产业高质量发展。要如何加强标准化建设，实现高质量发展？一是要推动标准化与科技创新互动发展；二是质量时代需要标准化建设和国际性格局；三是加强标准化建设，从融合NQI发展，深化IQC应用，创新SNQI计划，加强科技人才队伍建设、推进检验检测认证机构的整合，加强同"一带一路"沿线国家的合作、谋求多边合作组织的标准化共识五个方面缔造软件产业高质量发展之路。

为推动粤澳创新技术进步、产业升级、提高产品质量等提供重要支撑，为横琴粤澳深度合作区的标准化决策提供科学依据，蓝迪国际智库与北标研共同成立了珠海澳标云舟科技发展有限责任公司，为澳门提供研制综合性基础标准和权威标准化数字化"一揽子"服务。

2. 法律服务

在国家推进"一带一路"建设的进程中，法律为企业"走出去"保驾护航。在法律服务方面，蓝迪国际智库选择的战略合作伙伴有四家。一是中华全国律师协会，中华全国律师协会围绕"一带一路"的法律服务方面开展了丰富的业务活动，有丰富的实践经验。未来，蓝迪国际智库与中华全国律师协会将加强"一带一路"经贸合作，就中国企业"走出去"、外资企业"引进来"过程中的法律热点问题开展深入研究，全面规避企业"走出去""引进来"的法律风险问题。二是德恒律师事务所，德恒律师事务所是中国规模最大的综合性律师事务所之一，是国内首批获得从事证券法律业务、涉及境内权益的境外公司相关业务、基本建设项目招投标、破产管理人、境内外专利代理等法律服务资格的专业服务机构。蓝迪国际智库与德恒律师事务所已携手合作四年，为70余家平台企业提供了全生命周期的法律事务咨询服务。三是国浩律师事务所，国浩律师事务所是中国最大的跨地域合伙制律师事务所之一，业务遍及证券与资本市场、公司与商业、金融与银行、国际投资、基础设施建设、知识产权、海商海事、新能源等所有经济发展的重点领域。尤其是在资本市场，国浩律师事务所在境内外IPO、再融资、重大资产重组、收购兼并等综合指标上几乎每年均排名行业第一。蓝迪国际智库自成立以来，就与中华全国律师协会的成员单位国浩律师事务所保持紧密的合作关系，积极促进国浩律师事务所为企业提供法律服务；双方携手持续发布《国浩·蓝迪"一带一路"投资与法律资讯》和《国浩·蓝迪"一带一路"周讯》，这两项资讯的长期发布对于参与"一带一路"建设的企业提供有价值的信息和有针对性的商业投资指导。未来，双方将继续坚持多样化的"一带一路"信息发布，从而促进企业更高质量地参与"一带一路"建设。四是德勤会计师事务所，德勤会计师事务所是全球领先的专业服务机构，世界四大会计师事务所之一，连续多年位列"全球最具影响力的商业服务品牌""全球最具价值的商业服务品牌"，为近90%的《财富》全球500强企业以及数千家民营企业提供专业服务。蓝迪国际智库将会携手德勤会计师事务所，为地方政府在区域财税优惠政策研究领域建言献策，与企业在财税筹划领域展开更紧密合作。

3. 金融服务

随着社会经济的不断进步与发展，金融的重要作用越发凸显。改革开放以来，金融的重要性体现在它是现代经济的核心。党的十八大以来，习近平总书记提出了"金融是国家重要的核心竞争力"的重要论断。金融业作为国民经济的重中之重，是一个无法替代的关键组成部分，直接关系国家产业经济发展的稳定以及科技创新的进程。开启"十四五"新征程，金融应当进一步适应产业优化升级的需要，服务实体经济适配性。

社会价值投资联盟理事长、原招商银行行长马蔚华提出，要注重提升金融支持科技成果转化的能力。尽管中国的科技成果在近几十年来取得了长足进展，实现了"量质齐升"，重大科技成果不断涌现，但一个无法忽视的重要事实是，绝大部分由高校与科研院所创造的科研产出和发明专利实际上都难以转化，科技成果转化率不高的特征非常显著。针对科技成果转化滞后这一问题，中共中央、国务院印发的《关于新时代加快完善社会主义市场经济体制的意见》指出，"积极发展科技成果、专利等资产评估服务，促进技术要素有序流动和价格合理形成"，"创新促进科技成果转化机制，完善技术成果转化公开交易与监管体系，推动科技成果转化和产业化"。完善技术要素市场体制机制、提升科技成果转化效率已经成为现阶段的主要政策目标之一。因此，我们需要厘清科技成果"沉睡"背后的逻辑，唤醒"沉睡"的科技成果，提高科技成果转化效率，努力走出中国科技成果转化困境。如何提升中国科技成果转化的能力？第一是建立支持由科技成果转变成生产力的金融平台；第二是成果转化要有能力也要有动力，促进科技成果为民所用；第三是让风险投资推动科技创新相较传统的银行贷款更优，建立健全风险投资体系；第四是落实和完善支持创新的政策措施；第五是加快金融与科技的深度融合。

蓝迪国际智库高度重视金融对产业经济发展的推动作用，与横琴粤澳深度合作区金融发展局保持密切合作关系，并吸纳了招商局资本投资有限责任公司、兴业证券股份有限公司、中商银私募基金管理有限公司等在金融产业具有突出业绩的平台型企业加入蓝迪的服务团队，大力提升金融与产业融合，创新金融服务推动地方转型升级、产业结构调整以及企业扩大经营规模。

蓝迪国际智库与横琴粤澳深度合作区金融发展局自2019年签订战略合作协议以来，在研究报告、会议活动和企业落地三大板块深度合作，围绕横琴粤澳深度合作区金融高质量发展出谋划策，引荐优质基金和基金管理人落地横琴，提升金融服务实体经济能力。蓝迪国际智库与招商局资本投资有限责任公司，将发挥双方各自的资源优势，共同把握中国发展战略机遇，共同"挖掘—培育—推介"符合产业引导的优质企业，助推实业经济实现高质量发展。蓝迪国际智库与中商银私募基金管理有限公司将在优秀项目的"挖掘—培育"领域深化合作，共同深耕电子信息产业，加强政府产业联动,"挖掘—培育"更多潜力企业参与国际竞争。蓝迪国际智库与兴业证券股份有限公司双方将以蓝迪国际智库平台资源优势和兴业证券综合金融服务优势为基础,通过资源整合和优势互补,全力推进蓝迪平台企业快速成长,扩大直接融资比重,推动重点后备企业上市挂牌。

未来,蓝迪国际智库将全面强化各方资源协同,积极发展绿色金融,以科技赋能业务发展和创新,共同为资本市场和社会经济发展贡献力量。

4. 商业服务

行业协会、商会在促进民营企业高速发展领域,特别是对初创型企业背书及发展型企业的数字化转型升级,能发挥统筹协商、搭建平台、引导服务和规范管理等作用。尤其是国家部委下设的行业协会、商会,可以有效组织行业专家对项目技术进行专业评审及资质认证,是民营经济高效、创新发展不可或缺的力量。在国家部委下设的行业协会、商会中,蓝迪国际智库合作的战略伙伴有以下几个:

一是中国生产力促进中心协会,该协会是由全国各生产力促进中心以及从事中小企业生产力促进工作的相关企事业单位和个人自愿结成的全国性、非营利性社会组织,承担着全国生产力促进中心的业务协调、考核、评价、表彰和服务工作,承担着对中小企业的信息、咨询、培训、技术转移、科技金融等多项服务工作,是科技服务业和为中小企业服务的一面旗帜,是连接政府与企业的桥梁和纽带。蓝迪国际智库携手中国生产力促进中心协会,双方将在技术先进性评价、技术资质认证及科技咨询等领域深化合作,共同"挖掘—培育"优秀技术项目,真正实现好技术高效转化,让科技惠及生活。

二是中国电子商会,该商会是商务部首批有外展权的单位之一,是中国电子信息行业内最大的行业性组织。蓝迪国际智库将携手中国电子商会,主要是充分发挥双方的资源整合优势,竭诚为电子产业的潜力企业搭建企业与政府、企业与企业、企业与市场间沟通合作的桥梁,切实协助企业挖掘国内外市场的合作机会,实现资源共享,高效发展。

三是中国基本建设优化研究会，该研究会长期承担中央层面政策研究、建言献策和政治经济体制及产业结构的优化发展任务，承载中央和有关职能部门委托的重大课题的顶层设计和实践探索；肩负宏观经济和区域经济发展的使命。研究领域涵盖农业、林业、水利、能源、科技、环保、文化、金融等多个方面，是具有跨学科、跨领域、跨行业、跨地区特点的国家智库。蓝迪国际智库将与中国基本建设优化研究会在融合创新思路、精准资源整合等领域深化合作，为助力我国"隐形冠军"企业高速、高质量发展，搭建高效资源整合平台。

第三部分

蓝迪关注的重点行业与企业

第五章　重点关注行业

当前，世界百年未有之大变局加速演进，新冠疫情给全球带来的影响广泛而深远，各种不稳定、不确定性因素明显增加，经济全球化遭遇逆流，国际经济政治格局也正发生复杂而深刻的变化。我国经济的发展正受到阶段性、结构性、周期性因素制约带来的巨大挑战，对内要解决外企撤资、制造业外迁带来的后遗症，对外要面对大国博弈导致的核心技术及原材料的封锁。

面对复杂严峻的国际国内环境，要使国家实体经济稳健运行，必须坚持走中国式现代化道路，依托创新产业集群打造自主可控、安全可靠的产业链与供应链，推动重点领域突破提升，构建融合融通创新生态，打造更具韧性和竞争力的产业链体系，促进产业集群高质量发展，为全面建设社会主义现代化国家、以中国式现代化全面推进中华民族伟大复兴提供有力保障。

世界知识产权组织《2021年全球创新指数报告》数据显示，中国拥有20个全球领先的科技集群、20多个自由贸易试验区、近400家国家级高新区和国家级经济技术开发区、建成了一批国际化创新产业集群，为稳定产业链和供应链安全奠定了坚实基础。工业和信息化部2022年公布的最新数据显示，我国共有45个国家级产业集群，2021年主导产业总产值达19万亿元。总计布局建设了18家国家制造业创新中心，拥有国家级技术创新载体1700余家，培育创建了170余家国家级单项冠军企业、2200余家国家级专精特新"小巨人"企业，成为推动制造业高质量发展的重要载体。从行业领域来看，45个国家级产业集群中，新一代信息技术领域有13个、高端装备领域有13个、新材料领域有7个、生物医药及高端医疗器械领域有5个、消费品领域有4个、新能源及智能网联汽车领域有3个，覆盖制造强国建设重点领域，成为引领带动重点行业和领域创新发展的重要力量。从地域分布来看，45个国家级产业集群涉及19个省（自治区、直辖市）、3个计划单列市。其中，东部地区有30个、中部地区有8个、西部地区有5个、东北地区有2个，京津冀、长三角、珠三角、成渝4个重点区域集群数量达30个，占集群总数的三分之二，成为引领区域经济发展的重要引擎。

尽管我国在产业集群打造上已取得显著成果，但要保持自主可控安全可靠的产业链、供应链仍面临严峻的挑战和风险。

一是全球产业链与供应链加速重构，产业外迁风险逐步增大。一方面，有关发达国家和新兴经济体出于强化关键战略性产业链、供应链安全等考虑，着手制定新的产业发展规划，同时，加强外资审查和本国产业保护，加快产业回流。比如美国采取撤资中国、制造业外迁、"去中国化"等举措，通过税收杠杆迫使跨国公司将海外利润生产环节迁回国内。日本出台经济刺激计划，通过"供应链改革"支持本国企业把产能搬回国内，或实现生产基地多元化。英国、法国、德国等则提出加强重要战略性物资生产储备，减少对外依赖。另一方面，我国劳动力成本上升明显，"招工难"问题突出，能耗和土地指标趋紧，我国轻工、纺织等劳动密集型行业和电子信息加工组装等劳动密集型环节面临的外迁压力持续增大。

二是中美战略博弈呈持久态势，"卡脖子"风险仍然突出。一方面，美国将战略重点转为强化中长期对我国竞争优势的提升，将贸易政策与盟友体系、供应链安全审查、关税政策等结合，对我国产业链、供应链战略压力整体加大。比如美国逐步收紧针对我国战略性产业的出口限制和管控，对飞机零部件、半导体设备和技术对华出口施加新限制，甚至要求外国企业向中国出口相关商品必须获得美方同意，以此遏制我国产业升级步伐。另一方面，美国试图降低集成电路、动力电池、生物医药等产业链对中国制造的依赖，同时，通过更具针对性的"组合拳"打击我国供应链薄弱环节，联合盟友持续压缩我国供应链合作空间。

三是大宗商品原材料价格快速上涨，企业面临较大生产经营压力。一方面，粮食、化肥、原油、铁矿石、铜矿等大宗商品价格纷纷创出新高。原材料价格涨势过快、信贷杠杆持续上升，并通过产业链向中下游传导，中小企业议价能力差，利润受挤压明显，同时，叠加用工成本、产品库存压力等因素，导致中下游企业经营困难加大，部分企业面临增收不增利甚至亏损、有单不敢接的困境。另一方面，受新冠疫情反复的影响，国际上一些重要港口码头作业缺工、清关速度较慢等问题日益突出，运力紧张、运价居高不下的状况难以根本扭转，同时，国内相关地区重点企业停产、人员流动受到严格控制、物流不畅和订单按时交付困难等风险依然存在，对产业链、供应链畅通造成较大压力。

机遇与挑战向来并存。面对纷繁复杂的内外部环境，我们会更加重视产业链供应链安全和产业集群高质量发展，把保障安全有效的产业链供应链和高质量产业集群建设作为国家战略，从国际、国家、地区、产业、企业五个维度统筹把控、总体谋划。国际层面，重点谋划我国的全球产业布局与全球供应链体系构建与运行，包括全球投资与贸易网络、区域投资与贸易网络、重要国际物流通道安全、战略资源国际供应等。国家层面，做好对重点产业链、重点地区、重要战略通道等的规划与布局，特别是重要基础设施、关键技术、原材料、中间部件的供应安全保障，供应链硬实力与软实力建设等。地区层面，着力进行城市群、都市圈、中心城市、枢纽城市、重点产业集聚区的产业、交通、物流等规划与布局，推动地区产业链供应链与空间战略相耦合。同时，要以产业链招商赋能产业链集群建设，打造空间高度聚集、上下游紧密协同、供应链集约高效、规模达万亿级的战略性新兴产业链集群。

关于产业层面，着力点为重点行业产业链供应链建设，如战略性产业、高科技产业、支柱产业、优势产业、基础产业、特色产业等产业链供应链安全保障。围绕战略性新兴产业，对产业链中的薄弱环节，实施"补链""扩链""强链"计划，以期实现更高层次的水平分工和垂直整合。至于企业层面，则要谋划好核心企业、关键配套企业、中小企业的各自定位。培育一批既能组织上、中、下游产业链水平分工，又能实现垂直整合的制造业龙头企业。2022年，在产业链安全和产业集群打造这一战略思维和系统思维指导下，蓝迪国际智库重点关注的行业赛道包括医药大健康、新能源及可持续发展、消费科技和智能制造。

一、医药大健康

医药大健康行业作为我国战略性新兴产业之一，既是生物技术最重要的应用方向，又是现代医药行业转型升级的关键所在。随着社会的发展及百姓生活方式的改变，传统的医疗模式也逐渐向"防、治、养"模式转变，而大健康产业恰恰是"防、治、养"模式的产业体现，随着公众自我保健意识不断提高，"医药大健康"被视为下一个蓝海。[1]"健康中国"战略也必将成为我国医药大健康产业发展的重要引擎。随着我国人口老龄化带来的健康服务需求增长，医药大健康产业将面临广阔的市场前景。

（一）中国医药大健康行业发展情况

在我国随着医药技术创新能力不断提升，医药大健康行业市场规模越来越大，前景广阔。新冠疫情的暴发加大了公众对疫苗、生物制品及相关检测试剂的需求，产业改革的步伐加速，市场开放的节奏提速，产业发展的质量有所提升。国家统计局数据显示，2020年医药大健康产业主要经济指标呈现新冠疫情影响锐减后的快速回暖，随着医药大健康行业的快速发展，将会让市场规模进一步扩大，2022年，我国的医药大健康市场规模达到16586亿元[2]。受人口老龄化趋势明显、医药科技领域的创新与发展、人们医疗保健意识的增强、人均可支配收入提升等因素影响，医疗消费近年

---

[1] 孙旭然：《生物医药行业发展趋势与机遇分析》，载《中国国情国力》，2022年8月7日。
[2] 中商产业研究院：《〈2023年中国生物医药行业市场前景及投资研究报告〉发布》，中商情报网，https://www.askci.com/news/chanye/20230313/1340202678685985807
50034.shtml，2023年11月25日最后访问。

来在整体消费中占比提升趋势明显，需求端增长确定性高。数据显示，我国医疗卫生总费用由 2016 年的 46345 亿元增长至 2020 年的 72306 亿元，年均复合增长率达 11.9%。此外，我国卫生总费用占 GDP 比重不断提高，2020 年该比重已达 7.12%，较 2019 年增加 0.52%。国家卫生健康委发布《2022 年我国卫生健康事业发展统计公报》初步推算，2022 年我国卫生总费用达 84846.7 亿元。从药品销售额来看，我国医药市场持续保持增长。数据显示，我国药品终端市场销售额由 2016 年的 14975 亿元增长至 2020 年的 16437 亿元，年均复合增长率达 1.9%。2022 年我国药品终端市场销售额达 17936 亿元①。预计我国医药产品需求在未来几年将保持增长，预计到 2025 年行业规模将超过 5.3 万亿元。②

（二）医药大健康行业发展机遇③

1. 科技水平不断提升推动行业发展

随着科技水平日益提高以及研发设备不断改进，研发人员能够借助更加先进的科研手段更好地探究生物体的运作机理，科技水平不断提升也推动了医药大健康行业的发展和进步。

2. 国产替代进程加速促进行业发展

近年来随着国际形势的变化与国内发展的需要，国产替代的需求越发迫切。随着近岸蛋白、义翘神州、百普赛斯、诺唯赞等国产重组蛋白企业的快速崛起，以"质量品种效率价格"为核心的进口替代路径越发清晰。

3. 政策环境推动行业发展

随着政府的重视、企业与社会投资力度的逐步增大，医药产业在战略

---

① 中研普华研究院：《2023 年中国药店行业发展前景分析：行业不断刷新药品零售规模》，载《2023—2028 年中国药店市场深度全景调研及投资前景分析报告》，中研网，https://www.chinairn.com/news/20231106/180926907.shtml，2023 年 11 月 25 日最后访问。

② 中商产业研究院：《2022 年中国医药行业市场现状及行业壁垒预测分析》，载《中国医药行业市场前景及投资机会研究报告》，中商情报网，https://www.askci.com/news/chanye/20220620/1122561896229.shtml，2023 年 4 月 10 日最后访问。

③ 同②。

地位上逐渐提高。2022年，国家相关部门发布了《"十四五"医药工业发展规划》和《"十四五"生物经济发展规划》等文件，为医药大健康产业未来发展指明了方向。"十四五"规划中提出了医药行业发展的五项重点任务：加快产品创新和产业化技术突破、提升产业链稳定性和竞争力、增强供应保障能力、推动医药制造能力系统升级、创造国际竞争新优势。随着《"十四五"国民健康规划》等政策落地实施，在人口老龄化和消费升级背景下，创新治疗技术加速推出，国民对生命健康的需求不断提升，医药大健康行业具有广阔的发展前景和持续深耕的价值。

4. 资本助力行业发展

投融资作为金融要素的一种体现形式，无疑是助推医药大健康产业高质量创新发展的加速器。相信在资本市场的加持下，一批批具有国际竞争力的中国生物医药创新企业将崭露头角，为我国医药大健康产业创新发展贡献力量。2022年1—8月，全国生物医药产业共发生1026起融资事件，累计金额891.74亿元。其中，药品领域最吸金，融资金额高达294.8亿元，占总融资金额的33.06%。从融资项目数来看，医疗器械领域较为活跃，融资事件342起，占比33.33%。从投资端来看，2022年1—8月，有319家投资机构参与了至少10项生物医药领域的投资。随着社会资本对生命基础科学研究和生物原料的重视，生物医药产业在资本加持下也将迎来新的发展机会。

（三）中国医药大健康行业壁垒[①]

1. 资金、技术、人才壁垒

医药制造业新进入者存在较高的资金、技术和人才壁垒。医药行业属于知识密集型、科技含量较高的产业，生产工艺技术和研发能力是医药制造企业的核心竞争力。如果不具备成熟、先进的生产工艺技术，很难在保

---

① 中商产业研究院：《2022年中国医药行业市场现状及行业壁垒预测分析》，载《中国医药行业市场前景及投资机会研究报告》，中商情报网，https://www.askci.com/news/chanye/20220620/1122561896229.shtml，2023年4月10日最后访问。

证药品质量的基础上不断提升生产效能。药品的药学研究、临床试验、审评审批需投入大量的资金、人才、设备等资源，而收益需要等到获取药品注册批件，完成生产销售才能逐步实现，具备较大不确定性。随着我国医药行业的产业化和规范化趋势日益明显，医药企业在技术、设备、人才等方面的投入日益提升。

2. 政策准入壁垒

医药制造业新进入者存在政策准入壁垒。药品安全直接关乎人民的生命健康，国家在药品的生产、经营等各环节均制定了各项法律法规，并进行严格的监管。根据《药品管理法》，开办药品生产企业，须经企业所在地省级药品监督管理部门批准并颁发《药品生产许可证》，并必须具有依法经过资格认定的药学技术人员、工程技术人员及相应的技术工人，具有与其药品生产相适应的厂房、设施、卫生环境、检验机构、检验人员及仪器设备，具有保证药品质量的质量管理体系。同时，《药品生产企业质量管理规范》要求药品生产企业在生产、控制及产品放行、贮存、发运的全过程中进行严格的质量管理控制。

3. 品牌壁垒

医药制造业新进入者存在一定的品牌壁垒。药品作为一类特殊的商品，直接关系公众的健康，因此在选择用药时人们非常谨慎。不同制药企业产品的差异主要表现在药品适应症、药品给药方式、药品疗效、药品质量、药品外形包装、药品价格以及售后服务上，而这些差异增强了各家企业药品的独特性，降低了产品之间的可替代性，从而使患者对特定企业的药品产生忠诚度，继而形成制药企业的品牌特点。患者会根据个人的用药经验、外部的讯息，更倾向购买"熟悉"的品牌。

4. 销售网络壁垒

医药制造业新进入者存在较高的销售网络壁垒。销售网络的广度决定了药品是否可以覆盖全国各地的医院，新进入的制药企业需要花费大量的时间和经济成本建设自身销售网络；销售网络的深度决定了是否可以有效改变医生用药习惯。制药企业需要进行持续不断的市场推广工作，不断提高产品的市场渗透率和影响力，建立和深化与经销商或推广服务商的合作关系。

（四）中国医药大健康产业细分产业发展研究

从重点细分赛道来看，生物医药和大健康产业赛道主要包括药品研发、医疗器械、细胞和基因治疗、医疗科技、中医药产业、康养产业等与人类健康密切相关的领域。加快发展生物医药和大健康产业，对稳增长、调结构、兴产业、促改革、惠民生和全面建成小康社会具有重要意义。下面我们将围绕以下几个重点细分赛道，介绍我国医药和大健康产业的发展状况。

1. 药品研发[①]

全球医药市场蓬勃发展。伴随生物技术的快速发展，生物药的品种与治疗围不断优化，安全、有效、用途广等优势特征凸显，市场规模及份额快速扩大，抗体药更是成为全球最畅销且增速最快的药物。随着生物制品的国家级集采陆续启动，生物制药利润空间将有所压缩，但生物药中长期高景气发展的趋势将保持不变，生物创新药的长期市场仍然存在。下面将从创新药、仿制药/原料药、新冠疫苗及特效药三个方面来介绍药品研发的最新动态。

（1）创新药。

创新药市场空间巨大，以抗肿瘤和阿尔茨海默病治疗药物为主要研发方向。从 FDA 批准新药按治疗领域分类来看，治疗心血管、内分泌、中枢神经系统的创新药数量在 20 世纪 70—90 年代达到高峰，后续逐步下降；而抗肿瘤类药物从 20 世纪末开始逐年增加，已成为目前致死类疾病中最主要的创新药研发方向；国际阿尔茨海默病协会的报告显示，到 2050 年，全球阿尔茨海默病患者数量预计将增至 1.52 亿人，而全球护理阿尔茨海默病患者的相关社会成本到 2030 年将增至 2 万亿美元。双抗行业还在发展初

---

① 致同咨询：《2022 年生命科学与健康行业洞察报告》，2022 年 7 月。

期，预计未来十年保持高速增长。

（2）仿制药/原料药。

全球人口老龄化加剧及大量专利药到期，创造原料药市场巨大增长空间。全球人口老龄化趋势日益严峻，药物需求持续增长，各国政府医疗支出承压。由于仿制药价格约为专利药的 10%~20%，政府医疗支出承压也促使了仿制药对于专利到期的原研药的替代；据 EvaluatePharma 统计，2013—2020 年，全球共有 1666 个化合物专利到期，预计 2021—2024 年共有 1450 亿美元销售额的专利药到期。因此，近四年仿制药的替代空间大概为 145 亿~290 亿美元，原料药市场仍有巨大增长空间。我国医药消费结构长期以仿制药为主，"新"仿制药受到青睐。由于我国居民收入水平较欧美日等发达国家仍有较大差距，人均支付能力有限，因此在未来很长一段时间，具有明显价格优势的仿制药销售量还会占据绝对领先地位，而兼具价格优势和创新优势的"新"仿制药受到市场青睐。

（3）新冠疫苗及特效药。

新冠病毒快速变异，疫苗+特效治疗药物共筑防疫体系。新冠特效药方面，全球获批上市新冠治疗药物已逾 10 款，构筑了疫苗以外多层次防治体系。目前多种抗病毒治疗、中和抗体、细胞因子免疫调节剂已经获得紧急使用授权。国产口服用药方面，国内企业临床试验结果亦良好。

2. 医疗器械

（1）医疗影像及诊断。

新冠疫情检测推动了 CT、DR 等医疗影像设备发展，目前中国医用 CT 市场由国际厂商所主导。CT 行业技术壁垒高，中国厂商整体技术水平与国际巨头仍有较大差距。目前国产 CT 市场份额不足 30%，且国产品牌仍以中低端产品为主。但是，CT 设备销售额和市场规模均呈现快速增长的态势。预计 2025 年中国医用 CT 设备保有量将达到 6.3 万台。随着我国对医疗健康行业的投入增加、人们的健康消费升级、分级诊疗的逐步推行以及我国对基层医疗机构扶持力度加大，CT 设备的渗透会不断增强。加之国家鼓励技术创新、改革临床管理、加速审评审批等利好政策的影响，国产品牌医用CT设备的产品结构也将逐步从中低端走向高端。

（2）体外诊断（IVD）。

新冠疫情同时也将体外诊断行业引入研发视野。受惠于创新标志物发现、诊断技术进步、治疗手段丰富等供给端创新利好，以及早诊早筛、精准医疗、老龄化加深等需求因素驱动，全球体外诊断行业持续稳步发展。

（3）医用内窥镜。

受益于国内企业不断提升的技术水平、持续增加的人才及资本资源，以及倡导国产品牌替代国际品牌的政府行业支持政策，内窥镜软镜有望成为医疗器械行业进口替代空间最大的细分领域。

3. 细胞和基因治疗

细胞和基因治疗是一种利用基因治疗载体将外源的治疗性基因转导至细胞，再通过外源基因的转录和翻译，改变细胞原有基因表达以达到治疗疾病目的的方法。以CAR-T为代表的细胞免疫疗法引领抗癌治疗进入新时代[1]，国内细胞免疫行业迎来重大市场机遇。与传统的癌症治疗药物不同，CAR-T细胞疗法主要是利用T细胞启动人体自然宿主防御机制，为癌症患者带来新的希望。目前国内CAR-T疗法占全球研究的40%左右，根据Frost&Sullivan报告，我国细胞免疫治疗产品市场规模预计于2021—2023年由13亿元升至102亿元，年复合增长率为181.5%。具有先发优势和专利战略性布局的企业将持续保有竞争活力。

4. 医疗科技

新冠疫情催化下，医疗行业智慧化的脚步加快，加速助推"云数物智移"等数字技术交叉渗透各细分医疗场景的速度。同时，"健康管理全周期、服务延伸无边界"的智慧医疗理念更是离不开各类技术的支撑，我国医疗产业正在开启"医疗+X"的创新增长范式。医疗科技指利用先进的网

---

[1] 孙旭然：《生物医药行业发展趋势与机遇分析》，载《中国国情国力》杂志，2022年8月7日。

络、通信、计算机以及数字技术，实现医疗信息的智能化采集、转换、存储、传输和后处理，以及各项医疗、流程业务的数字化运行。

（1）AI药物研发。

近年来，由于受到药物获批上市难度增高、制药成本高涨、同质化竞争激烈等因素影响，传统制药方式深陷"反摩尔定律"，药企数字化转型势在必行。在此大背景下，AI药物研发正以肉眼可见的速度崛起，几乎覆盖了从药物发现到审批上市全流程，能够切实减少研发投入、缩短研发周期、提高研发准确率，但尚存在数据存量不足，数据获取的周期和成本高、商业模式不明确、新兴技术同传统药企"新旧融合"存在卡点等问题。

（2）医疗机器人。

医疗机器人在国外属于市场化程度较高的行业，整体竞争比较激烈，技术更迭周期短的行业特性决定了拥有核心技术以及突破性独创理念的公司将快速抢占市场份额。相对而言，我国医疗机器人行业起步较晚，是在全球医疗机器人技术日趋成熟、临床需求逐渐明确、商业化模式逐步完善之后才开始出现，整体渗透率低，这主要是由于医疗机器人的研发周期较长，上游原材料的中高端产品基本上被欧美和日本企业所垄断，从而导致供应不足；另外，医疗机器人成本高，耗材和维护费更昂贵，目前只有少数医院具备购买能力。但"低渗透率+广阔市场空间"的配置同时也给予了国内厂商实现弯道超车的空间，再加上近年来政府鼓励医疗器械"国产替代化+自主创新"，这将为国内医疗机器人厂商带来新的发展契机，整体市场未来发展潜力巨大。

（3）数字疗法。

数字疗法是一种基于软件程序的疗法，主要通过为患者提供循证治疗干预以预防、管理或治疗疾病。因其自身特性，主要被应用于治疗干预措施较多、有相关临床指南、需长期管理、患者依从性较低的相关疾病，如精神疾病、内分泌与代谢疾病、神经系统疾病等。目前，数字疗法在全球尚处于发展初期，通过监管审批的数字疗法数量并不多，美国和德国是审批最为积极且具备一定政策支持的国家和地区。相对国外环境而言，我国数字疗法显得更加稚嫩，尚未对数字疗法的定义、范畴、应用场景等给出明确界定及政策监管条例，仍面临理论基础尚未完善、临床效果有待检验、医生接受度和主动性较低、商业模式尚不明确、支付方式缺少多元性等实际性挑战，但随着相关技术及政策的不断成熟，数字疗法将会在人口老龄化及慢性病愈加严重的大环境下获得广阔的市场空间。①

5. 中医药产业

中医药为中华民族的繁衍昌盛和人类健康作出了卓越贡献，是中华民族优秀文化的重要组成部分。中医药也是我国独具特色的健康资源，是潜力巨大的经济资源。中医药健康服务主要包括养生、保健、医疗、康复等，但核心是以中药相关产品为主体的健康服务供给。随着中药现代化进程的推进，中药科研平台和研究水平得到提升，也推动了中药产业进步，特别是以中药制造为主的中药大健康产业悄然形成。党的十八大以来，党中央多次强调中医药对于中华民族的重要性，把推动中医药的发展工作摆在了更加重要的位置。中医药在新冠疫情的考验中展现了其宝贵价值，国家政府对中医药的发展给予了高度关注与支持，多项政策颁布促进其快速稳健发展。在政策利好下，中医药行业将蓬勃发展。② 2020 年新冠疫情暴发以来，中医药全程深度参与抗疫，与西医药一起形成中国特色的八版诊疗方案，成功推出"三药三方"等一批有效中药，疗效得到实践检验。

未来，我国将进一步推进中药现代化，形成一个更高层次的医药学体系。中药现代化就是以中医药理论和经验为基础，借鉴国际通行的医药标准和规范，运用现代科学技术进行研究、开发、生产、经营、使用和监督管理中药。未来，我国还将让中医药全面参与基本医疗卫生制度建设，融

---

① 艾瑞咨询：《中国医疗科技行业研究报告》，2022 年 12 月 13 日。
② 中研普华研究院：《2022 中医药行业发展前景及市场规模分析》，载《2022—2026 年中国中医药行业深度分析与发展趋势预测报告》，中研网，https://www.chinairn.com/hyzx/20220829/110524113.shtml，2023 年 4 月 10 日最后访问。

入健康中国行动。基层服务能力明显增强，98%以上的社区和乡镇医疗卫生机构能够提供中医药服务，人民群众更加方便看中医，做优做强专科专病，开展中医特色重点医院建设，巩固扩大特色优势。中西医协同机制更加健全，更好地满足了广大群众"方便看中医、放心吃中药、看上好中医"的健康需求。这样可以进一步彰显中医药特色优势，提高服务能力水平，在加快推进健康中国建设和服务群众健康方面发挥重要作用。

6. 康养产业

我国已经迈入老龄化社会。随着人口老龄化进程的加速，现阶段，我国已逐渐形成"9073"的养老格局，养老政策体系也逐渐丰富。政策的引导和社会力量的参与，让养老服务和产品有效供给能力大幅提升、供给结构更加合理，养老服务政策法规体系、行业质量标准体系进一完善。当前，康养产业正迎来巨大风口。据统计，2017—2021 年，中国医养健康行业的年均复合增长率约为 17.92%，康养产业规模到 2020 年和 2030 年将分别达到 8 万亿元和 22 万亿元，对 GDP 拉动分别达到 6% 和 8%，将超越房地产成为中国的经济新动力。目前我国康养产业呈现以运动、疗愈、研学和旅居康养为代表的四大业态，康养业态向气候、森林、温泉、中医药和特色农业等康养资源依附和聚集，在政策及基本不断加持的背景下，产业发展机遇可谓井喷式出现，康养业态发展与产业生态体系正逐步形成。与传统健康产业不同的是，新兴康养产业既不是养老也不是养生，它代表着关乎 14 亿人的大健康产业，涉及健康管理、养老养生、旅游旅居、休闲体育、休闲农业和医美产业等多个方面，具有投资大、周期长、回收慢、利润低、风险高五大特征。

从康养产业供给模式上，将逐渐出现政府保基本、中等收入的高龄空巢、失能半失能和失智/临终老年人康养；企业保高收入老年人高端康养的趋势。"北欧养老模式特征是养老福利化，而美国养老模式特点是完全市场化，我国可以探讨实行农村和欠发达地区福利模式、中等城市混搭模式和发达城市市场化模式。未来业态将依附康养资源集聚，康养产业结构逐渐显现，而投资与开发模式将有所转变，运动、研学类康养类型将成为新潮流；政策紧跟新热点新业态，规范与引导作用明显；康养是实现健康中国战略的重要支撑和乡村振兴的重要路径，作为生态文明建设的重大成果，康养产业发展拥有许多可能，未来值得期待。[①]

（五）我国医药大健康行业发展前景及趋势预测

未来，医药大健康行业将朝着市场竞争趋势和技术发展趋势方向发展。从市场竞争趋势来看，我国在医药行业中所占比重大幅低于国际市场，发展空间巨大。中国作为世界人口第一大国，经济的增长带来居民购买能力的上升、医药内需的扩大、国家生物产业发展规划等政策的启动、医药技术水平的提高等因素将推动我国医药大健康行业持续快速发展。从行业企业总体发展来看，目前我国制药行业各细分领域均取得了较好的发展，虽然目前在诊断试剂、单抗等领域仍然和跨国企业有一定的差距，但国内龙头企业的竞争力也在不断地增强。与世界先进国家的生物制药企业相比，中国制药企业规模较小，缺乏产品研究与创新能力，目前没有造就加工意义上的制药巨子，但是国内却有一部分药企在发展过程中，沉淀了自己的核心竞争力。随着行业环境的规范和竞争的激烈，行业优胜劣汰将会加剧，为增强竞争力，行业的重组整合进程加快。

从技术发展趋势方向来看，我国生物制药技术当前很大一部分还停留在科研方面，并没有有效地转换为生产力，这不仅浪费了很多的资源，也使我国的生产实践跟不上研发，造成了生产的滞后状况，生物制药技术向产业化推进要求企业通过委托外包策略，建立技术同盟，形成优势互补，使自身能够专注于自身专长方面，从而降低生产成本、提高竞争优势。我国生物制药公司在未来发展过程中，势必会朝这一趋势发展，通过外包方式进行新药开发，将技术较强的研发内容分包给具备研究实力的小型公司

[①] 中研普华产业研究院：《2022年康养产业发展前景及康养产业规模预测》，载《2022—2027年中国健康养生行业市场深度调研与发展趋势报告》，中研网，https://www.chinairn.com/hyzx/20220206/143400399.shtml，2023年4月10日最后访问。

来完成，充分发挥小公司在某些领域的技术优势，共同开发新药，大大提高新药开发效率，使新药研发周期缩短，实现技术与资金互补。生物医药产业作为高新技术产业，需要不断地进行技术创新，才能不断地解决产业发展中存在的问题，并不断满足医药水平提升的要求。①

（六）我国生物医药行业发展的启发与建议

本部分结合生物医药和大健康领域中的药品研发、医疗器械、细胞和基因治疗、医疗科技、中医药产业、康养产业六个赛道进行分析，揭示了生物医药和大健康领域中行业趋势、重大事件、科研产出、研发进展、先进技术、医疗政策支持的情况。随着人们对健康的关注和需求不断上升，国家对生物医药大健康产业发展日益重视，生物医药大健康产业成为促进新时期国家高质量发展的关键因素。尤其新冠疫情在全球范围肆虐，对医疗和公共卫生造成了巨大冲击和警示，民众健康意识高涨，生物医药大健康产业面临前所未有的发展机遇。结合文献分析和专家访谈，形成以下结论和启示。

1. 疾病防控与健康促进是大健康研究的发展方向与目标

中国应进一步细化落实对科学运动、营养健康、心理健康、健康环境和预防疫苗等相关研究的部署；以增进健康为导向，加强疾病防控关口前移，推进科技创新、疾病防控与健康促进工作全面融合，着力推动科技成果转移转化应用。

2. 疾病筛查与诊断是发展大健康产业的基础条件

中国应加快可用于疾病诊断、预测、预警和疗效评价的标志物研究，着力开发用于疾病筛查和诊断的新技术和新产品，在准确性、自动化、智能化、便携性等方面实现突破。

3. 疾病治疗领域技术的发展是推动大健康产业发展的重要保障

中国应加强蛋白降解靶向联合体（PROteolysis TArgeting Chimera,

---

① 前瞻产业研究院：《2022年中国生物医药行业全景图谱》，前瞻经济学人网，https://www.qianzhan.com/analyst/detail/220/220801-a26495f5.html，2023年4月10日最后访问。

PROTAC）等新型小分子药物，细胞治疗、基因治疗等创新性疗法关键技术研究，促进大数据、人工智能等技术在药物研发中的应用，加快疾病治疗前沿技术的临床应用，提升临床救治水平。

4. 科技创新是应对卫生与健康重大挑战的关键要素

中国应加强公共卫生领域国际创新合作，积极与其他国家在传染病控制、食品安全、烟草控制、健康教育和健康服务等方面开展联合研究，建立能快速响应和开放协同的科技创新体系；持续推进互联网、大数据、人工智能、区块链等数字技术在公共卫生服务体系中的应用，建设各类食品、药品等相关产品的数字化溯源体系，推进数字化医疗和移动医疗发展，并加快疾病防控、临床决策、健康管理、医院管理等领域的智能化发展。①

5. 推动我国生物医药产业发展，要加速由跟踪仿制向自主创新的转变

首先，要提升医药科技水平。我国要到2050年建成世界科技创新强国，生物技术将引领新的科技革命，而生物医药技术是生物技术的重中之重，要率先进入世界领先水平，一是找准新科技革命的突破口。二是找准产业链，围绕产业链构建技术链、人才链，加强在药靶发现、药物筛选、合成生物、安全评价、临床研究、药品生产与流通、药品安全等全产业的技术进步，围绕做强医药产业链，构建国际一流技术链、打造国际顶尖人才链，加速我国生物医药走向自主创新、实现快速发展。三是找准重点产品。需要认真预测国际医药科技与产业发展趋势、预测市场需求。四是造就国际一流的生物技术顶尖人才。建立顶尖人才档案，根据不同学科、不同产业链的人才现状，重点支持没有顶尖人才的学科造就顶尖人才；创新人才引进方式，支持民营企业引进顶尖人才，培育一批猎头公司、按照国际规则争夺顶尖人才；启动一批"国际重大科学工程"，提升

---

① 中国科学院科技战略咨询研究院：《大健康研究和转化发展态势与展望》，载《未来科技系列报告》第二期，2022年10月。

我国顶尖人才的国际地位与作用；深化科技体制改革，营造顶尖人才辈出的创新生态。

其次，要提升医药产业水平。一是构建国际一流的医药产业体系。二是引领世界中医药、传统医学发展。推进中药现代化、标准化和国际化，在中药成品药、饮片、药材的产量和质量，中药疗效、中药理论与文化、中药教育、中医药研究等方面，始终保持国际领先水平。三是加速化学药实现由仿制、改构向原创的根本性转变。发挥我国化学学科国际顶尖人才数量位居世界第一的优势，加速化学学科与生物、医学的交叉融合，力争在疗效、药理、药代，以及新化合物合成、药物结构改善等方面取得重大突破。四是力争在生物药方面赶在前列。生物药是当前世界医药领域最活跃、最具有潜力的领域，力争在抗体、疫苗、基因药物、蛋白药物、生物相似药等方面尽快进入国际领先行列。五是造就国际一流医药企业。医药产业强，必须有引领世界医药产业发展的国际化企业。我国14亿多人口，需要培育国际知名医药企业，大幅提升医药企业的自主创新能力和国际竞争力。打造国际一流的医药生产基地、贸易中心，使我国成为药品生产、贸易中心。①

最后，要实施积极应对人口老龄化国家战略，发展养老事业和养老产业。高质量发展阶段，人口老龄化的应对更需要发挥养老机构的专业支撑作用和龙头带动作用，实现从量的发展到质的飞跃，推动养老机构资源的合理化和效率化。一是调整政策，推动养老机构高质量发展。二是提升养老机构发展体系化、专业化、智能化水平。三是鼓励支持更多社会力量参与养老机构发展。养老机构肩负缓解贫富差距的公共服务职能，要体现以人为本，体现生命伦理，需要公益力量介入。鼓励公益力量助力养老机构发展，多方共建养老服务联合体，促进居家社区机构协调发展；积极支持养老人才队伍培养和能力建设；推动论坛等交流平台，吸收国内外经验，

---

① 王宏广：《生物医药产业迎来发展期》，新华社网，http://home.xinhua-news.com/rss/newsdetaillink/cdf6db6b2a9e8e0073b56e1684af3eb1/1660615939002，2023年4月10日最后访问。

持续推动创新,从更大的层面为养老机构高质量发展提供更好的社会环境。

随着经济社会发展、居民收入稳步提高,人民群众对生命健康保障有更高的期待。生物医药贴近人类生命的长度与质量,被称为永远的朝阳产业,是新一轮科技革命和竞争的焦点赛道之一。中国生物医药产业正迎来黄金发展阶段。近年来,在利好政策引导下,我国生物医药产业驶入发展"快车道",一系列新产品、新服务为保障人民生命健康提供了新助力。但我国生物医药产业仍存在短板,一些领域还处于跟跑阶段,原始创新能力较为薄弱。生物医药技术具有知识、技术、资本密集度高的特征,抓住生物经济跨越发展的时代机遇,需要加大技术、资金、人才等要素的投入,不断补齐发展短板。同时,需要顺应医药产业高质量发展的新趋势,满足人民群众更多元化、多层次的健康需求,抓住机遇、补齐短板,在"十四五"乃至更长的发展时期,中国生物医药健康产业必将实现更大发展,造福更多群众,助力实现健康中国战略目标。

二、新能源及可持续发展

能源与环境问题是现在社会进步过程中应该主要考虑的重要问题。过去的发展中,人类主要依靠煤炭、石油、天然气为代表的化石能源作为全球消耗的主要能源。长期的使用导致化石能源枯竭和相应的气候变暖和环境污染等问题,迫使人们发展新能源。新能源一般是指在新技术基础上加以开发利用的可再生能源,包括太阳能、生物质能、风能、地热能、波浪能、洋流能、潮汐能和氢能等。新能源具有低碳、可再生等特点,被看作新一轮能源发展战略在国际竞争中的机遇。新能源产业是衡量一个国家和地区高新技术发展水平的重要依据,也是新一轮国际竞争的战略制高点,发达国家和地区都把发展新能源作为顺应科技潮流、推进产业结构调整的重要举措。发展新能源同样能够让我国产业升级,促进经济的可持续发展。

(一)中国新能源行业现状

"双碳"目标背景下,大力发展新能源产业已成为各界共识。我国是世界上仅次于美国的第二大能源消费国,随着经济的飞速发展,我国能源消费总量持续增长,连续多年位居世界前列,且增长势头未减。然而能源需求增加与常规化石能源供应不足的矛盾却日益突出,发展新能源产业势在必行。

1. 我国能源消费结构正处于加速变革阶段[①]

2011年以来,能源消费结构中,煤炭占比从约70%下降至56%左右,太阳能、风电等一次电力占比已提升至15%左右。2000年以来,煤炭占能源消费总量的比重在2007年达到巅峰的72.5%,此后整体呈下降趋势,2011年后下降速度明显加快。到2020年,煤炭消费比重已下降至56.8%。石油占能源消费总量的比重则相对稳定,基本保持在20%左右。一次电力及其他能源、天然气则表现亮眼。一次电力及其他能源的消费占比从2000年的7.3%提升至2020年的15.9%,天然气则随着天然气管道建设,比重稳步提升,从2000年的2.2%增长至2020年的8.4%(见表5-1)。

表5-1 我国能源消费总量及构成

年份	能源消费总量（万吨标准煤）	占能源消费总量的比重（%）			
		煤炭	石油	天然气	一次电力及其他能源
2000	146964	68.5	22.0	2.2	7.3
2001	155547	68.0	21.2	2.4	8.4
2002	169577	68.5	21.0	2.3	8.2
2003	197083	70.2	20.1	2.3	7.4
2004	230281	70.2	19.9	2.3	7.6
2005	261369	72.4	17.8	2.4	7.4
2006	286467	72.4	17.5	2.7	7.4
2007	311442	72.5	17.0	3.0	7.5

① 陈佳鑫:《2022新能源产业报告:光伏、风电渗透率加速上升,新型储能爆发增长》,时代商学院,https://www.360kuai.com/pc/99bee974080419c2c?cota=3&kuai_so=1&sign=360_57c3bbd1&refer_scene=so_1,2023年4月11日最后访问。

续表

年份	能源消费总量（万吨标准煤）	占能源消费总量的比重（%）			
		煤炭	石油	天然气	一次电力及其他能源
2008	320611	71.5	16.7	3.4	8.4
2009	336126	71.6	16.4	3.5	8.5
2010	360643	69.2	17.4	4.0	9.4
2011	387043	70.2	16.8	4.6	8.4
2012	402138	68.5	17.0	4.8	9.7
2013	416913	67.4	17.1	5.3	10.2
2014	428334	65.8	17.3	5.6	11.3
2015	434113	63.8	18.4	5.8	12.0
2016	441492	62.2	18.7	6.9	13.0
2017	455827	60.6	18.9	6.9	13.6
2018	471925	59.0	18.9	7.6	14.5
2019	487488	57.7	19.0	8.0	15.3
2020	498000	56.8	18.9	8.4	15.9

资料来源：国家统计局《中国统计年鉴2021》。

2. 我国的发电形式更加丰富，太阳能有望成为第二大发电形式

电力作为我国最主要的能源消费形式之一，近二十年来发电装机容量稳步增长。国家统计局数据显示，我国发电装机容量从2000年的3.19亿千瓦增长至2020年的22.02亿千瓦，增长超5倍。而随着光伏、风电等绿色发电形式崛起，近年来我国以煤电为主的结构也在发生剧烈变化。从发电结构来看，2011年我国发电装机容量以火电及水电为主，其中火电装机容量占比超70%，水电占比超20%，其他发电形式占比皆较低，其中太阳能发电占比仅为0.20%。到了2020年，我国发电结构明显更加丰富，多种发电形式占比提升明显，其中太阳能装机量占比从2011年的0.20%提升至2020年的11.51%，风电装机量占比则从2011年的4.35%提升至2020年的

12.84%，火电装机量占比则下降至 56.59%（见图 5-1）。

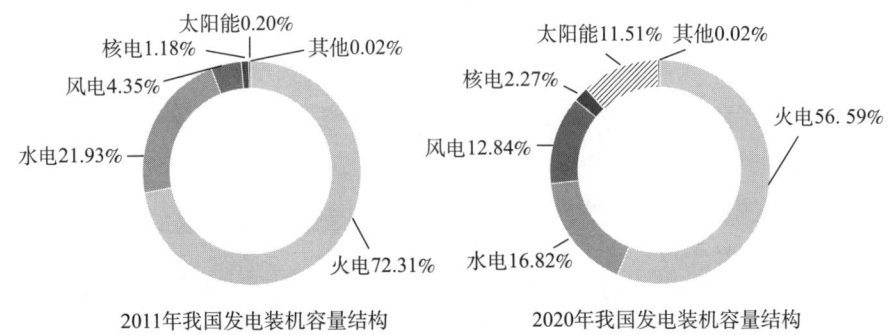

图 5-1 2011 年和 2020 年我国发电装机容量结构

资料来源：国家统计局，中国电力企业联合会。

尽管增速较快，但火电、水电以外的其他发电形式内部也存在一定分化。其中风电、太阳能相对水电、核电的增速明显更快，太阳能则相对风电更快。当前太阳能的装机量占比提升迅速且已逐渐接近水电，以过去的渗透率提升速度为基础来测算，大约四年后，太阳能便有望超越水电成为第二大发电形式，且考虑到光伏平价上网以及技术进步带来的增长加速，实现时间很可能少于四年。而其他发电形式如生物质能、海洋能、地热能等仍处于早期发展阶段，尚难以实现真正商业化推广，占比仍较低。虽然我国发电形式更加丰富，且火电装机量占比迅速降低，但从整体来看，当前火电占比仍超 50%，太阳能、风电等绿色发电仍有较大的替代空间。

3. 2022 年上半年新能源汽车渗透率已超 20%，插混增速更快

目前，新能源汽车已成为新能源产业的重要组成部分，是我国减少石油资源使用及依赖的有效手段。从类型来看，新能源汽车包括混合动力电动汽车（HEV）、纯电动汽车（BEV）、燃料电池电动汽车（FCEV）、其他新能源（如超级电容器、飞轮等高效储能器）汽车等。近两年，充电设施逐渐完善、油价上涨等原因导致新能源汽车进入渗透率上升拐点，销量及渗透率增长明显提速。中国汽车工业协会数据显示，2021 年国内新能源乘

用车销量达333.4万辆，同比增长167.6%，渗透率从2020年的6.18%飙升至2021年的15.52%。2022年上半年，国内新能源乘用车销量达248.4万辆，同比增长117.89%，渗透率更是达到23.99%，2022年或2023年渗透率有望超过30%（见图5-2）。

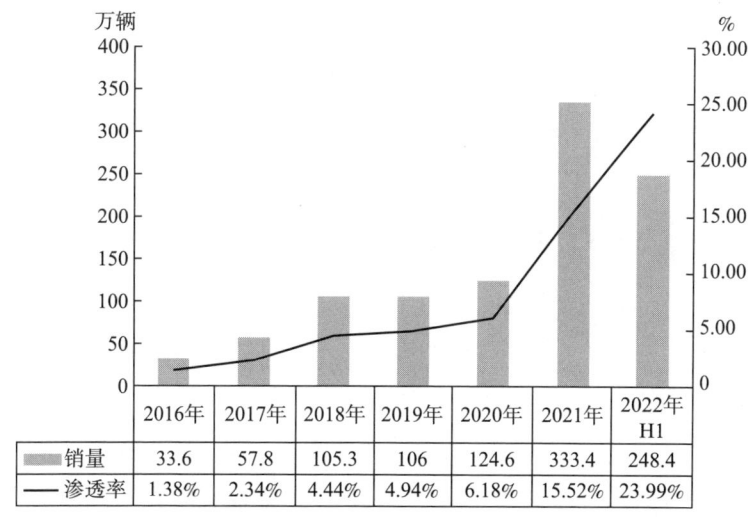

图5-2 新能源乘用车销量及渗透率

资料来源：中国汽车工业协会时代商学院。

（二）中国新能源产业发展的优势

我国新能源经过近二十年的发展有了长足的进步，光伏发电、风电得到了大力发展。我国新能源产业发展的优势体现在以下几个方面[①]：从近零碳方面来看，全生命周期的光伏发电组件如晶硅材料生产技术的进步使碳排放强度不断下降，环境污染不断改善。从可持续性来看，太阳能及风能生来就是可持续的，且在开发过程中不断完善生态环保要求和措施。从新技术来看，通过不断创新使新能源发电效率不断跃上新台阶，运用数字化

---

① 王志轩：《全面认识新能源发展的机遇与挑战》，国际电力网，https://power.in-en.com/html/power-2406559.shtml，2023年4月11日最后访问。

技术、电力电子技术、新型储能技术等使新能源与微电网及大电网的融合性不断提高。从规模化来看，我国光伏和风电的装机容量在经历了十多年的超高速发展阶段后，累积并网均达到2亿千瓦以上，且占我国新增电力装机的主要部分。从商品属性来看，对新增的新能源发电上网电价补贴已经绝大部分取消或大量削减，新能源在一定程度上参与到电力市场之中。从安全性、稳定性、便捷性、可备用性几个要素来看，新能源发展都有不同程度的进步，特别是随着新能源发电在终端能源消费中的比重提高，对于减少我国石油对外依存度高带来的能源安全风险将逐步发挥重要作用。

因此，不论从推进"双碳"工作要求上、从新能源发展积累的经验上，还是从新能源与传统能源协同上、从对新能源技术发展预测上，我们都对新能源大力发展有充分信心。低碳性、可持续性、新技术潜力以及规模化应用，为新能源发展提供了长期利好以及实践经验。无论是从"双碳""1+N"政策体系来看，还是从"十四五"规划纲要来看，抑或是从"十四五"现代能源体系规划来看，大力发展新能源有了目标、规划、政策措施、能源改革等方面的大力支持，具有十分广阔的发展空间。

（三）中国新能源发展面临的挑战

从能源系统和经济社会系统来看，新能源与传统能源相比还存在不同程度的差距，尤其是在稳定性和商品能源属性两个方面还存在较大差距。

从光伏、风电的发电特性来看，光伏、风电特点是能量密度低，随机性、波动性、不稳定性强，这些特点与新能源的可再生性一样与生俱来，是客观规律使然。能量密度低，说明了要大量占用土地或者其他地表资源，除了必要的分散式开发外，仍然需要新能源在大范围优化配置，从而需要电能输送以及与其他能源电力的匹配。随机性、波动性、不稳定性三者间既有一定的独立性，又互相影响，共同造成新能源发电在功率上可控性差、与用户对电力电量需求的匹配性差、与大电网的运行规律协调性差，从而对电力平衡和电力系统稳定性产生不利影响。

从新能源应用方式来看，新能源发电能量密度低、分布广泛、便于分散使用，千家万户均可自发自用，但难以保证高质量用电，用户仍然需要与电网连接。分布式电源是新能源发展的重要途径，主要采用"自发自用、余量上网、电网调节"的运营模式。随着分布式发电更多地接入配电网，由分布式电源和相关储能、调控、保护设施构成的微电网和主动配电网增多，将更大程度地改变原有电力负荷特性，增加了电网调节难度，降低了系统效能。

从新能源发展对储能的影响来看，当由传统电力系统的"源随荷动"运行机制转变为新能源发展条件下的"源网荷储备"运行机制时，电力系统运行特点将发生根本性变化。传统电力系统储能主要配置在电网侧。在新型电力系统中，为了适应不同地区、不同电源电力负荷特点，储能会以多种方式配置在网侧、源侧、荷侧，由传统的单向电能配置模式转变成双向、多向、多能配置模式；电力系统原有各个环节由区分明显转变为相互融合的部分不断增大。为了满足构建新型电力系统的要求，在电源侧要有充足、稳定、具有一定灵活性的电源或用于调节的储能设施（如抽水蓄能），在系统中不仅要设置必要的事故备用、负荷备用、检修备用机组，也要有应对正常气象条件如连续三四天的阴天或静风天气（在传统能源电力体系下并不构成风险条件）给电力系统带来新的能源安全风险的备用机组。这些机组如何既发挥好战略备用作用，又能尽可能减少系统成本，是一个需要深化研究的新问题。

（四）中国新能源领域的前沿技术[①]

1. 新能源汽车技术

新能源汽车具有节能、环保的作用，被认为是汽车未来的发展方向。2009 年政府出台的《节能与新能源汽车示范推广财政补贴办法》中指出在北京、上海等发达城市推广并实行新能源汽车试点的工作，利用财政补贴

---

① 于聪：《新能源战略对国民经济可持续发展影响》，中文期刊网，https://www.baywatch.cn/jingjilunwen/guominjingjilunwen/120021.html，2023 年 4 月 11 日最后访问。

促进新能源汽车的使用，并且鼓励公共用车使用新能源汽车。目前我国的经济发展水平正处于转型的好时机，新能源汽车的转型在工业领域将会带动其他领域的转型和发展，将新能源逐步地作为我国国民经济发展的支柱产业。

2. 能源互联网

能源互联网是由美国经济学家杰里米·里夫金提出的，并将其作为第三次工业革命的代表。能源互联网既包含新能源技术，又包含互联网通信技术，它是从根本上改变现在人们利用传统能源的一种模式。为了在这次工业革命中提高我国的国际竞争能力，国家发展改革委提出了《关于推进"互联网+"智慧能源发展的指导意见》，其中确定了2018年建成不同规模、不同类型的互联网试点项目的宏伟目标；还确定了到2025年初步建成能源互联产业等下一步计划。让互联网技术在能源和信息融合等复杂环境下，具有方便、快捷、多元协同等特点。

3. 新型储能

储能的应用广泛，在电力系统中应用于发电侧、电网侧以及用户侧，作用重大。在发电侧，储能装置能有效解决新能源发电不稳定、间歇性和不可控的问题，另外储能可以避免常规发电机组频繁启停造成的损失。电网侧方面，储能可以实现削峰填谷、调频调压、保障供电可靠性、提高灵活性。

储能方式多样，包括物理储能（抽水蓄能、压缩空气储能和飞轮储能）、电气储能（超级电容器储能和超导储能）、电化学类储能（各种二次电池，有铅酸电池、锂离子电池、钠硫电池和液流电池等）等。目前最成熟的储能方式是抽水蓄能，其基本原理是在电网低谷时利用过剩电力，将作为液态能量媒体的水从低标高的水库抽到高标高的水库，在电网峰荷时高标高水库中的水回流下水库推动水轮发电机发电。但抽水蓄能受限于地理位置，难以大规模推广。灵活型的储能发展前景广阔，特别是以锂电池为代表的新型储能。据CNESA数据，2021年，全球储能项目新增装机为

18.3 吉瓦，同比增长 185%，其中新型储能新增装机为 10.2 吉瓦，同比增长 117%。新型储能以锂离子电池为主要技术，2021 年锂电池储能累计装机量占全球新型储能装机量的 90.9%。

光伏及风电属于不稳定发电形式，发电量受阳光、风力变化的影响，稳定性较差，给电网造成较大负担。弃光、弃风便是在光伏、风电系统某段时间发电量过大，电网无法承受时产生的现象，造成一定的资源浪费。搭配上储能，光伏、风电则有望成为主要电力来源。储能可将光伏、风电发电高峰时的部分电量进行储存，在发电低谷时进行释放，实现削峰填谷，同时帮助电网稳定电流量。

（五）中国新能源行业发展前景及趋势预测①

在"双碳"的大背景下，发展新能源将是未来的趋势。随着全球能源危机加重和环境问题的日益突出，环保节能相关行业得到各国重视，发展绿色能源在全球范围内已达成共识。新能源关系全世界人民的命运和未来发展，也是我国所规划的战略性新兴产业其中之一，对我国绿色可持续发展有重大意义。自"碳达峰碳中和"在 2021 年全国两会写入《政府工作报告》后，我国政府承诺将在 2030 年前实现碳达峰，在 2060 年前实现碳中和。在"双碳"目标下，新能源开发前景十分可观：一是光伏、风电初步进入平价时代，渗透率将加速提升。当前部分光伏、风电项目已实现平价上网，补贴也逐渐退出。时代商学院认为，随着平价上网逐步实现，光伏、风电正在越过商业化拐点，渗透率将加速提升。二是能源结构改革中"储能"将扮演关键角色。光伏及风电属于不稳定发电形式，发电量受阳光、风力变化的影响，稳定性较差，难以成为主要发电形式。而储能的削峰填谷能力，使这类不稳定能源有望成为主要发电形式。三是新能源汽车由政策驱动转向产品驱动。新能源汽车行业早期依赖补贴，但近两年在补贴不

---

① 陈佳鑫：《2022 新能源产业报告：光伏、风电渗透率加速上升，新型储能爆发增长》，时代商学院，https://www.360kuai.com/pc/99bee974080419c2c?cota=3&kuai_so=1&sign=360_57c3bbd1&refer_scene=so1，2023 年 4 月 11 日最后访问。

断减少的背景下仍实现爆发式增长，行业已明显由政策驱动转向产品驱动。背后或与产品不断丰富、电池技术进步、基础设施完善等因素有关，预计市场驱动的高增速将持续较长时间。四是我国新能源产业全球竞争力提升，产品出口量大增。2021年新能源汽车出口量同比增长345.5%，2022年前三季度新能源汽车出口量再次大增，增幅达100.6%。光伏方面，2021年我国太阳能电池出口金额同比增长43.8%，2022年1—8月增速进一步提升至91.2%。我国新能源产业的出海大潮，与产业链全球地位提升有关。

（六）能源绿色低碳转型方面的行动建议

在"双碳"的大背景下，发展新能源将是未来的大趋势，随着全球能源危机加重和环境问题的日益突出，环保节能相关行业得到各国重视，发展绿色能源在全球范围内已达成共识。推动能源绿色低碳转型，可以尝试从以下几个方面入手：[①] 一是推进煤炭消费替代和转型升级；二是大力发展新能源，全面推进风电、太阳能发电大规模开发和高质量发展，加快智能新能源产业创新升级和特色应用；三是因地制宜开发水电，积极推进水电基地建设和小水电绿色发展，实现水电与风电、太阳能发电协同互补、统筹开发和生态保护，探索建立水能资源开发生态保护补偿机制；四是积极安全有序发展核电，合理确定核电站布局和开发时序，在确保安全的前提下有序发展核电，保持平稳建设节奏；五是合理调控油气消费，保持石油消费处于合理区间，逐步调整汽油消费规模，大力推进先进生物液体燃料、可持续航空燃料等替代传统燃油，提升终端燃油产品能效；六是加快建设新型电力系统，深化电力体制改革，加快构建全国统一电力市场体；七是加强新能源技术创新投入力度，加强新能源各项技术领域的产学研结合；八是加强科技人才培养集聚，助力新能源技术攻关，面向全球发布重点单

---

① 中研普华研究院：《中国新能源行业现状及发展前景分析》，载《2021—2026年新能源行业深度分析及投资战略研究咨询报告》，中研网，https://www.chinairn.com/scfx/20211027/095107339.shtml，2023年4月11日最后访问。

位引才需求，推介人才引进政策，吸引海外新能源领域研究人才学成回国；九是加大财政投入和相关基础设施建设力度，促进新能源市场开发，通过开展储能工程试点示范应用及跨省、跨区域外送新能源，促进新能源消纳。

新能源关系全世界人民的命运和未来发展，同时也是我国所规划的战略性新兴产业之一，对我国绿色可持续发展有重大意义。自"碳达峰碳中和"在2021年全国两会写入《政府工作报告》后，我国政府承诺将在2030年前实现碳达峰，在2060年前实现碳中和。在"双碳"目标下，新能源开发前景十分可观。发展新能源是实现未来可持续发展的必然趋势。2022年国务院办公厅转发国家发展改革委、国家能源局《关于促进新时代新能源高质量发展的实施方案》（简称《实施方案》）强调"先立后破、以立为先"，即通过"一揽子"政策支持措施，重点解决新能源"立"的问题。此举有助于更好发挥新能源在能源保供增供方面的作用，加快构建清洁低碳、安全高效的能源体系。扩大新能源开发利用规模，确保"立得住"。保障新能源安全稳定供应，确保"立得稳"。推进新能源科技创新与产业升级，确保"立得好"。我们需要遵照《实施方案》引导，实现全生命周期绿色发展，在提升技术创新能力、保障产业链供应链安全、提高国际化水平等方面继续发力，确保新能源产业实现健康有序发展。

三、消费科技

在过去的2022年中，由于诸多因素的叠加，消费市场充斥着不确定性，新冠疫情猖獗、全球化受阻、国际产业链、供应链体系震荡、经济下行压力逐渐加大。在长期趋势、短期趋势和国家间博弈的共同驱使下，传统消费加速转型升级，消费市场不断更新迭代。迈入2023年，随着各项政策的重大调整以及国内消费者消费观念和行为习惯的变化，大消费行业迎来行业的蜕变。全球消费市场整体增长日新月异，消费需求从发展型转向享受型，消费科技正逐渐走向市场舞台，并实现由互联网消费向智慧消费的升级。5G、IoT、XR、AI等技术赋能消费，应用落地多元化消费场景，也引领了消费服务及产品设计的跨时代变革，为消费者提供多元化的沉浸式感官体验，走入数字终端去中心化的"散生"时代。智能互联提升多种设备性能及服务方式，让安全性与便捷性的共存成为可能。因此，在知识技术创新能力竞争日益激烈的形势下，我们更需要把握消费科技产业变革的先机，掌握发展主动权，才能发挥消费科技的作用，实现社会经济的发展和人民生活水平的提高。

（一）消费科技的概念[①]

消费科技是一种能够提升人们日常消费体验，满足高品质生活需求而生产研发的应用或尖端技术产品，以及融合科技的创新服务。"消费科技"这个概念，正经历着从单面到多面，从特定语境到普遍意义的动态变化过程。伴随经济发展带来的消费结构改变，创新商业模式增多，消费科技的界定范围随之扩大，不仅局限于5G、AI等技术产品，还包括基于科技的创新服务。根据市场表现，可将推动消费发展的科技因素划分为两大类。一类是"硬"科技，指由5G、IoT、XR以及AI等技术所研发的尖端产品；另一类则是由商业模式创新发展而来的非技术类"软"科技。

1. "硬"科技

从"硬"科技层面，5G、IoT、XR（扩展现实，统合VR/AR/MR的混合型设备概念）、AI等是影响消费行业发展的主要技术驱动力。

（1）5G。

5G引领消费体验及产品设计的跨时代变革。消费者追求数字技术背后的沉浸式感官体验，服务和体验不再单纯围绕手机屏幕，而是走入数字终端去中心化的"散生"时代。在5G的消费应用场景中，首先，智能家居的支付意愿最高，计划消费最早。其次，消费者对于可穿戴设备的

[①] 亿欧智库：《2020全球消费科技创新TOP50》，亿欧网，https://www.iyiou.com/research/20201209794，2023年4月11日最后访问。

兴趣较高，但计划消费意愿低于文娱及旅游。

（2）IoT。

IoT 向多元化消费场景渗透。智能家居、可穿戴设备是消费物联网目前的发展重点。结合 IDC 及 GSMA 的研究结果，尽管新冠疫情导致物联网在个人和消费者服务领域的行业支出下降 0.1%，但面向消费者的物联网设备量仍将持续上升，预计 2025 年达到 114 亿台。

（3）XR。

XR 扩展现实技术正在结合 5G 通信，共同促进新型信息消费。根据 Greenlight Insights 的研究，2020 年 XR 相关产业规模将达到 1600 亿元，中国的市场规模预计高达 900 亿元。

（4）AI。

AI 人工智能推动零售和消费品企业进入技术创新的新阶段。根据 IBMResearch，现阶段有 40% 的零售和消费品类企业采用了 AI 技术。预计至 2023 年，AI 技术在该领域的应用程度将超过 80%。

2. "软"科技

"软"科技是基于现有的科技要素，围绕商业模式展开的创新匹配或组合。消费行业正在向数字化转型，这主要体现在两类消费企业中：一类是消费行业中的传统企业，对现有产品、市场营销等环节进行优化；另一类是传统消费行业中的新玩家，依靠互联网思维对现有行业进行创新。现阶段，"软"科技主要围绕三个方面的创新来推动消费行业发展：消费者行为模式、线上流量以及消费场景。

（1）消费者行为模式。

随着人均可支配收入提高和消费升级，有竞争力的企业思考如何发展"以消费者为核心"的战略决策。企业与消费者关系的核心价值不再局限于价格、品质、便捷，而是趋向健康、安全、品牌、体验等。传统粗放式的产品定位和营销方式已不能满足消费需求，企业通过智能数据分析、智能营销等解决细分需求，直击消费者痛点。

（2）线上流量。

顺应潮流，企业关注消费者兴趣，开拓线上流量创新模式。在拓展粉丝经济时代新风口，直播带货成为热潮。企业加强线上线下的融合创新，不断解锁渠道、内容等方面的新玩法。同时，企业注重消费者社群建设，引导自发式的消费行为（见图5-3）。

图5-3　线上流量创新模式

资料来源：亿欧智库。

（3）消费场景。

随着互联网底层设施的不断完善，企业通过融合消费者的购物边界，打造场景化、高效能的购物场所。新冠疫情下的受益场景，主要分为两类：一类是"线上+"，包括文娱、健身等；另一类是"服务+"，包括信息、医疗等。"内容+购物""社交+购物"这些跨界场景融合互通已成为常态，预计未来消费者的购物入口将更加多元化，传统企业将不断打破购物场景的边界，为消费者提供更多新体验。

(二）消费科技的现状[①]

1. 消费与前沿科技进一步深度结合

得益于 5G、云计算、机器人、物联网、VR/AR 等新兴前沿技术的推出和发展，消费与前沿科技进一步深度结合，目前已经涵盖了人类生活的"衣食住行用乐"各个方面。伴随经济发展带来的消费结构改变，创新商业模式增多，消费科技的界定范围扩大，不再局限于 5G、AI 等技术产品，还包括基于科技的创新服务。智能互联提升多种设备性能及服务方式，让安全性与便捷性的共存成为可能；5G、IoT、XR、AI 等技术将赋能消费，应用落地多元化消费场景，引领消费服务及产品设计的跨时代变革，为消费者提供多元化的沉浸式感官体验，走入数字终端去中心化的碎片时代。

2. 消费科技渗透消费零售业全链路

消费科技渗透消费零售业全链路，不仅包括面向消费者的数字化终端触点和消费者运营相关的数字技术创新，还有后端仓储、物流数字化供应链产品，同时有全链路业务中台技术应用帮助企业构建资源调度能力基础，并协同数据中台和数据智能帮助企业持续构建数据驱动能力，同时在人力资源和财务等数字化管理上也在积极探索。目前已经涌现了一批优秀的视觉技术、图像识别、物联网等智能技术研究和应用创新科技企业。然而，我们需要清楚地认识到，从全链路视角来看，消费科技市场重前端轻后端、重应用轻数据、重业务轻管理、重技术轻战略的情况非常突出。

(三）消费科技细分产业发展研究

零售消费行业是智能技术创新的前沿阵地，基于物联网、人工智能、大数据、区块链、云计算等技术的工业传感器、联网机器、企业上云部署等解决方案已经被很多零售消费企业采用。走近消费科技的细分市场，考虑诸多面向 C 端消费者而生产提供的产品和服务，发现有消费电子、无人

[①] 亿欧智库：《2020 全球消费科技创新 TOP50》，亿欧网，https://www.iyiou.com/research/20201209794，2023 年 4 月 11 日最后访问。

机及机器人、数字文娱、智能家居、健身及可穿戴设备、自动驾驶及汽车技术等诸多赛道值得关注。

1. 消费电子①

随着技术的加速发展，国内消费电子领域的集成化、智能化和多元化产品逐渐成为市场主流。技术进步促进了消费的不断升级，从而带动了整个行业的高端发展。3D 电视、智能电视、超高清电视、智能手机和平板电脑等产品已逐渐走进普通消费者的家庭。"十四五"期间，国内消费电子领域迎来了基于 5G 和物联网的新一轮结构与产品升级，将进一步促进国内消费电子市场的增长。中商产业研究院预测，2022 年中国消费电子行业市场规模约为 18977 亿元。

2. 无人机及机器人

（1）无人机的市场规模②。

无人机产品涉足民用场景的各个领域，为提高各领域效益作出贡献。我国民用无人机分为工业级和消费级两大方向，随着我国技术水平的不断提高，民用无人机市场规模增长显著，2021 年市场规模达 869 亿元，同比增长 45%。2022 年约为 1196 亿元，预计 2023 年约为 1650 亿元（见图 5-4）。消费型无人机能够在以前无法到达的高度和距离拍摄照片、录制视频和交付包裹，其制作形式多种多样，并配有许多配件，可定制个人无人机体验。随着专业部门对商用无人机的需求激增，预计单位出货量将以 4.5% 的复合年增长率（CAGR）增长，到 2023 年将从 2019 年的 244 万台增至 291 万台。

---

① 中商产业研究院：《2022 年消费电子功能性产品市场现状及行业发展前景预测分析》，载《中国消费电子行业市场前景及投资机会研究报告》，中商情报网，https://www.askci.com/news/chanye/20220608/1611311883696.shtml，2023 年 4 月 11 日最后访问。

② 中商产业研究院：《2021 年中国民用无人机行业及其细分领域市场规模预测分析》，载《2021 年"十四五"中国无人机产业市场前景及投资研究报告》，中商情报网，https://baijiahao.baidu.com/s?id=1710479496381773040&wfr=spider&for=pc，2023 年 4 月 11 日最后访问。

图5-4　全球民用无人机市场规模（按地区划分）

资料来源：Frost&Sullivan。

（2）民用无人机行业的发展前景。

一是成本优势利好行业发展。我国拥有完整的电子产业链，无人机企业能够以较低的价格采购到性能优异的电子元器件。此外，目前消费级无人机基本全部装配锂电池，而中国的锂电池在性能和价格方面均走在国际前列，成本优势利好行业发展。

二是技术突破与融合加快带动行业发展。在无人机技术方面，我国在大疆等企业的助力下，暂时具有一定领先优势。基于此，2021年伴随行业资本的持续涌现，相关企业的布局显著加快，以及5G、人工智能等商用步伐的不断深化，新基建等战略的进一步落实，民用无人机的发展也在不断进步。

三是人口老龄化导致工业级市场需求释放促进行业发展。随着人口老龄化加速，我国适龄劳动人口占比逐年下降，同时人力成本居高不下，招工难、用工难的问题尤为明显。此外，现代人对劳动保护的意识也逐步提高，不愿从事枯燥、高危险和较为辛苦的工作。在商业航拍、测绘、电力巡线、环保、农情监测、农业植保等领域，工业级无人机都可以很大程度上代替人类。

3. 数字文娱

休闲娱乐包含游戏、电影、文学、线下展览、旅游体验等。5G、VR/AR技术的广泛应用，将为未来休闲娱乐的形式和内容带来更多可能。到2024年，全球休闲娱乐市场将达到2.5万美元，其中，受新冠疫情影响，游戏及游戏机产业将成为增长最快的细分领域，视频游戏机、云游戏、软件、VR设备、游戏机、手持游戏机、附加组件和配件都属于此类。如今一大趋势便是移动游戏正向更多年龄群体普及。《2022年中国云游戏行业研究报告》显示，2022年中国云游戏市场规模约为45亿元，同比增长32.4%，虽然增幅相比2021年有所回落，不过仍保持着增长态势，而在未来几年，预计每年的增幅都将在50%以上，同时2022—2025年，云游戏市场的整体复合增长率将达到76.6%，并且市场规模最终在2024年突破百亿元大关。接下来的几年里，云游戏用户规模都将保持20%以上的增速，2023年正式突破1亿人大关，2025年则将超过1.8亿人。

4. 智能家居

家用电器是一种消费科技产品，可以让人们过上更轻松、更充实的生活。物联网（IoT）设备通过互联网或其他形式的无线网络连接到特定应用程序，以实现无与伦比的用户可见性和控制。智能家居是以住宅为平台，兼备建筑、网络通信、信息家电、设备自动化，集系统、结构、服务、管理为一体的高效、舒适、安全、便利、环保的居住环境。根据Maigoo网发布的2022年中国智能家居十大品牌榜，米家MIJIA、海尔智家U-home、美的美居、华为全屋智能、天猫精灵、小度、京鱼座、萤石Ezviz、欧瑞博ORVIBO、BroadLink依次为排名前十的品牌。预计未来五年我国智能家居行业仍将处于快速发展阶段，到2027年，市场规模有望超过1.1万亿元。智能语音又是智能家居中国民消费者青睐的产品，得益于成熟技术、政府和资本扶持以及智能化市场需求，中国智能语音市场规模将进一步增长，预计2030年市场规模将达到1452亿元。随着"十四五"规划将人工智能列为前沿科技领域的"最高优先级"，包括智能语音在内的人工智能产业及相关业务将受到政府支持，进一步迎来有利宏观环境。

5. 健身及可穿戴设备

（1）健身及可穿戴设备的市场需求。

我国智能耳机、智能手表等健身及可穿戴设备需求量、出货量持续增加，市场前景好。2019—2022 年，我国智能耳机、儿童智能手表、成人智能手表需求量均持续增加。IDC《中国可穿戴设备市场季度跟踪报告（2022 年第三季度）》显示，2022 年第三季度，智能手表市场出货量为 1080 万台，同比增长 1.8%。根据 ABIResearch 的数据，到 2022 年，可穿戴设备市场的出货量将达到 3.449 亿台，其中运动、健身和健康追踪器处于领先地位。健身和消费科技已经通过无缝的方式融合在一起，人们可以使用设备来追踪日常健身目标，并让自己参与活动和锻炼。技术大大地扩展了追踪和测量运动健身的方法。

（2）健身及可穿戴设备的应用前景。

一是可穿戴设备已在运动健身领域的基础上拓展至其他领域。随着过滤空气、让用户保持温和、在危险或需要帮助时提醒相关方等设备和技术进入市场，可穿戴设备已经超越了健身领域。如今可穿戴消费科技包括智能手表、健身追踪器、心率监测器和科技服装等。新冠疫情增加了基于健康的技术使用需求。消费者希望掌握自己的日常健康状况，技术使他们能够做到这一点。连接的健康监测设备有助于跟踪许多生命体征，如心率、血压、体温、水合作用等，新冠疫情使人们对健康的监测成为一个新的关注点，而不仅是健身活动。新冠疫情加速了为创新者提供替代形式的医疗服务，如远程监测和虚拟健康提供资金。近年来，我国可穿戴设备出货量一直保持增长趋势。数据显示，2021 年我国可穿戴市场出货量近 1.4 亿台，同比增长 25.4%，预计 2022 年我国可穿戴设备出货量约为 1.57 亿台。

二是可穿戴设备企业横向切入养老医疗行业，将为行业提供如血氧、心率、睡眠等生物体征全天候在家监测技术。《"十四五"国家老龄事业发展和养老服务体系规划》重点提出研发穿戴式动态心电监测设备和其他生理参数检测设备，发展便携式健康监测设备、自助式健康检测设备等健康监测产品，开发新型信号采集芯片和智能数字医疗终端。在降低医疗卫生成本的同时，能为用户打造智能化、定制化、可追踪的医疗卫生服务，形成可穿戴设备企业、医疗卫生机构和用户均能获益的局面。

三是下游应用，如工业、信息娱乐等行业正在加快产业转型升级。部分传统工业在过去的发展中信息化、技术化、智能化程度较低，目前相应行业的转型升级以及相关规划政策的陆续出台，也为可穿戴设备行业内优质的企业带来发展机遇。

6. 自动驾驶及汽车技术

自20世纪初出现以来，各种类型的机动车辆已成为世界上大多数社会最重要的消费技术形式之一。随着技术的进步，机动车也在进步，机动车现在普遍拥有高科技功能，如内置GPS、自动驾驶功能、自动刹车、车道传感器、后视摄像头、动力转向，以及一系列增强安全性和舒适性的在线和离线功能。自动驾驶技术的突破，是影响汽车行业未来发展的重要变量。

对于中国而言，以华为为代表的通信企业在5G技术方面世界领先，且4G和5G基站数量多，覆盖广，根据工业和信息化部日前公布的数据，截至2022年11月末，5G基站总数达228.7万个，比2021年末净增86.2万个，占移动基站总数的21.1%，中国政府大力推行5G网络、物联网、卫星互联网、数据中心、智能交通基础设施等新型基础设施建设，在道路的改造方面坚决推行5GLTE-V2X技术标准，支持从LTE-V2X向5G-V2X平滑演进。2020年2月《智能汽车创新发展战略》预计到2025年，智能交通系统和智慧城市相关设施建设将取得积极进展，车用无线通信网络（LTE-V2X等）实现区域覆盖，新一代车用无线通信网络（5G-V2X）在部分城市、高速公路逐步开展应用，高精度时空基准服务网络实现全覆盖，意味着中国有望率先在网联化维度取得突破。随着互联网通信技术以及智能交通技术的快速发展，机动车逐渐变为集成各种信息源的载体。人工智能技术的突飞猛进和车联网应用的大范围普及促进了语音交互准确率、响应速度、便利性的大幅提升。

放眼当下，全球消费市场仍将在诸多不确定当中演进，人类正处于新一轮的科技革命和产业变革之中，经济发展方式和经济结构正发生着重大而深刻的变化。随着5G通信技术、云计算、人工智能、IoT等为代表的新技术的发展和成熟，消费行业多赛道融合、客群多元化、服务精细化的趋势会更加明显，企业和品牌数字化赋能的需求跟动力会持续增加。传统消费形态也会发生新一轮的迭代进化。消费科技的本质即前沿科技的终端执行，将比单纯的消费和科技更有机会。传统粗放式的产品定位和营销方式将不再能满足消费者的消费需求，企业将围绕消费者行为模式、线上流量、消费场景等组成的创新商业模式不断为消费者提供新的产品及消费体验。诸如人格化品牌模式、在线直播等都将推动消费科技的快速发展，为全球的消费科技企业带来迭代进化的机会。展望未来，消费与科技的交集会越来越多，科技赋能消费，消费放大科技，科技消费时代已经到来。因此，我国需要抢占新一轮科技革命和产业变革先机，牢牢掌握发展的主动权，如此才能在知识技术创新能力竞争日益激烈的形势下，增强综合国力，实现中华民族伟大复兴的目标。

四、智能制造

党的二十大报告指出，推动制造业高端化、智能化、绿色化，发展智能制造，是建设现代化产业体系，实现高质量发展的内在要求。中国的智能制造正在起步阶段，虽近十年来取得长足进步，但仍存在不少问题和挑战。需要正视我国智能制造发展的不足，努力跻身国际一流智能制造大国，为国内营造优质的研发土壤，为技术人才提供发展的空间。政府、高校、企业需要多方携手，加强跨界合作，深化科研体系改革，为我国迈向以智能制造为生产力核心的工业时代打好坚实的基础。

（一）智能制造产业现状

世界处于百年未有之大变局，国际环境日趋复杂，全球科技和产业竞争更趋激烈,大国战略博弈进一步聚焦制造业,均以智能制造为主要抓手,力图抢占全球制造业新一轮竞争制高点。

1. 世界加强智能制造的战略部署

工业4.0概念最先由德国于2011年提出,本质是以机械化、自动化和信息化为基础,建立智能化新型生产模式与产业结构。德国将标准化工作排在工业4.0八大关键领域的首位,持续发布四版《工业4.0标准化路线图》。美国2012年以来持续发布智能制造系列战略,2022年10月发布了《先进制造业国家战略》,更加突出强调为美国制造业注入新活力的重要性以及构建制造业供应链弹性的紧迫性。2021年11月,俄罗斯发布了《制造业数字化转型战略方向》,规定在生产实践中积极应用人工智能、新型制造等6项关键创新技术,并设置智能制造项目建立高效系统,提高劳动生产率,减低生产成本。2020年3月,欧盟委员会发布了《欧洲新工业战略》,旨在帮助欧洲工业向气候中立和数字化转型,并提升其全球竞争力和战略自主性。日本定期发布《制造业白皮书》。2018年版《制造业白皮书》强调通过连接人、设备、系统、技术等创造新的附加值,正式明确将互联工业作为制造业发展的战略目标。2020年版《制造业白皮书》中指出推进以数字技术适应外部环境变化,提高日本制造企业动态适应能力。

各国均注重智能制造顶层设计,打造多方共同参与的生态发展环境,并呈现出各自的不同特征。德国注重通过智能化手段对生产方式流程再造,美国注重应用前沿科技旨在引领全球数字化转型,欧盟注重建立单一市场及提升行业竞争力,俄罗斯注重技术研发夯实转型基础,日本注重提升某个制造环节的智能化与数字化程度。

2. 我国智能制造取得的成就与存在的问题

2021年12月,工业和信息化部、国家发展改革委等八部门印发《"十四五"智能制造发展规划》。该规划指出,近十年来,我国智能制造发展取得长足进步。供给能力不断提升,智能制造装备市场满足率超过50%,主营业务收入超10亿元的系统解决方案供应商达40余家。支撑体系逐步完善,构建了国际先行的标准体系,发布国家标准 285 项,牵头制定国际标准 28 项;培育具有行业和区域影响力的工业互联网平台近 80 个。推广应用成效明显,试点示范项目生产效率平均提高 45%、产品研制周期平均缩短 35%、产品不良品率平均降低 35%,涌现出离散型智能制造、流程型智能制造、网络协同制造、大规模个性化定制、远程运维服务等新模式新业态。但与高质量发展的要求相比,智能制造发展仍存在供给适配性不高、创新能力不强、应用深度广度不够、专业人才缺乏等问题。

3. 智能制造技术的四个阶段

智能制造是基于新一代信息通信技术与先进制造技术深度融合,贯穿设计、生产、管理、服务等制造活动的各个环节,具有自感知、自学习、自决策、自执行、自适应等功能的新型生产方式。智能制造发展需经历自动化、信息化、互联化、智能化四个阶段(见图 5-5)。自动化是指淘汰、改造低自动化水平的设备,制造高自动化水平的智能装备;信息化是指产品、服务由物理到信息网络,智能化元件参与提高产品信息的处理能力;互联化是指建设工厂物联网、服务网、数据网、工厂间互联网,装备实现集成;智能化是指通过传感器和机器视觉等技术实现智能监控、决策。

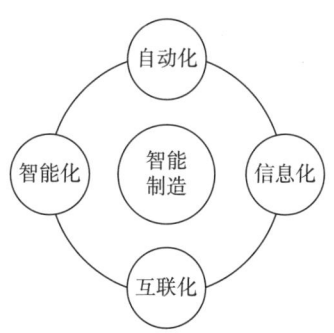

图 5-5 智能制造技术的四个阶段

资料来源:前瞻产业研究院。

经过多年培育，我国智能制造已经取得长足进展。总体来看，我国智能制造发展从初期的理念普及、试点示范阶段进入试点示范引领、供需两端发力、多方协同推进的新阶段，通过深入推进数字化转型行动、大力实施智能制造工程、开展工业互联网创新发展行动，制造业重点领域的智能化水平不断提升。

4. 中国智能制造行业产业链分析[①]

智能制造产业链涵盖智能装备（工业机器人、数控机床、服务机器人、其他自动化装备）、终端通信及设备（机器视觉、传感器、RFID、工业以太网）、工业软件（ERP/MES/DCS 等）、3D 打印以及将上述环节有机结合的自动化系统集成及生产线集成等。从产业的产业链上下游来分析，中国智能制造行业的产业链上游行业主要为基础硬件、感知层次的相关硬件产品、智能制造装备和工业软件；中游行业则是智能制造装备供应商和智能制造解决方案提供商等系统集成服务提供商；下游领域主要为市场需求方，包括交通装备、电子信息、生物医药等行业。

5. 中国智能制造行业投融资活跃度

频出的政策和切实的需求带来行业利好，智能制造产业投融资活动持续保持热度。据 e-works 不完全统计，2022 年中国智能制造产业投融资交易数量高达 531 起，各细分赛道百花齐放、热点频出。2022 年智能制造领域发生的投融资事件共计 531 起，其中融资事件 364 起，并购事件 41 起，32 家企业已成功上市，94 家企业已经进入上市流程。其中，364 起融资的交易金额约达 377.8 亿元，融资企业类别以企业应用软件及服务、通用智能装备及集成解决方案、专用智能装备及智能产线集成和工业物联网与传感器应用类别的企业为主。

（二）中国智能制造"两步走"战略目标

到 2025 年，规模以上制造业企业大部分实现数字化网络化，重点行业

[①] 夏才艳：《2022 年中国智能制造行业全景图谱》，前瞻产业研究院，https://www.qianzhan.com/analyst/detail/220/220711-97942471.html，2023 年 4 月 11 日最后访问。

骨干企业初步应用智能化；到2035年，规模以上制造业企业全面普及数字化网络化，重点行业骨干企业基本实现智能化。《"十四五"智能制造发展规划》提出了我国智能制造"两步走"战略，提出了一系列具体目标。其中，到2025年的具体目标为：一是转型升级成效显著，70%的规模以上制造业企业基本实现数字化网络化，建成500个以上引领行业发展的智能制造示范工厂；二是供给能力明显增强，智能制造装备和工业软件市场满足率分别超过70%和50%，培育150家以上专业水平高、服务能力强的智能制造系统解决方案供应商；三是基础支撑更加坚实，完成200项以上国家、行业标准的制修订，建成120个以上具有行业和区域影响力的工业互联网平台。

（三）中国智能制造发展面临的挑战

我国制造业正在积极适应智能制造发展的新趋势，并且在一些关键领域和技术上抢占了优势地位。但与发达国家相比我国还有较大差距，体现在以下几个方面。一是智能制造基础理论和技术体系建设滞后。目前，我国主要侧重智能制造技术追踪和技术引进，而基础研究能力相对不足，对引进技术的消化吸收力度不够，原始创新匮乏；控制系统、系统软件等关键技术环节薄弱，技术体系不够完整。二是我国发展智能制造的数字化基础较为薄弱。制造业发展整体上还处于由机械自动化向数字自动化过渡阶段。三是关键技术和核心部件受制于人，高端软件产品缺乏。高端传感器、智能仪器仪表、高档数控系统、工业应用软件等市场份额不到5%。我国制造业的"两化"融合程度较低，低端CAD软件和企业管理软件得到很好的普及，但应用于各类复杂产品设计和企业管理的智能化高端软件产品缺失，在计算机辅助设计、资源计划软件、电子商务等关键技术领域与发达国家差距依然较大。四是企业系统集成能力较薄弱。缺乏像西门子、GE一样的国际级大型企业，质量和水平不高。五是企业生产管理模式智能化转型存在明显弱项，智能制造人才队伍不健全。人才缺口大、培养机制跟不上、现有制造业人员适应智能制造要求的转型难度较大，同时存在"软硬结合度"较弱、"技能偏科"现象。教育部、人力资源和社会保障部、工业和信息化部联合发布的《制造业人才发展规划指南》预测，到 2025 年，高档数控机床和机器人有关领域人才缺口将达 450 万人，人才需求量也必定会在智能制造不断深化中变得更大。六是标准体系不健全，国际话语权较弱。我国正在逐步构建智能制造标准体系，已经发布国家标准 285 项，牵头制定国际标准 28 项，石化、建材、纺织等 14 个细分行业构建了智能制造标准体系，但大多行业领域智能制造标准体系仍不健全。长期以来，我国处于全球产业价值链的低端位置，在国际制造标准领域中的话语权和影响力较弱，在国内智能制造标准与国外标准体系对接与互认方面仍有待加强。

（四）推动智能制造高质量发展举措建议

一是多方面携手，调整人才培养方式。高校应注重实践能力，加强校企合作，制造业是一个实践性非常强的行业，高校可以在课堂教学的基础上，与企业开展更多合作，共同推进理论与实践的结合，用真实案例提升学生实操能力；企业应提升管理水平，采用敏捷组织实现跨部门合作，为员工创造人机协同的工作机会，激发员工的主动性和创造力，以助其养成主动思考和利用技术创新的习惯；人才个体应积极掌握数字化技能，提升职场竞争力，加强对生产场景的深入了解，学习如何把生产场景需求转化为数字化解决方案。

二是加强多部门协同联防联控，并根据具体情况制定更为细节和差异化的政策，进一步明确各领域各环节的责任体系，形成完善的智能制造发展促进制度体系。

三是进一步深化科研体制改革，加强科研机构和智能制造产业界的联动，通过提高国家系统自主创新能力来推动关键领域的技术"瓶颈"突破。强化人工智能、认知科学、仿生制造等基础研究，推动制造技术、信息技术在智能制造中深度融合发展。聚焦制造业企业生产全过程，以"揭榜挂帅"方式集中资源，攻克一批共性和关键技术，突破精密加工等先进工艺技术。围绕工业母机、智能传感等关键领域，整合资源力量建设智能制造领域制造业创新中心、技术创新中心、工程研究中心等创新载体。

四是强化企业市场主体地位，激发企业推进智能制造的内生动力；进一步完善相关领域的竞争和退出机制等，全面布局有利于智能制造产业发展的市场体系。

五是强化支撑体系建设，为智能制造发展提供重要保障。加强标准体系建设，包括加强基础共性、关键技术和行业应用标准制修订和试验验证，积极推广标准的实施和标准应用试点示范。积极参与国际标准合作，参与国际标准的制定。加强数字化人才培养，深化产学研协同发展机制，构建体系化的培养方案，依据行业应用需求，提升教学内容与行业应用契合度，培养出一支规模庞大的智能制造人才队伍。

（五）智能制造领域未来发展趋势[①]

趋势一是智能制造软件市场规模高速增长。相关数据显示，中国智能制造软件市场规模2022年超过2600亿元，并保持每年15%左右的增长速度，2025年可以成长为4000亿元体量的市场。其中生物制药、集成电路等细分行业是2022年的热门需求行业。

趋势二是"双碳"契机加速智能制造发展。作为先进生产力代表的智能制造，与"双碳"关系密切。智能制造智慧园区通过能效管理系统节能提效，"双碳"理念将深入产品、技术、营销等诸多方面。

趋势三是抓住产业链协同市场。产业链数字化是继部门信息化、企业信息化、企业数字化之后的下一个数字化方向。用数字技术升级产业链上下游的传统交互模式，产品上下游共同协作，构建高弹性、强协同、抗压能力强的产业链势在必行。海比研究院数据显示，头部软件及云企业中至少30%已经意识到这种市场转变并积极作出应对。未来，企业需要把目光从"企业内"转向"企业间"，抓住产业链协同市场。

趋势四是AR&MR等人机交互技术带动用户体验升级。如何将数字环境中的人、体验和业务结合起来，持续创造更好的用户体验成为企业管理

[①] 海比研究院：《2022中国智能制造领域十大趋势》，中智观察，https://www.163.com/dy/article/GT4QL91L053109Y0.html，2023年4月11日最后访问。

的重点关注对象之一。AR&MR等人机交互技术大有作为，沉浸式交互方式可以给制造业用户带来全新的体验。应用场景包括AR设备管理、AR培训、AR巡点检、AR远超诊断等。

趋势五是数据安全关注度进一步加强。数据是DT（数据技术）时代的基石，数据安全作为其数据治理的重要组成部分，关乎数据治理的成败。无论是出于业务发展的内在需要，还是《数据安全法》等外部合法合规要求，如何做好数据安全治理，保障数据安全，是制造企业和智能制造软件企业重视的问题。

趋势六是"专精特新"企业值得所有企业关注。2023年，会有更多具有核心技术的"专精特新"制造企业迎来新发展，他们是智能制造的重要新市场。

趋势七是产品价值链的延伸拓展将成为新的动力。过去，制造过程利润较低，研发和服务阶段的利润较高。智能制造将为企业拓展价值空间。一是通过产品智能化升级和产品智能设计，实现产品创新，提升产品价值；二是通过产品个性化定制、产品使用过程的在线实时监测、远程故障诊断等智能服务手段，创造新价值，拓展价值链。

趋势八是创新模式与产融互动将更具开放性。在大规模、多样化的个性化需求被创造出来的新经济模式下，供应商、合作伙伴等利益相关者也越来越多地参与企业的价值创造活动。众包或者群体创造将以开放的平台，聚合用户、供应商、合作伙伴以及员工的智慧，发挥企业内部和外部群体创造的力量，迸发出工业经济时代无法想象的力量。与此同时，创新模式将引来资本的关注，未来制造业将产生大量并购和整合，产业集中、结构优化、规模经济等产业效应日益彰显。

趋势九是共享经济模式将成为制造业转型新方向。传统制造业以产品和生产为核心的商业模式已经在向以消费者为核心，以"生产+服务"为本转变，产业竞争也从单一环节向产业的生态竞争转变，以共享经济模式为代表的无工厂的制造商和微型跨国公司逐步崛起。

趋势十是"智能应用工程师"将取代"熟练工种"。随着数字化研发设计管理工具的普及，员工需要具备应对智能制造的基本素质，计算机辅助设计/制造/模拟仿真分析/工艺过程设计（CAD/CAM/CAE/CAPP）、生产过程执行管理系统（MES）、企业资源计划（ERP）等工具的运用已经成为员工的基本能力要求，数字化建模、精益专员、逆向造型、3D打印、精密测量与检验岗位越来越重要。一些传统岗位在生产中的作用将逐渐弱化，甚至消失，企业"熟练工种"将减少，员工将更多地从事产品设计、工艺优化、生产系统管理等工作。

智能制造是中国乃至世界走向下一个工业时代的前瞻领域，已经在各行各业展示了它对人类社会的潜力。目前世界各国都投入了不菲的资源研究智能制造，力求解放生产力，为人类生活提供更好的体验和服务，并给予人类的创造力和想象力更大的发挥空间。智能创造存在无限可能，虽然我国在这个领域坚持不懈地投入和发展，但仍存在很多客观问题和挑战，需要万众一心，冲破封锁才能不断突破，破茧成蝶！

第六章 重点关注企业

综观全球，所有跻身发达国家的经济体，无一不是依靠工业化来实现现代化。因此，以制造业为代表的实体经济的高质量发展，对于实现中国式现代化、走向民族复兴具有重要意义。

事非经过不知难。2022年，是非常特殊的一年，战疫情、抗大灾、稳经济、闯难关、应变局、化危机，承压前行，国家如此，企业更是如此。作为已经形成较为完善企业网络的当代中国特色新型智库，蓝迪认为，勇气和相信是这一年的核心。因为勇气，是生命在艰难时间奋不顾身的相信。相信，是时间赋予生命坚韧恒久的勇气。为此，蓝迪国际智库将坚定信念化为无声行动，更加注重挖掘头部企业、"独角兽"企业及相关的产业链上下游配套企业，按照"区域+国家"的合作模式，匹配企业在发展过程中所需的核心要素资源，并与之建立紧密的合作关系，提供战略咨询、市场推广与业务拓展、投融资平台对接、政府公关等涵盖企业发展全生命周期的多样化服务。

蓝迪平台重点关注、推荐的企业主要包括三个领域：一是能抵御环境风云变幻，尽管风高浪急却磐石般稳步前行的基石企业，比如全球智慧能源管理领域的技术领跑者远景能源科技有限公司和晶科能源股份有限公司，聚焦"军工电子主力军、网信事业国家队、国家战略科技力量"三大定位的中央企业中国电子科技集团有限公司，以"为生命健康提供产品与服务"为使命的养生堂有限公司，国内智能缆网、智能电池、智慧机场龙头/领军企业远东控股集团有限公司等10家企业。二是"专精特新"企业。随着2022年北京证券交易所的成立，"专精特新"成为新的热门词，频上热搜。通过引导中小企业"专精特新"发展，即主营业务专注专业、经营管理精细高效、产品服务独具特色、创新能力成果显著，培育一批主营业务突出、竞争力强、成长性好的专精特新"小巨人"引导成长为制造业单项冠军。在"挖掘—培育"的基础上，蓝迪重点关注了广联达科技股份有限公司、安世亚太科技股份有限公司、广东合一新材料研究院有限公司、柒贰零（北京）健康科技有限公司、布瑞克（苏州）农业互联网股份有限公司、特来电新能源股份有限公司等10家公司。未来，将发挥智库的平台优势，进一步激发企业活力和发展动力，助推企业转型升级。三是创新企业。全球竞争日益复杂化，重要产业链、供应链安全直接危及国家安全。国家鼓励自主创新，坚持科技自立自强，走出一条创新引领高质量发展的现代化之路。为此，蓝迪企业平台加大力度关注创新企业，积极支持科技型骨干企业发挥引领支撑作用。

一、基石企业

（一）中国电子科技集团有限公司

中国电子科技集团有限公司（简称中国电科）是中央直接管理的国有

重要骨干企业，是我国军工电子主力军、网信事业国家队、国家战略科技力量。中国电科拥有电子信息领域相对完备的科技创新体系，在电子装备、网信体系、产业基础、网络安全等领域占据技术主导地位，肩负着支撑科技自立自强、推进国防现代化、加快数字经济发展、服务社会民生的重要职责。目前，中国电科拥有包括47家国家级研究院所、16家上市公司在内的700余家企事业单位；拥有员工20余万名，其中55%为研发人员；拥有41个国家级重点实验室、研究中心和创新中心；拥有一批国内一流的中试线、生产线、装配线和机加工中心，形成了比较完整的研究、设计、试制、生产及试验能力体系，有完备的质量保证体系。取得了一批领先或接近国际水平的重大科技成果，在一些关键技术领域，始终保持着国内领先、国际先进的地位。中国电科持续多年入选《财富》世界500强。

中国电科是电子信息行业的核心科技力量，主营包括军民用大型电子信息系统的工程建设，重大电子装备、软件、基础元器件和功能材料等的研制生产。中国电科的主营业务分为军品业务和民品业务两个方向（见图6-1）。

军品业务承担了国防和军队电子信息装备科研生产及保障任务，中国电科是国内唯一覆盖电子信息全领域的大型科技集团；国内唯一在国家海洋、太空、网络三大战略领域发挥重要作用的军工集团；国内唯一能够同时为各军兵种全方位提供信息化武器装备的军工集团；国内唯一能够为我军各种型号的装备提供各类关键元器件的企业集团。

民品业务发展也较为迅速，各产品在国内市场保持高占有率，其中安防监控产品国内市场占有率第一，视频监控产品位居国际第一，特种通信产品占据市场主导地位，国产太阳能光伏设备市场占有率达到85%以上。

2022年，中国电科主导制定发布了15项国际标准，创下了历史最好成绩，集团多项成果入选2022年"科创中国"系列榜单，为实现我国高水平科技自立自强提供了强有力的支撑。在科技创新领域，中国电科在以下三个方面取得了进展：一是在聚力打好关键技术攻坚战方面，全面提升了集成电路等重点产业链供应链的保障水平，超前布局了下一代半导体、智能

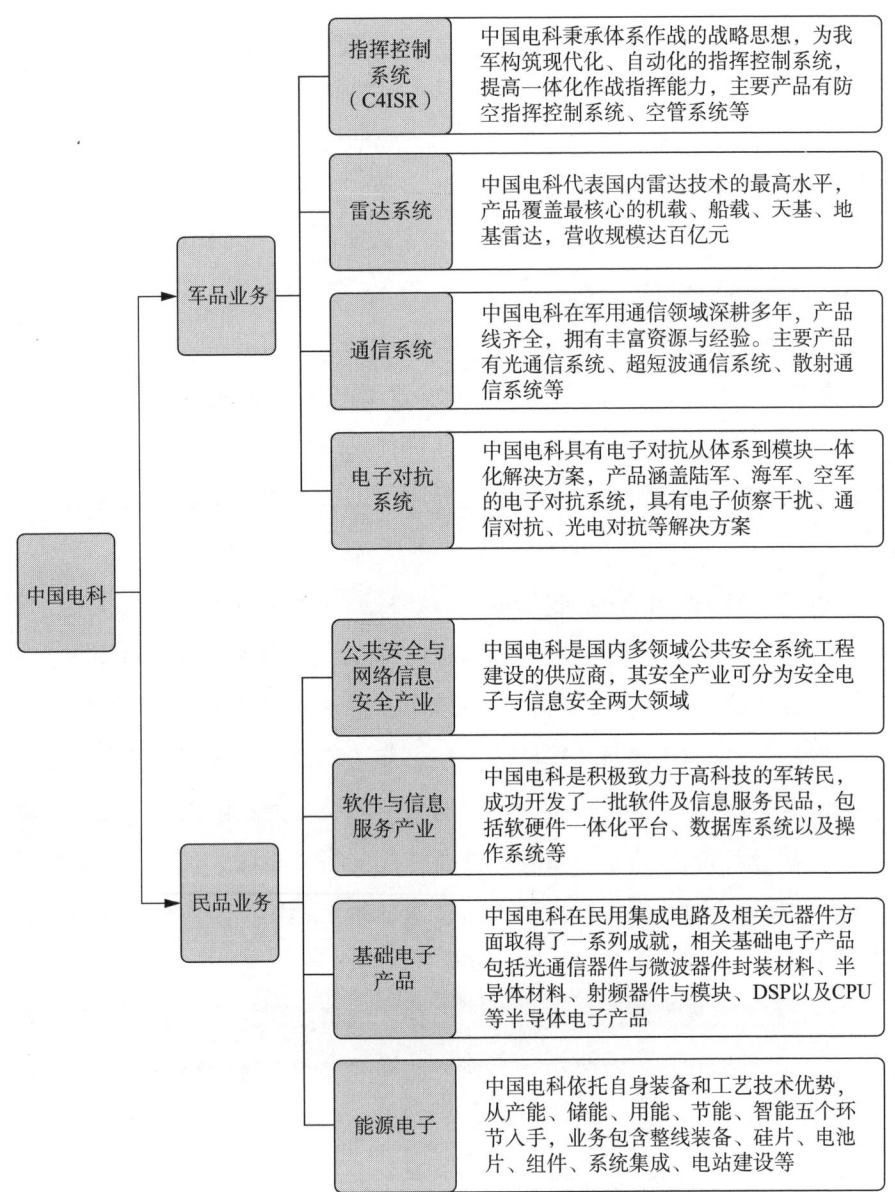

图 6-1　中国电子科技集团有限公司主要业务

资料来源：中航证券金融研究所。

科技、量子科技等新赛道。二是在加紧打造自主可控的核心设备方面，加速了离子注入机、CMP等装备规模化、系列化步伐，参与了SKA、子午工程等重大科技基础设施建设，助力我国天文射电望远镜综合观测能力跃居世界首位。三是在深入推进创新成果转化应用方面，保障了空间站在轨建造的重大任务，高质量完成了国产大飞机C919相关研制任务，加快了汽车芯片自主创新步伐。在数字经济融合领域，中国电科在以下两个方面取得了进展：一是在服务兴业数字化加速转型方面，突破了基于活性复合粒子的空气消毒技术，成功研制了系列空气消毒机产品；在智慧农业、数字水利、智能制造、金融科技、智慧文博等领域加速培育了一批数字化转型标杆；助力民航空管系统"走出去"实现历史性突破。二是在赋能数字社会精准治理方面，承建了首个"东数西算"工程国家级枢纽节点项目，支撑了全国超九成法院类案智能决策，推动了新型智慧城市解决方案在30余个中大型城市落地推广。

蓝迪国际智库专家委员会主席赵白鸽出席中国电科举办的数字中国建设峰会

未来，蓝迪国际智库将持续深化与中国电科的务实合作，助力中国电科在"电子装备、网信体系、产业基础、网络安全"四大重点业务领域的关键核心技术攻坚方面取得更大的突破，在实现国家信息安全自立自强的基础上，着力服务武器装备机械化、信息化、智能化融合发展，着力提升产业链、供应链现代化水平，加快服务国家经济数字化发展迈向更高水平，为全面建设社会主义现代化国家开好局、起好步，坚定不移做强做优做大，使其成为新形势下不可阻挡的国家战略科技力量。

（二）海尔集团

海尔集团创立于1984年，是全球领先的美好生活和数字化转型解决方案服务商，致力于携手全球一流生态合作方持续建设高端品牌、场景品牌与生态品牌，构建衣食住行康养医药等物联网生态圈，为全球用户定制个性化的智慧生活。海尔连续四年作为全球唯一物联网生态品牌蝉联"BrandZ最具价值全球品牌100强"，连续十四年稳居"欧睿国际全球大型家电零售量"第一名，2022年全球营业收入达3506亿元，品牌价值达4739.65亿元。海尔集团始终以用户为中心，在全球设立了10大研发中心、71个研究院、33个工业园、133个制造中心和23万个销售网点，深入全球160个国家和地区，服务全球10亿+用户家庭。海尔集团旗下有4家上市公司，子公司海尔智家位列《财富》世界500强和《财富》全球最受赞赏公司。

集团拥有海尔Haier、卡萨帝Casarte、Leader、GE Appliances、Fisher & Paykel、AQUA、Candy七大全球化高端品牌，并拥有全球首个场景品牌"三翼鸟THREE-WINGEDBIRD"。海尔集团构建了全球引领的工业互联网平台卡奥斯COSMOPlat和大健康生态品牌盈康一生，旗下创业加速平台海创汇已成功孵化7家独角兽企业、102家瞪羚企业和120家专精特新"小巨人"。海尔集团作为实体经济的代表，持续聚焦实业，布局智慧住居和产业互联网两大赛道，建设高端品牌、场景品牌与生态品牌，以科技创新为全球用户定制个性化智慧生活，助推企业实现数字化转型，助力经济社会高质量发展、可持续发展。2019年以来践行的生态品牌战略，让海尔集团面对复杂多变的大环境，迸发出不一样的发展韧性和活力，在智慧住居、产业互联网、大健康等领域，交出了高质量发展的成绩单。

在智慧住居领域，海尔智家聚焦"智能家电→智慧家庭→智慧生活"，首发"1+3+5+N"全屋智慧全场景解决方案，持续创新用户体验：在中国市场，全年实现零售逆势增长10%，市场份额达27.2%；在海外市场，北美、西欧、中亚等均以超行业平均增速2倍以上的速度增长。在产业互联网领域，卡奥斯工业互联网平台连续四年蝉联全国"双跨"工业互联网平台榜首，打造从场景、企业、园区到行业以及城市经济的数字化解决方案，链接企业90万家、服务企业8万多家，"1+N+X"工赋模式"青岛能突破、山东能推广、全国能借鉴"。在大健康领域，依托盈康生命、海尔生物两家上市公司，构建"设备+服务+平台"健康产业生态。此外，海纳云打造出城市安全风险综合监测预警平台，为智慧城市发展保驾护航。

持续聚焦科技创新为海尔集团的高质量发展提供了坚实基础和支撑。2022年，海尔集团所获中国专利金奖增至11项，海外发明专利超1.6万件，均为行业第一；累计主导和参与国际标准发布97项、国家标准和行业标准发布706项；实现气悬浮压机、零嵌冰箱、航空温控等原创技术重大突破，新增"国际领先"技术鉴定23项，累计264项，位居行业第一。同年，海尔集团入选2022《财富》中国ESG影响力榜，积极发挥行业引领带头作用。

2022年3月2日，蓝迪国际智库一行赴青岛考察调研，与海尔集团董事局副主席谭丽霞进行了深入交流，深入了解了海尔集团近年来在工业互联网、电动汽车、医疗装备等领域的探索成果以及海尔集团在新的国际形势下所关心的问题。蓝迪国际智库专家委员会主席赵白鸽分享了蓝迪专家对于未来重点关注产业赛道的判断，如家庭机器人、全自动新能源汽车、柔性显示、3D打印等，并肯定了海尔集团在深耕实体经济、持续开拓创新，在装备制造、生命健康等多领域取得的丰硕成果。

海尔集团超前布局工业互联网融合应用，针对智能家居、智能制造、

**蓝迪国际智库专家委员会主席赵白鸽与海尔集团董事局主席、
首席执行官张瑞敏进行交流**

数字医疗、智慧医疗及生物安全等领域进行重点技术探索和创新,并取得丰硕成果。未来,蓝迪国际智库希望携手海尔集团在国际技术交流、国际市场推广、国际质量合规性认证等领域深入合作,共同践行科技改变生活使命,助力工业互联网高质量融合应用及健康中国愿景早日实现。

(三)浪潮集团有限公司

浪潮集团有限公司(简称浪潮集团)成立于1989年2月,是中国领先的云计算、大数据服务商。业务涵盖云数据中心、云服务大数据、智慧城市、智慧企业等业务板块,形成了覆盖基础设施、平台软件、数据信息和应用软件四个层面的整体解决方案服务能力,全面支撑政府、企业数字化转型,已为全球120多个国家和地区提供IT产品和服务。面对经济主战场数字化转型的机遇,浪潮聚焦智慧计算,创新算力供给模式,充分利用并发挥在数据中心核心装备、整体解决方案以及AI计算全栈能力的领先优势,能够较好地满足经济转型时期的算力需求,迎来发展机遇。同时,利用JDM模式打通需求、研发、生产、交付环节,融合供需业务链,为用户提供全程定制化的产品和服务，高效满足用户需求。

浪潮集团旗下拥有浪潮电子信息产业股份有限公司（简称浪潮信息）、浪潮软件股份有限公司（简称浪潮软件）、浪潮国际有限公司（简称浪潮国际）3家上市公司以及300余家非上市子公司，其中包括正在进行上市辅导的浪潮云信息技术股份有限公司（简称浪潮云）。浪潮信息以"智慧计算"为战略，通过"硬件重构+软件定义"的算力产品和解决方案、构建开放融合的计算生态，为客户构建满足多样化场景的智慧计算平台。浪潮软件着力于提供行业信息化综合解决方案，在司法系统、电子政务、通信、分行业ERP、金融、烟草等行业或领域拥有自主版权解决方案或应用软件30余种。浪潮国际主要业务为开发软件及提供软件外包服务。浪潮云以混合云管理模式为基础，为用户提供安全防护机制和服务能力，致力于为用户提供企业信息化服务推广能力。

浪潮集团的主要产品包括服务器和存储、浪潮云、应用软件产品和企业解决方案。浪潮集团提供的多种服务器和存储产品，包括高性能计算服务器、云服务器、超融合存储、闪存存储等。浪潮的服务器产品2021年全年位居全球前二，持续以超30%的市场占有率领跑中国市场；浪潮的存储产品在2021年销量位居全球前五，在全球第二存储市场排名第二。浪潮云主要运用在政务云市场和企业云市场，截至目前，浪潮云已成为中国政务云市场的推动者与领跑者，覆盖245个省市，服务20000余个政府部门，承载60000余个政府应用，蝉联国内政务云市场以及数字政府数字治理市场份额第一。在企业云方面，浪潮云针对企业最为关注的数据安全、服务稳定、成本控制，以及迁移上云方案复杂、业务重构难度大等问题，提供基础设施、平台系统、业务应用及终端设备的全景上云产品，目前已为128万家企业提供上云服务。在应用软件产品方面，浪潮国际充分发挥新一代信息技术的优势，基于丰富的应用实践，融合多业务场景数据，运用人机交互、智能RPA等技术，提升财务云、人力云、采购云、协同云、财资管理云、差旅云、税管云等产品数字化、智能化体验，加速推动大型企业数字化转型。在企业解决方案方面，浪潮集团提供多种物联网产品和解决方案，包括物联网平台、物联网终端、物联网应用等。除此之外，浪潮集团还提供包括智慧城市、智慧交通、智慧医疗等在内的行业解决方案，以及IT咨询、IT培训等服务。

2022年，浪潮持续深耕政府、企业、行业数字化转型领域，助力数字经济健康发展，赋能千行百业。在2022年世界互联网大会上，浪潮集团发布了数字孪生平台、大禹站系列产品、智稷农业产业互联网平台等十余项新产品、新技术、新方案，展现出助力我国数字经济发展的智慧与实力。2022年浪潮集团也获得了多项荣誉奖项：浪潮集团凭借在新一代信息技术领域的创新实力和突出市场地位，获评2022年度ICT产业影响力企业奖、入选"2022中国软件和信息服务业十大领军企业"；浪潮基层智慧治理平台荣获2022数博会领先科技成果"优秀项目"等。

浪潮集团是我国电子信息产业的国家队和主力军，也是最早一批积极参与"一带一路"实践的蓝迪国际智库平台企业，在云计算、大数据、人工智能、区块链、5G等领域始终发挥引领作用。未来，将继续围绕新一代信息技术加大投入布局，提升全线数字产品的服务能力，全力助推数字经济赋能产业高质量发展。蓝迪国际智库将继续关注浪潮集团的技术创新、标准建设，并积极搭建国内外技术交流合作平台，积极助力浪潮集团开拓新的国内国际市场，让更多的科技成果服务民生，造福百姓；助力企业品牌走出国门，走向世界。

（四）晶科能源股份有限公司

晶科能源股份有限公司（简称晶科能源）是一家成立于2006年，于2022年在上海证券交易所科创板上市的全球知名并极具创新力的太阳能科技企业。秉承"改变能源结构，承担未来责任"的使命，公司战略性布局光伏产业链核心环节，聚焦光伏产品一体化研发制造和清洁能源整体解决方案提供，销量领跑全球主流光伏市场。

晶科能源主要业务包括以下三大板块：一是光伏产品板块，主要生产多晶硅和单晶硅光伏电池、组件及光伏材料。其中，单晶硅组件和电池是公司的核心产品之一，采用高效 PERC 技术，具有较高的转换效率和出色的耐久性。同时，公司的多晶硅组件和电池也具有良好的性价比和可靠性。二是系统集成板块，主要提供一站式光伏系统解决方案，包括光伏电站的设计、建设、运营和维护。晶科能源拥有丰富的光伏电站建设经验和专业的团队，能够为客户提供量身定制的光伏系统解决方案。三是光伏电站板块，公司建设和运营具有自主知识产权的光伏电站，涵盖了地面电站、屋顶电站、渔光互补电站等多种形式。晶科能源在光伏电站的建设、运营和维护方面拥有先进的技术和经验，并致力于提供最优质的服务。

晶科能源的核心产品包括高效多晶硅太阳能电池、晶硅太阳能模块、智能太阳能解决方案等。公司的产品服务于全球 160 余个国家和地区的 3000 余家客户，多年蝉联全球组件出货量冠军。截至 2022 年 12 月，公司组件出货量累计超过 130 吉瓦。晶科能源在行业中率先建立了从硅片、电池片到组件生产的"垂直一体化"产能，在中国、马来西亚、越南、美国共拥有 14 个全球化生产基地。预计截至 2023 年末，公司单晶硅片、电池、组件产能分别达到 75 吉瓦、75 吉瓦、90 吉瓦，并建立了行业最大规模的 N 型电池产能共 35 吉瓦。公司现有研发和技术人员 1000 余名，荣获了多项重要荣誉和奖项，包括"国家企业技术中心""国家技术创新示范企业""制造业单项冠军""中国制造 2025"重点领域示范企业等，主导制定了 IEC 等多项国际国内行业标准，不断拓展光伏技术的多元化规模应用场景，积极布局光伏建筑一体化、光伏制氢、储能等领域，着力打造新能源生态圈。

目前，晶科能源在技术创新和产品研发方面取得了多项创新成果。晶科能源深耕 N 型技术，立足创新，实现 26.4% 的实验室电池转化效率及 23.86% 的实验室组件转化效率，创世界纪录。2023 年 3 月，晶科能源宣布，为全球最大单体光伏电站——阿布扎比 Al Dhafra 光伏电站提供了总计 635 兆瓦高效 N 型 TigerNeo 组件。该系列组件搭载了 N 型 TOPCon 电池技术及全新设计工艺，能够为项目带来更加优异的发电增益，并减少组件阵列及占地面积，带来电站全生命周期成本的显著优化。

蓝迪国际智库专家委员会主席赵白鸽在晶科能源董事长李仙德陪同下赴晶科能源实地调研

海上光伏作为一种新的能源利用方式和资源开发模式，具有发电量高和土地占用少等特点，因此在陆地资源日益紧张的背景下，光伏的海洋环境应用将具有非常可观的前景。2023年2月，晶科能源宣布，凭借自身技术创新优势，成为国内首家开发出通过了UL海上光伏组件测试和认证的N型组件的企业，破局海上光伏市场，开启面向未来的海洋清洁能源新赛道。

晶科能源作为优秀的蓝迪平台企业代表，在光伏发电领域，无论是技术创新或产能均已处于世界领先地位，为国家"一带一路"倡议的实践作出了卓越的贡献。未来，蓝迪国际智库将继续发挥国家高端应用型智库的资源整合优势，在国家新能源产业顶层设计、国内外技术交流、对外开放等领域深化合作，为加快晶科能源的国际国内业务拓展，巩固品牌的市场竞争优势提供助力。

（五）远景能源科技有限公司

远景能源科技有限公司（简称远景能源）成立于2008年，为远景集团的全资子公司，是全球领先的智慧能源技术解决方案提供商，业务范围包括智能风机的研发与销售、智慧风场管理软件服务、智慧风电技术开发、智慧风电资产管理服务、智能电网、储能电池、能源管理系统等，研发能力和技术水平已处于全球领先地位。远景能源在"2020中国民营企业500强"榜单上位列第434位。2020年，远景能源营业收入232亿元。2021年，远景能源位列《财富》杂志"改变世界的公司"全球榜单第二位。2019年，远景能源荣登全球权威机构《麻省理工科技评论》"2019年全球50家最聪明公司"榜单前十。远景能源设立于中国、美国、德国、丹麦、新加坡、日本等国家的研发中心，引领全球绿色科技创新与最佳实践。

远景能源的主营业务包括智能风机、智慧风场、分布式风电、智慧储能四大领域。在智能风机领域，远景能源利用自主研发的核心智能控制技术，设计制造出"能感知、会思考、自学习、可判断和决策"的智能风机产品，彻底突破并超越了传统风机的技术禁锢，使风机能量捕获提升15%，成为中国低风速风电及分布式风电市场的先行者。在智慧风场领域，远景能源基于在风电领域深厚的技术积累与EnOS™能源物联操作系统，打造智慧风场产品，提供风电场全生命周期整体解决方案。覆盖风场选型选址、资源评估、工程设计、工程建设、资产运营等环节，建立全生命期风场数据闭环验证体系，实现风场投资的误差量化与风险规避，不断提升和改进风场投资收益率。在分布式风电领域，远景能源研发了远景分布式智能风机，凭借一系列先进智能技术将风电机组全生命周期的安全水平提升到航空等级，减少设备及土地征用费用，提升了发电效率，降低了噪声的影响。在智慧储能领域，远景能源基于EnOS™智能物联操作系统，采用"云端部署+云端运维"的产品架构，集成锂电池、BMS、PCS、热管理、消防等子系统，根据楼宇、家庭、工业等不同应用场景，为客户提供针对性的系统解决方案。

远景能源以"为人类的可持续未来解决挑战"为使命，积极整合全球创新资源，通过智能控制技术、先进的通信和信息技术建设能源互联网，推动传统能源领域的智慧变革。远景能源的"格林威治"云平台、智慧风场WindOS平台、阿波罗光伏云平台目前管理着包括北美、欧洲、中国等在内的超过1300万千瓦的全球新能源资产。远景能源目前已陆续完成在丹麦奥胡斯，美国休斯敦，日本大阪，中国无锡、上海、北京、南京等地的全球战略布局。

远景能源将风资源评估、风场设计、风场运维、资产管理等全生命周期透明化、数字化、信息化，结合智能控制、智能传感、云服务、大数据等技术，为客户构建"智慧风场全生命周期管理平台"。在风电领域之外，远景能源的智慧风场全生命周期解决方案未来还可以应用到光伏、水电、火电等其他能源管理领域，带动形成更大规模的新能源资产管理产业。从数字化风电，到数字化多种能源，再到数字化整个电力的生产、电力的使用，以及电力交易。借助智慧能源管理平台，远景能源未来还将逐渐从发电侧管理向用电侧管理拓展，为工商业等终端客户提供能源采购、能源管理、能效优化等综合技术解决方案。作为全球智慧能源管理领域的技术领跑者，远景能源未来将借助智能控制、智能传感、云计算、大数据和能源管理等技术，积极构建全球智慧能源蓝图，推动传统能源领域的智慧变革。

2022年4月8日，全球首个零碳产业园——远景鄂尔多斯零碳产业园一期项目建成投产。该项目基于新型电力系统、零碳数字操作系统和绿色新工业集群三大创新支柱打造。预计到2025年，远景鄂尔多斯零碳产业园将作为全球绿色工业革命的典范，助力当地实现3000亿元绿色新工业产值，创造10万个绿色高科技岗位，实现1亿吨二氧化碳年减排的目标。在远景能源发布的《2022碳中和行动报告》中，明确在未来十年将携手合作伙伴建设100个零碳产业园，每年为地球减碳10亿吨，为碳中和转型与绿色工业革命贡献中国力量。

在新加坡举行的彭博创新经济论坛上,"彭博创新经济气候变化科技联盟"宣布成立,远景能源共同发起并赋能零碳技术产业化进程

新能源与可持续发展是当下全球共同关注的热点话题,蓝迪国际智库以推进全球绿色技术和产业发展为己任,围绕国家"双碳"目标,积极挖掘、推荐可再生资源循环利用技术的融合应用。未来,蓝迪国际智库希望助力远景能源借助智能控制、智能传感、云计算、大数据和能源管理等技术,积极构建全球智慧能源蓝图,以引领全球绿色科技创新与实践。

(六)特变电工股份有限公司

特变电工股份有限公司(简称特变电工)是为全球能源事业提供系统解决方案的服务商,是国家级高新技术企业和中国大型能源装备制造企业集团,由2万余名员工组成。特变电工聚焦输变电、新能源、新材料、能源四大产业,培育了以清洁能源资源为基础,输变电高端装备智造、硅基新能源、铝基新材料"一高两新"三大国家战略性循环经济产业链。国内拥有21个基地,海外建有2个基地。变压器产量稳居世界前列,硅基、铝基新材料进入国际供应链第一梯队,光伏EPC装机总量位居全球前列。特变电工综合实力位居世界机械500强第228位、中国企业500强第313位、中国民营企业500强第122位、中国大企业创新100强第43位,连续多年上榜ENR全球百强工程承包商。

特变电工主营业务包括输变电、新能源、新材料、能源四大产业。在输变电领域，特变电工构建了变压器、换流阀、开关、二次设备、线缆、套管等输变电领域全产业链，产品广泛应用于电网、电源、新能源、高铁、地铁、石油石化、大数据中心、交通、城市迁改、智能制造、5G等领域，为30余个国家和地区提供了从勘测、设计、施工、安装、调试，到培训、运营、维护一体化的"交钥匙"工程及系统解决方案；在新能源领域，多能互补多晶硅循环经济产业链，建有年产能8万吨高纯晶体硅制造基地，形成了多晶硅、逆变器、光伏、风电项目等核心产品研发生产、电站设计、EPC项目总承包、运行、调试和运维一体的系统集成服务商。业务遍及20余个国家和地区，全球风、光装机容量近18吉瓦，逆变器出货量超过32吉瓦；在新材料领域，特变电工研发生产了"清洁能源-高纯铝-电子铝箔-电极箔"铝基新材料循环经济产业链，成功研制的高纯铝靶材坯料，打破了行业技术壁垒，高强高韧铝合金助力高端铝材实现国产化替代进口。产品广泛应用于重大装备制造、5G新能源、轨道交通等领域，并向15个发达国家和地区批量出口；在能源领域，特变电工在中国新疆准东五彩湾拥有储量126亿吨的露天煤矿，构建了煤炭、煤电、铁路物流为一体的产业链，打造了智慧矿山、绿色矿山、人文矿山生产系统，已获得核准产能5400万吨/年，是特变电工打造"多能互补多晶硅联合新能源光伏循环经济产业链"和"多能互补电子铝箔新材料循环经济产业链"的源头保障。

特变电工承担着国家重大重点工程产品生产任务，始终坚持创新引领发展，每年将销售收入的4%用于自主创新投入，围绕国家能源发展战略和重大民生工程建设，启动了一批自主创新项目，取得了一大批关键核心技术的重大突破。

2022年，由特变电工完全自主研制的1800千伏串级工频试验变压器一次性通过所有验收试验，标志着我国在工频试验变压器的技术和制造能力世界领先。该产品是世界单级容量最大的工频试验变压器，主要用于特高压套管及绝缘子常规工频试验及污闪试验、工频续流试验等特殊试验需求。在研发、验证及图纸设计中，创造了多项创新性的"首次"，采用金属外壳使产品各项性能指标优异，耐用性好，使用寿命可达四十年。同年，由特变电工建设的赞比亚 PENSULO 变电站增容扩建项目 330 千伏主变一次性带电成功，顺利并网运行。赞比亚 PENSULO 变电站是赞比亚国家电网东北部地区区域电力枢纽，项目建成后将为赞比亚东北部地区工业园提供充足稳定电力，为当地工业经济发展提供可靠保障。依托在绿色节能输变电领域全球领先的技术，特变电工积极参与共建"一带一路"，将节能化、智能化、自动化的电力建设技术与世界各国分享，高新技术产品已成功进入 70 余个国家和地区，并且为 30 余个国家和地区提供系统集成解决方案，造福"一带一路"沿线国家和民众，为他们带去更多"光明和温暖"。

未来，蓝迪国际智库希望充分发挥国家高端应用型智库的资源整合优势，携手特变电工坚定不移地推进 5G 技术、智能制造、大数据、云计算、工业互联网、人工智能等领域与高端装备制造业的深度融合，提升自主创新能力，聚力关键核心技术攻坚，不断提升产业链供应链现代化水平。助力特变电工在争创世界一流企业、高质量发展的道路上不断突破，为建设制造强国而不懈努力。

（七）新奥能源控股有限公司

新奥能源控股有限公司（简称新奥能源）为中国最大的清洁能源分销商之一，主要业务为在中国投资、建设、经营及管理燃气管道基础设施，销售与分销管道燃气、液化天然气及其他多品类清洁能源产品，为客户提供低碳整体解决方案相关的数智服务并围绕客户需求开发多元化增值业务。截至 2022 年 6 月 30 日，新奥能源在中国拥有 254 个城市燃气项目，包括安徽、北京、福建、广东、广西、河北、河南、湖南、内蒙古、黑龙江、江苏、江西、辽宁、四川、山东、云南、浙江、陕西、上海、天津 20 个省（自治区、直辖市）。新奥能源亦于全国重点区域发展综合能源项目，累计已投运 177 个项目。新奥能源在清洁能源领域取得了多项荣誉和认可，被评为"2021 年度全球 250 强能源公司"（第 67 位），获得 2021 年度碳中和典范企业奖、2020 年能源大奖、优秀下游企业奖、2021 年度 ESG 领先企业奖、领先环保项目奖等。

新奥能源主营业务包括天然气销售业务、泛能业务和智城智家业务三个领域。在天然气销售业务领域，新奥能源以客户需求为导向，深入挖掘存量客户及持续开发新用户的用气需求，利用多元化气源组合灵活调配资源，实现天然气零售业务稳步快速发展。在泛能业务领域，新奥能源以泛能业务为突破，努力探索现代能源体系。从用户需求出发，以能量全价值链开发为核心，打造因地制宜、清洁能源优先、多能互补、用供一体的能源系统。新奥能源把握"双碳"政策及能源体制改革的机遇，重点开发低碳园区、低碳工厂、低碳建筑、低碳交通四大类客户，根据项目所在地的资源条件、客户的能源需求、负荷预测等设计最优的供能方案。同时大力发展终端节能、工艺优化、能源设施托管运营等用能侧服务业务。积极部署分布式光伏以及策略性布局储能业务，探索"荷源网储"的整体解决方案以提升项目收益。新奥能源投产的泛能项目规划方案融合了生物质、光伏、地热、天然气、储能等低碳能源及技术等。在智城智家业务领域，新奥能源拥有庞大的客户服务群体，客户网络的潜在附加价值巨大。新奥能源秉持以客户需求为中心的经营理念，以家庭场景为核心，围绕客户品质生活需求，联合内外部生态，提供气、安、暖等智能化服务，进一步释放燃气用户的延伸服务价值，助力家庭迈进美好生活新阶段。

2022年上半年，面对国际能源价格持续高企以及疫情反复影响国内经济增长等因素，新奥能源迅速调整能源采购策略以控制采购成本，并建立全国资源需求动态跟踪机制以保障客户之用气需求。同时凭借规模优势及领先的泛能模式，新奥能源积极拓展低碳整体解决方案及增值业务，取得理想增长。截至2022年6月30日，新奥能源主营业务综合能源、天然气零售及增值业务稳健增长，总营业额大幅上升41.5%至人民币583.32亿元。2022年，新奥能源确立"家庭品质生活和企业能碳管理服务商"的全新战略定位，青岛新奥公司2022年获中国船级社颁发业内第一张场景安全数智化体系管控证书，成功打造行业数智化安全标杆。在落实绿色行动计

新奥能源董事局主席王玉锁出席第三届中国液化天然气发展论坛并发言

划方面,新奥能源与中国石油大学(华东)达成甲烷排放管控合作协议,以识别重点排放源并采取相关管治措施。与此同时,新奥能源积极参与甲烷控排组织活动,参与 MGP 圆桌会议,并确认其计划将组织战略拓展至天然气全价值链。此外,新奥能源于 2022 年 5 月发布首份《生物多样性保护报告》,明确中长期低碳绿色行动目标,并将生物多样性保护理念和措施纳入企业战略和日常运营中,用实际行动落实生物多样性及生态保护。

新奥能源基于深耕清洁能源产业三十余年的实践积累,深刻洞察社会经济发展过程中家庭、企业、城市等客户的实际需求和转型趋势。蓝迪国际智库希望携手新奥能源,运用物联网、大数据、人工智能等数智技术,依托能碳产业智能生态平台进行能源、能效科学管理,促进能源规划与城市规划相融合,助力我国现代能源体系建设,实现能源利用与社会、经济、环境协调发展目标。

(八)泰豪科技股份有限公司

泰豪科技股份有限公司(简称泰豪科技)是在江西省和清华大学"省校合作"推动下,在南昌国家高新开发区设立的高科技公司。泰豪科技成立于 1996 年 3 月，2002 年 7 月在上海证券交易所上市，并成为国内以柴油发电机组为主导产业的首家上市公司。泰豪科技坚持走"承担、探索、超越"的创新创业之路，以"技术+品牌"的发展模式，致力于信息技术的研发和应用，多年入选中国制造业企业 500 强和中国电子信息百强企业，业已形成以军工装备、智能电力、智慧城市、创意科技和创业投资业务为主的发展格局，在南昌、上海、北京、深圳、天津、杭州、济南、贵阳、福州、衡阳、嘉兴、龙岩等地拥有 50 余家分、子公司，以及 10 多个高科技产业园区，产品与解决方案应用于全球 100 多个国家和地区。截至 2021 年，泰豪科技总资产近 130 亿元，员工总数 6000 多人，拥有有效专利和软件著作权 1300 多件，入选国家知识产权示范企业，拥有国家认定企业技术中心、院士工作站、博士后科研工作站并连续通过高新技术企业认定；先后被评为"全国实施卓越绩效先进企业""全国质量管理先进企业""全国用户满意企业""国家标准化良好行为 AAAA 企业""全国工业知识产权运用标杆企业"，被原国家工商总局评为全国"首批 520 家重合同、守信用企业"，公司产品被评为"中国名牌产品"。

蓝迪国际智库专家委员会主席赵白鸽调研泰豪科技

泰豪科技的主营业务包括军工装备和智能电力两大产业。泰豪军工装备业务围绕通信指挥、舰船作战辅助系统、军用导航装备、特种电站及空调等系列产品的研制与服务，重点开展军工科技信息技术的研究与应用；泰豪智能电力业务围绕智能应急电源、智能配电设备的产品研制与服务，重点开展新一代智能电力整体解决方案的研究与应用。同时，积极关注相关领域的并购机会，使公司成为军工装备领域的规模化企业和智能电力领域的专家型企业。

2022年，泰豪科技聚焦新一代武器装备研制趋势，不断完善军工领域产品布局，通过成立新材料科技公司，发展冯文明军用智能控制技术重点实验室、邓连辉军用复合材料装备重点实验室，推动泰豪军品持续做精做细。泰豪科技市场开拓成效显著，三型基本型方舱入编"十四五"科研、订购集采目录；成功中标首个碳纤复材产品型号项目，有效拓宽业务范围；接连拿下模块化光伏装置、便携式光储充电电源、分队级多源野战微电网等多个新能源市场项目。围绕"数据驱动治理运营服务商"的战略定位，2022年，泰豪科技在国家信息中心指导下，研究建立支持分级分类的新型智慧城市评价模型，并完成新型智慧城市评价数据分析与展现平台的开发应用，推动我国新型智慧城市评价工作实现由"数评"向"智评"的创新突破。此外，泰豪科技在能源数智应用服务、VR+产业打造等多个创新业务均取得发展及突破。

泰豪科技2022年积极推进重点项目研发，在新能源野战电源装备、陆上无人高机动平台等领域取得迭代突破。同时，通过开展外延式并购，积极培育和孵化创新业务保障公司军工装备产业持续发展。未来，蓝迪国际智库希望携手泰豪科技，在挖掘、培育优秀企业和项目，推进科研成果落地转化等领域深化合作，积极开展"军工+创投"模式的实践，兑现科技报国之初心。

（九）远东控股集团有限公司

远东控股集团有限公司（简称远东控股）创建于1985年，前身为宜兴市范道仪表仪器厂，现为"亚洲品牌500强""中国企业500强""中国民营企业500强""中国最佳雇主企业"。目前公司品牌价值986.16亿元，员工近1万人，是智能缆网、智能电池、智慧机场龙头/领军企业。远东控股坚持内生增长、外延并购，通过垂直业务的相互协同发展，在国家发展战略引领下，形成智能缆网、智能电池、智慧机场三大业务，持续扩大市场占有率，助力国家实现"双碳"目标。远东控股旗下远东智慧能源股份有限公司（简称远东股份），致力成为全球领先的智慧能源、智慧城市服务商。

远东控股主营业务分为智能缆网、智能电池、智慧机场三大业务板块。在智能缆网板块，远东控股是全球线缆行业领跑者，拥有"远东电缆"和"安徽电缆"知名电线电缆品牌，具有较高的市场认可度和影响力。生产超过1000个品种30000多种规格的线缆产品，实现了"科研开发—产品供货—技术服务—标准制定"全流程服务，产品应用于全球基础设施、智慧电网、智能交通、智能建筑、清洁能源等领域，助力大国重器取得重大进展，全球行业竞争力一流企业。在智能电池板块，远东控股依托远东电池和远东铜箔，成为全球领先的动力和储能系统服务商，致力于储能、轻出行、电动工具、智能家居技术研发、生产、销售及服务。在智慧机场板块，远东控股依托北京京航安机场工程有限公司，成为军民航机场专业工程建设领域的领先企业，致力于新能源发电、送电、变电和配/农网工程的勘测设计、新能源工程总承包、能源项目管理工程技术咨询服务和能源投资、军民航机场专业工程建设等。

2022年，面对环境的复杂性、严峻性、不确定性，远东控股一手抓防疫，一手抓生产，多措并举稳定产业发展增速。智能缆网、智能电池、智慧机场三大业务板块释放出强大的发展动能，先后投资建立了宜宾智能产业园、如东高端海工海缆装备产业基地，远东通信光棒光纤项目，铜箔产业拿下历史最大订单，京航安获机场建设全壹级资质。在碳达峰、碳中和、新基建等国家战略背景下，抢抓发展机遇积极布局，逆势上扬。为冬奥场

远东控股集团董事局主席蒋锡培在"一带一路"产业合作国际论坛上发言

馆、白鹤滩水电站、尼泊尔博卡拉国际机场等众多国内外重点工程提供核心技术和产品支持。远东控股始终以"全球行业数一不数二"为战略和目标,继续围绕三大业务,落地全面数字化、全面智能化、全面国际化、全面对标、全面超越,致力于成为全球领先的智慧能源、智慧城市服务商,实现 2025 年营业收入 994.6 亿元,市值 1300 亿元的目标。

远东控股作为线缆行业领跑者,以科技创新为引领,以研发创新为方向,真正做到把每一根电缆做到极致。未来,蓝迪国际智库希望助力远东控股抓住数字浪潮带来的发展契机,整合产业链上下游资源深度融合,积极探索数字化赋能产业链协同发展的生态圈,激发电线电缆产业由单一产品制造环节向产业链一体化、配套化、服务化发展潜能,共同推进电线电缆产业的高质量发展。

(十)养生堂有限公司

养生堂有限公司创建于 1993 年,总部位于浙江省杭州市,致力于"为生命健康提供产品与服务",专注于健康产业的可持续发展,坚持为消费者提供天然、健康、安全的产品。全国现有员工超过 2 万人,营业额超过 300

亿元。养生堂有限公司和旗下的农夫山泉股份有限公司位列中国民营企业500强。

养生堂有限公司在健康领域广泛布局，形成六大重要业务板块，为消费者营养健康提供广泛的产品与服务。一是饮用水及饮料板块，农夫山泉在中国包装饮用水市场长期保持占有率第一，茶饮料、功能饮料及果汁饮料均居中国市场前三。旗下创立"尖叫""维他命水""东方树叶""茶π""NFC"等知名饮品均受到消费者广泛认同。二是保健食品板块，依托集药品、保健食品科研、生产、销售为一体的大型药品保健食品行业龙头企业——养生堂药业有限公司，聚焦生命健康的可持续发展，旗下拥有"养生堂天然维生素C""养生堂天然维生素E"等多个行业畅销产品。三是生物制药板块，北京万泰生物药业股份有限公司，已成为中国领先的体外诊断和疫苗研发生产企业之一。公司在HIV诊断试剂、戊型肝炎疫苗、新型抗宫颈癌疫苗（HPV疫苗）以及H5N1型禽流感免疫诊断试剂等多个研究领域内拥有国内领航者的地位，并且在非传染病诊断试剂、治疗性抗体药物研发和溶瘤病毒研究上取得了令人瞩目的进展，形成了诊断、预防和治疗"三位一体"协调发展的格局。四是化妆品板块，养生堂（安吉）化妆品有限公司，首创以桦树汁为主要原料，结合现代先进护肤品研发工艺，革命性地使用天然桦树汁研配，产品不额外添加一滴水，充分保留汁液的天然活性，达到"天然补水不用水"的产品效果。2017年，"天然补水不用水"桦树汁补水系列产品上市，体现了养生堂有限公司在化妆品领域的跨界创新。五是食品板块，依托致力于开发、研制和生产以肉制休闲食品与小糖果大型食品企业——养生堂食品公司，开发了"母亲牌"牛肉棒、早餐棒、牛肉酱等主要产品，"清嘴"系列糖果，因风味独特、品质出众而深受广大消费者青睐，长年占据细分品类市场份额前列。六是现代农业板块，养生堂有限公司大力探索和发展现代农业产业，在新疆伊犁、江西赣州等地建设了苹果、胡萝卜、脐橙等原料种植基地，致力于培育品质卓越的蔬果原料。十年埋首，培育属于自己的上好脐橙，绵细软糯、香味浓郁的东北香米等优质品种。

2021年10月19日，十二届全国人大外事委员会副主任委员、中国社科院"一带一路"国际智库专家委员会主席、蓝迪国际智库专家委员会主席赵白鸽一行到杭州养生堂有限公司总部调研，参观考察了新冠疫苗产业化生产基地、疫苗佐剂工艺研究所、抗体研究中心。赵白鸽一行详细调研了包括新冠疫苗生产基地在内的研究机构，对养生堂有限公司的科研能力、产业化水平、技术储备、市场能力、发展问题做了全方位深入了解。养生堂有限公司董事长钟睒睒及核心团队详细介绍了养生堂有限公司发展历史、创业历程和理念，希望在公司战略、公共卫生服务、国际市场开拓、创新医药成果转化等领域与蓝迪国际智库展开全面深入的战略合作。

2022年3月，新冠疫情暴发之际，养生堂有限公司勇于承担社会责任，热心回馈社会，养生堂及部分旗下企业向全国20余个省区的抗疫一线单位、总工会、大学等赠送了31万份母亲牌即热新米饭和28万份浇头，缓解燃眉之急，助力疫情防控。2022年，养生堂有限公司依然坚持以创新为导向，深耕核心技术自主研发，2022年12月2日，养生堂有限公司生物制药板块子公司万泰生物生产的鼻喷流感病毒载体新冠疫苗在中国获批紧急使用，该疫苗是在奥密克戎变异株全面流行下，经Ⅲ期临床证实具有良好保护效力的黏膜免疫新冠疫苗。

蓝迪国际智库始终高度关注与民生息息相关的医药健康产业和大消费产业，养生堂有限公司超前布局，完成由传统公司向研究型高科技公司的华丽转型，并始终围绕生命健康主题为百姓提供高质量的产品和服务。未来，蓝迪国际智库希望携手养生堂有限公司，在公共卫生服务和大消费领域的国际市场开拓、创新成果转化、国内外法律法规衔接及质量标准互认等领域深化合作，携手共赢。

养生堂有限公司董事长钟睒睒介绍饮用水研发过程

二、"专精特新"企业

（一）广联达科技股份有限公司

广联达科技股份有限公司（简称广联达）为中国建设工程信息化领域首家A股上市公司，作为数字建筑平台服务商，围绕工程项目的全生命周期，为客户提供数字化软硬件产品、解决方案及相关服务。公司业务面向建设方、设计方、制造厂商、供应商、施工方、运营方等产业链各参与方，以及金融、高校、投资并购等领域，提供以建设工程领域专业化应用为核心基础支撑，以产业大数据、产业链金融等为增值服务的数字建筑全生命周期解决方案。广联达拥有员工9400余人，在全球建立80余家分、子公司，在美国、英国、芬兰、瑞典、波兰、德国、新加坡、马来西亚、印度尼西亚、中国香港等地均设立了子公司、办事处与研发中心，服务客户遍布全球100多个国家和地区，为34万家企业客户提供百余款专业应用产品及服务。广联达始终定位于数字化使能者，持续助力建筑产业转型升级，从咨询服务、解决方案、生态合作等多方面发挥平台作用，整合生态资源，为产业运营者持续提供数字化服务，双方协同共生、融合发展，共建建筑产业互联网的新生态。

广联达在行业中取得了多项荣誉和认可，荣获"推动中国建筑行业低碳发展金引擎""2019中国大数据企业50强""中国建筑行业信息化领军企业奖""中国智慧城市杰出服务商""中国行业软件（服务）冠军企业""中国软件行业最佳技术创新奖""中国行业信息化突出贡献企业奖"等荣誉称号。此外，广联达的产品和解决方案也多次获得国家和地方级的科技进步奖和技术创新奖。

广联达主要业务是提供建设工程领域专业的软硬件产品和解决方案。主要产品有工程造价软件、项目管理软件以及进行相关的服务。广联达是国内较早从事工程造价软件开发、生产、销售及相关技术服务的企业，在建筑行业软件领域处于龙头地位，其中工程造价软件占据同类产品50%以上的市场份额。经过二十多年的发展，广联达的产品从单一的预算软件扩展到工程造价、工程施工、工程信息、国际化、产业金融等多个业务板块，覆盖项目全生命周期，涵盖工具类、解决方案类、电子商务、大数据、移动互联网、云、智能硬件设备、产业金融服务等业务形态，累计为行业二十余万家企业、百余万个产品使用者提供专业化服务，成为中国建筑产业信息化卓越品牌。

2022年，在数字造价业务领域，广联达数字造价业务完成全面云转型，并实现了从岗位级应用向企业成本管理解决方案的快速拓展。数字造价业务在全面云转型的带动下，云计价、云算量、工程信息等业务持续稳定增长，向企业成本管理领域拓展的数字新成本业务实现快速增长。在数字施工业务领域，广联达重点推进物资、生产、成本三个一体化方案，横向实现了业务打通、数据互通的管理价值，纵向实现了从企业级到项目级的信息贯通，提升客户经营效率。同时，企业级项目管理系统以"平台+组件"

模式完成新一代产品从0到1的建设，如上海宝冶项企一体、业财一体化解决方案全面上线以及二十冶集团工程管控平台全面上线，产品价值得到了验证。此外，数字项目集成管理平台通过"平台+组件"的方式积累和打磨行业数字化核心能力，完成了PaaS平台打造，具备了标准化SaaS应用快速开发和个性化解决方案规模化交付的能力。在数字设计业务领域，广联达聚焦数维设计新产品研发、客户验证与市场推广。数维房建设计方面，在"数据驱动一体化设计"理念牵引下，实现了普通住宅与简单公建的全专业协同设计与出图，并通过BIM数据互通，实现了BIM设计算量一体化以及在高精准度下的效率翻倍。数维道路设计成功推出道路方案设计产品，打通二维制图、景观设计、道路设计、三维建模、漫游展示等多使用场景，实现了"道路+桥梁+隧道+交通设施+景观+附属设施"100%覆盖、一款软件完成综合方案设计的目标。

蓝迪国际智库委员会主席赵白鸽调研广联达，与董事长刁志中会谈

当前,中国建筑行业数字化转型正在进行,广联达正在为实现建筑行业的全面数字化转型而不懈努力。未来,蓝迪国际智库将携手广联达抓住数字经济时代的企业创新发展机遇,共同探讨数字化建筑等领域的新技术和新模式,持续助力建筑产业转型升级,从咨询服务、解决方案、生态合作等多方面发挥平台作用,整合生态资源,为产业运营者持续提供数字化服务,双方协同共生、融合发展,共建建筑产业互联网的新生态。

(二)安世亚太科技股份有限公司

安世亚太科技股份有限公司(简称安世亚太)成立于2003年,注册资本2.4亿元,总部设在北京,具有二十六年的研发信息化工业软件开发和服务经验、八年的工业品先进设计和增材制造经验,是我国工业企业研发信息化领域的领先者、新型工业品研制者、企业仿真体系和精益研发体系创立者,作为ANSYS公司精英级合作伙伴及增值服务商,安世亚太在国内PLM、虚拟仿真及先进设计领域处于领先地位。安世亚太成立以来持续增加研发经费投入,掌握了大量核心技术,在申请及授权专利400多件,软件著作权400多件。获得北京市科学技术进步奖二等奖、四川省科学技术进步奖二等奖、中国船舶工业集团科技进步一等奖、中国数字仿真领域杰出贡献奖等数十项奖励。借助于优秀的理念、技术、产品和方案,安世亚太广泛参与和支持诸如大飞机、航空发动机、运载火箭、飞船、坦克、船舶、高速机车等国家重大项目和工程的建设工作,多次主持或参与"863计划""973计划"等国家和北京市重大课题研究工作。

安世亚太的主要业务分为四个领域:一是在工业软件领域,以工业仿真和精益研发为基础形成柔性工业云平台体系,包含工业仿真、精益研发与工业云三部分。二是在先进设计领域,以再设计和正向设计为起点形成智慧化生态设计体系,包含工业再设计、正向设计、生态设计与精密制造四部分。其中,基于仿真和精密制造的工业再设计,本质核心是工业仿真应用的升华,是当前公司和研究院的战略重点。三是在智慧工业领域,以"两化"融合为指引,形成研制商服一体的智慧工业体系,包括智能科技的技术研发和咨询服务、智能产品的研发、智慧研发体系的建设服务及完整智慧工业体系的建设。四是在工业云领域，基于工业云创建智慧工业体系和技术框架，创建以客户为中心的智慧化和自治化工业形态的支撑体系，针对工业 PaaS、智慧研发、智能制造和智慧工业提出相应解决方案。该体系可为"中国制造 2025"和智能制造战略目标的实现提供技术支撑。

2022 年，安世亚太在自主研发领域取得了显著进展。安世亚太研发的 PERASIMMechanical 通用结构仿真软件荣获 CAE 挑战赛结构、流体仿真双冠军；安世亚太入选"2022 中国软件 150 强"，成为唯一入选 CAE 软件企业。同年，安世亚太仿真云平台 PERA.SimCloud 也在 2022 年数字仿真科技奖获得者颁奖典礼上荣获自主软件创新奖。

蓝迪国际智库代表团调研安世亚太

安世亚太始终致力于工业软件、工业互联和数字孪生技术的研究，聚焦发展以正向设计为核心的数字化技术，引领中国自主仿真技术的创新发展，不断提升高端制造业数字化研发水平，伴随中国制造业高质量转型升级。安世亚太坚持国际化合作协同发展的战略思想，积极与国内外企业、科研院所、高校、智库以及包括多名院士在内的 50 多位知名专家合作，建立了广泛的产业联盟，协同合作取得了丰硕的技术与市场成果。

未来，蓝迪国际智库将与安世亚太深化合作，聚焦于打造以增材思维为核心的先进设计与智能制造产业链研究，以全球视野和格局进行资源整合、技术转化和生态构建，助力安世亚太成为一家生态化平台型企业。

（三）上海天数智芯半导体有限公司

上海天数智芯半导体有限公司（简称天数智芯）于 2015 年 12 月 29 日成立，是一家由来自美国硅谷的技术专家和国内行业人才联合创立的高科技企业。天数智芯于 2018 年正式启动通用 GPU 芯片设计，是中国第一家通用 GPU 高端芯片及超级算力系统提供商。天数智芯专注于智能计算领域，聚焦打造高端/云端计算芯片和计算基础软件，致力于成为高性能数据处理以及深度学习、人工智能应用领域的技术先锋。天数智芯以"成为智能社会的赋能者"为使命，立足客户、市场的需求，致力于开发自主可控、国际领先的高性能通用 GPU 产品，探索通用 GPU 赶超发展道路，加快建设自主产业生态，打造世界一流的算力引擎，以更可信、更高效、更绿色的算力赋能各行各业智能化转型，促进我国数字经济高质量发展，开启中国引领世界走向元宇宙、数字孪生的崭新一页。天数智芯在智能芯片领域的不断创新和突破获得了多项荣誉，其中包括"2021 年度科技创新企业奖""2022 年中国 AI 芯片企业 50 强""2021 年第十六届'中国芯'优秀技术创新产品""2020 年度最具创新企业"等。

天数智芯的基础软件产品秉承以数据安全为核心，全面内部云化为基础，助力国内顶尖制造企业完成智能智造转型的宗旨而展开研究与开发。并已经在中国国家铁路集团、中国中车等央企实现部分场景落地。天数智芯的核心硬件产品是一款定位于云端服务器的高端通用芯片——天垓 100 芯片，该产品具有应用覆盖广、开发易迁移、性能可预期的特点，被广泛应用于多元的高端市场应用，包括人工智能、超算中心、互联网云计算、金融零售、自动驾驶、工业电力、教育医疗等。天数智芯还打造了 DeepSpark 开源社区。该社区目前主要致力于 AI 和通用计算应用开发及评测平台百大应用开放平台的打造和推广，通过甄选数百个结合行业应用场景的开源算法和模型，覆盖 AI 和通用计算各领域，支持主流生态应用框架，构建多维度评测体系标准，广泛支持各类场景落地，以助力客户加速应用落地和收获算力赋能，促进产业生态的完善和发展。

天数智芯代表受邀出席第三届十字门金融周

2022 年，天数智芯在技术创新、市场拓展和行业影响力方面取得了显著成绩。在技术创新方面，公司成功发布了通用 GPU 推理产品智铠 100 系列产品，标志着天数智芯成为国内唯一拥有云边协同、训推组合的完整通用算力系统全方案提供商；天数智芯主导了 DeepSpark 百大应用开放平台在 GitHub 和 Gitee 正式上线，DeepSpark 社区网站也已同期上线，DeepSpark 社区网站将汇聚全球开发者以及合作伙伴的智慧力量，与大家共享落地成果并着力构建自主生态、赋能行业,用算力赋能更加美好的未来。2022年天数智芯市场拓展成效明显,天垓100芯片累计销售订单突破5亿元;在行业影响力方面,天数智芯行业影响力与日俱增,相继斩获部省市以及行业协会多个重要创新奖项,重要央党媒、地方电视台和行业媒体先后进行报道;天数智芯举办了天数智芯高校算力赋能暨校企合作方案分享会并重磅发布《天数智芯高校教育算力集群方案》,赋能高校教育行业,促进产学研深度合作。

未来,天数智芯将继续致力于智能芯片和解决方案的研发和生产,加强市场拓展,不断提高产品质量和服务水平,成为智能物联网行业的领军企业。同时,蓝迪国际智库将与天数智芯建立稳定、深度的合作伙伴关系,共同组织对智能芯片、人工智能、边缘计算等前沿技术研讨会,推动物联网、智能家居等领域的应用拓展,为客户提供更优质的产品和服务。

(四)武汉兰丁智能医学股份有限公司

武汉兰丁智能医学股份有限公司(简称兰丁)成立于2000年,是由海归博士孙小蓉及其团队共同创办的以人工智能大数据云诊断为技术核心的平台公司,利用5G+AI云诊断技术提供病理诊断整体解决方案,产品服务覆盖样本制作扫描、AI云诊断及实验室全流程质量监控。兰丁的主要业务是用智能化、自动化、数据化、标准化细胞病理诊断技术,服务于临床各类高发肿瘤的早期诊断。2021年,兰丁入选湖北省专精特新"小巨人"企业,并于同年入选国家级专精特新"小巨人"企业,2022年入选国家级重点专精特新"小巨人"企业。

兰丁的核心产品为人工智能宫颈癌筛查技术,该技术主要利用人工智能+大数据云平台技术进行癌症筛查,可用于妇科宫颈癌筛查,以及非妇科的其他脱落细胞的癌及癌前病变检测。兰丁的人工智能宫颈癌筛查技术以其自动化、智能化、数字化、网络化和标准化的特点,结束了靠专家在显微镜下诊断癌细胞的历史,为基层医疗机构开展大规模宫颈癌筛查提供了高效率、高标准、低成本、易实施的技术方案。兰丁还构建了 AI+大数据云宫颈癌筛查的智能化数字化远程化产业链，完成了人工智能宫颈癌细胞诊断机器人"Landing"的自主研发及产业化，在全世界开创大规模宫颈癌筛查专家共享、数据共享和资源共享的云诊断平台。目前已覆盖全国 30 个省市及 1300 余家医疗机构，每年为数百万妇女提供高质量筛查服务，兰丁云平台积累了数千万细胞病理数据，可覆盖所有网络和手机能及的地域和人群。为解决我国基层医疗资源缺乏的难题提供了切实可行的科学方法。

巴基斯坦驻华大使莫因·哈克与蓝迪国际智库专家委员会主席
赵白鸽一行调研考察兰丁

2022 年兰丁交出了亮眼成绩单。一是高效优质地实施了湖北 1267 万个宫颈癌筛查项目。二是响应国家卫健委"千县工程"，利用 AI 技术赋能县级医疗机构。随着"千县工程"的铺开，兰丁 AI 技术将发挥高效可靠，适合基层的优势，登上更大的舞台，有效弥补基层医院技术力量不足等短板，充分提升基层公共卫生体系的查、诊、治水平和执行大型公卫项目的能力。三是兰丁人工智能肿瘤诊断产业发展研究院正式挂牌成立。该研究院致力于融合政府、AI产业专家和临床医学专家等力量，研究开发高发肿瘤的早筛早诊技术和市场，制定推广AI肿瘤早筛早诊技术标准，创新AI肿瘤早筛早诊产业发展新模式，并对外开展了广泛的交流合作。四是国内首家口腔癌早诊早筛AI检测实验室投用。该实验室由武汉大学口腔医院与兰丁共同建设，配备有液基薄层细胞制片机、兰丁全自动数字远程病理细胞分析仪等全套先进设备，可实现对口腔恶性疾病的早诊早筛。五是企业技术研发硕果累累，兰丁的一批自主创新成果令人赞叹。其中，以自动化液基细胞制片染色封片设备为核心的AI宫颈癌筛查机器人创新工作站，让液基细胞制片、巴氏染色、封片等以前必须由人工完成的病理细胞玻片制作工序全部实现自动化，让AI长出了"手"，变成了名副其实的机器人，也令宫颈癌筛查变为全过程无人化操作。六是企业品牌建设迈上新台阶。2022年，兰丁在国内国际屡获奖项，先后获得第二届湖北省高价值专利大赛金奖，当选2022年"武汉名品"，入选"2022中国高性能医疗企业新锐100强""2022年度武汉市人工智能新锐企业"。5月17日，兰丁入围国家级重点专精特新"小巨人"企业名单。11月21日，全球品牌策略与设计领域最具含金量的重要奖项"Transform Awards"举行亚太区颁奖典礼，兰丁作为唯一一家入围颁奖典礼的自主设计参赛公司，凭借出色的品牌创意和品牌建设，分别获得最佳视觉识别（医疗制药）和最佳品牌建设项目（反映更新的使命、价值观或定位）铜奖。

未来，兰丁将继续保持技术创新和战略合作的态势，以推动人工智能在医疗领域的应用，为人类健康事业作出更大贡献为目标，携手蓝迪国际智库深化国内外优秀医疗机构和高校的合作，不断推进人工智能在医疗领域的应用和推广，为公司开拓更广阔的国际市场发展机遇。

（五）布瑞克（苏州）农业互联网股份有限公司

布瑞克（苏州）农业互联网股份有限公司（简称布瑞克）位于苏州高铁新城，成立于2014年，是一家综合性农业信息科技服务企业。致力于以"互联网+农业+金融"模式，创新服务中国农业现代化转型，打造基于农业大数据和产业互联网的智慧农业生态圈。布瑞克拥有中国农业大数据、农产品集购网、农牧人商城三大互联网平台，业务涵盖农业农村大数据、农业产业互联网、县域精准扶贫、县域乡村产业振兴、农业农村数字金融等产业群组，总数据量超过 10 亿条，为全国 600 多个县域和 10 万多家食品企业提供基于"大数据+"和农业产业互联网的智慧农业解决方案，全方位满足政府和涉农主体的数字化需求。布瑞克先后入选"国家级电子商务示范企业""苏州市独角兽培育库企业""苏州市民营企业 100 强""国家级数字商务企业"等。2019 年在全国农业农村创业大赛上，布瑞克凭借"基于农业大数据的农业产业互联网"项目获得全国第二名、江苏省第一名。

布瑞克基于农业大数据咨询服务，打造了中国县级农业大数据应用平台及县级智慧农业系统解决方案。通过掌握大量农业气象、土肥、植保、农技农情信息等大数据，对区域农业资源禀赋、信息化程度的调研和分析，定义区域农业信息体系，设计区域农业信息的采集系统、存储平台、挖掘机制和展示平台。结合布瑞克农产品数据库，将区域农业中关键产品的市场信息采集拓展到全国乃至全球范围，形成区域农业大数据平台，在数据整合的基础上对关键产品的市场供需状况、价格走势等进行监测和预警，为地方农业产业规划、涉农组织经营决策、涉农金融风险分析等提供数据和研究支持，推动了智慧养殖、智慧种植产业的发展，提升全产业链的效率，优化产业结构。通过农产品集购网打通分销渠道、以农业大数据反哺渠道，有效减少大宗农产品分销渠道不透明、流通数据阻塞等问题，实现了以销定产的模式，极大提升了大宗农产品市场的流通效率。

2022 年是乡村振兴发展攻坚阶段，在这样的背景下，布瑞克持续在数字化供应链方面发力。先后在"牧人 X 掌柜系列"的农牧人肉掌柜、云农批管理的鱼管家以"S2B2C"的模式进行数字化的赋能。2022 年，布瑞克进一步推进了农业人工智能平台建设，先后落地了建设苹果云、肉业云、豆业云、核桃云、黄牛云、油菜云、马铃薯云等多个农业单品全产业链大数据云平台，为全国农业数字化转型，树立了典型标杆项目，开辟了新道路。同年，为了助力疫情防控影响下的农产品销售，保障市民农产品采购信息畅通，衔接产销两端，助力全国疫情反弹地区稳产保供，布瑞克升级上线了全国农产品"产销对接"数字化平台，实现了高效的跨区域产销需求对接，用数字化供应链助力农产品稳价保供，为疫情防控贡献了布瑞克的一份力量。12月12日，布瑞克农产品集购网"双12"活动再次刷新交易量，总订单金额破1.5亿元，推动了大宗农产品数字化供应链发展新征程。在"双12"活动上，农牧人以"社区+直播"的新模式，强势加入"双12"农产品大促，单日创1300万元新高，让来自县域、深山里的优质农产品更好地走入千家万户。在企业影响力方面，布瑞克农业大数据再获8项发明专利；农牧人荣获苏州市相城区商务局颁发的"优秀保供单位"称号；布瑞克荣获"2022年中国产业互联网百强企业"、高铁新城"新城十美最美标杆企业"称号，布瑞克董事长孙彤荣获"2022年中国产业互联网卓越CEO"、高铁新城"新城十美最美改革先锋"称号以及全国丰收节2022年"大国农匠"创业创新奖；布瑞克农业互联网荣获苏州高铁新城科技创新奖；布瑞克农产品集购网荣获产业互联网"千峰奖"双千亿潜力企业"潜力奖"；等等。

2023年，布瑞克将进一步开拓创新，把农业大数据、农产品集购网、农牧人商城三大业务做大做强加速产业振兴，始终围绕"乡村振兴、产业振兴、共同富裕"总要求，通过产业振兴、扎实推动数字化农业全面升级、助力农业稳产增产、农民稳步增收，逐步实现乡村振兴。

未来，蓝迪国际智库将继续保持与布瑞克紧密的合作伙伴关系，依托布瑞克在农业大数据和产业互联网领域的长期积累以及对国内国际农业产业研究和大宗农产品进出口业务方面具备的优势，在智慧农业以及农业三产融合上持续发力，创新农业发展新模式，助力实现农村数字经济的产业化，助力乡村产业振兴。在"一带一路"大背景下，与"一带一路"共建国家的相关部门和企业在重点农业产业和农产品研究、跨境大宗农产品贸易、大宗农产品分销等方面积极推介合作机会。

（六）山东天壮环保科技有限公司

山东天壮环保科技有限公司（简称天壮）于2008年在济南成立，是一家集研发、生产、销售为一体的高新技术企业。天壮历经多年研发成功打造出生态塑料应用技术平台，拥有集"生态塑料"系列产品的研究开发、实验测试和生产加工于一体的研发生产示范基地及9000多平方米现代化塑料加工生产车间，通过了食品包装工业产品生产许可认证（QS）、质量管理体系认证（ISO 9001）、环境管理体系认证（ISO 14001）、职业健康管理体系认证（ISO 18001）和知识产权管理体系认证（IPMS）。拥有发明专利6件，主持及参与制定国家标准5项，荣获多项省部级奖励，核心技术及产品先后通过了中国科学院王佛松院士的技术鉴定和中国工程院陈学庚院士的应用效果鉴定。

蓝迪国际智库秘书处及中国标准化研究院一行赴天壮实地考察

天壮的核心技术原理是在普通聚乙烯制品生产过程中添加具有独立自

主知识产权的 EBP 降解母料，在不改变原有塑料制品使用性能的前提下，使原本在自然界需要几百年才能被降解的聚乙烯塑料在短短数年内，通过光/热氧化作用及环境微生物作用，加速降解为水、二氧化碳和土壤有机质，回归生态圈，实现完全降解。

目前，天壮形成了以"绿塑宝""君壮""天壮""EBP"为主的系列产品品牌，涵盖农业生产、商业零售、快递物流、食品加工、医疗卫生、建筑工程等领域，相关产品通过 30 余项国际国内检测认证，在满足各行业基本使用需求外，兼具可控降解与完全降解特性，目前产品覆盖全国 28 个省区，并远销美国、西班牙、新西兰、澳大利亚等国家和地区，自推广应用以来产生了巨大的经济效益、社会效益和生态效益。

未来，蓝迪国际智库将携手天壮以解决白色污染的技术为基础，响应"2041"环保行动，引领塑料包装行业，打造高新科技、绿色生态和可持续发展的循环经济，为保护地球生态环境贡献智库力量。

（七）盈创建筑科技（上海）有限公司

盈创建筑科技（上海）有限公司（简称盈创）是全球 3D 打印建筑领航者，成立于 2003 年 7 月 24 日，是全球较早真正实现 3D 打印建筑的高新技术企业，从事 3D 打印建筑、建筑新材料研发、生产十七年，拥有国家专利 350 件，是国家"一带一路"倡议重要参与企业、影响中国房地产品牌企业、中国房地产诚信企业、上海市优秀联盟企业、中国房地产开发企业 500 强商业地产项目首选供应商企业，并率先在行业内被认定为"高新技术企业"，于上海、苏州、襄阳均设有生产工厂。

盈创始终以彻底改变建筑、建材对环境的破坏，改变落后制造，成为尊敬人类和自然的智慧创造公司为使命。让建筑再生资源化腐朽为神奇达到资源再利用，回到建筑中去，实现可持续的循环经济。经多年不懈努力，盈创让建筑能耗大幅降低，让建筑成本降低 50%，让世界更多的人住进低碳、节能、环保的居所。

自 2002 年开始，盈创研发出一系列运用 3D 打印技术的新型绿色建筑

盈创董事长马义和在"中国数字建筑峰会"
蓝迪国际智库专场活动上发言

材料产品：GRG（特殊玻璃纤维增强石膏板）、SRC（特殊玻璃纤维增强水泥）、盈恒石（超越自然的天然石材）、FRP（特殊纤维复合材料）、建筑打印油墨和3D打印建筑。盈创专注大剧院、体育场、会议厅、商业综合体、高端会所、酒店、产业园等大型公共建筑建设及装饰，国家大剧院、国家游泳中心（水立方）、上海世博中心、广州白云国际会议中心、凤凰传媒北京大厦、APEC峰会濂溪别馆、迪拜政府办公楼、2015米兰世博会KIP馆等400项国家级、地标性建筑都使用了盈创的产品。

2022年8月9日，盈创与河北省唐山市滦南县人民政府举行签约仪式，滦南县将引进盈创投资建设3D打印建筑示范项目，打造滦南"无废之城"新模式、新业态。盈创投资建设3D建筑打印循环产业园项目共分三期，总投资25亿元，占地约67万平方米。11月，盈创在上海虹桥过遇园·3D打印艺术景观公园用直播的方式，展示了盈创用建筑3D打印数字技术打造的艺术化、景观化、惠民化城市公共空间示范园，首次公布了最新研发的车载式YC1804C（车载移动式悬臂打印机）和YC1805（大型悬臂打印机），证明了盈创可就地取材、实现了现场打印的数字化智能化 3D 打印移动工厂。

蓝迪国际智库一直致力于引领和推动科技产业在"一带一路"沿线国家和地区的发展。盈创 3D 打印建筑集智能、科技、环保于一体，备受蓝迪国际智库关注。蓝迪国际智库多次考察指导盈创，并搭建盈创与蓝迪平台企业联动发展机会。未来，蓝迪国际智库将帮助盈创制定其在产业链工艺原理和材料分类等领域的相关标准，建立起支撑 3D 打印技术发展的技术规范，进一步挖掘 3D 打印技术在"一带一路"建设中的合作机会，搭乘"一带一路"东风，助力盈创快速、高质量发展。

（八）广东合一新材料研究院有限公司

广东合一新材料研究院有限公司（简称广东合一）于 2015 年 10 月在广州市黄埔区注册成立，是一家基于超导热材料技术，专注热管理和热控系统解决方案的服务商及产品开发制造商，是广东省新型研发机构，为国家高新技术企业。广东合一的超导热材料具有良好的工程适应性，可适用于众多领域，业务触及数据机房、医疗、照明、新能源、电力、电子、交通、家用电器等行业。本着军民融合的发展战略，广东合一开发的热控系统产品在民用领域得到应用，民用方向包括绿色数据中心、边缘计算，重频磁体冷却、大功率 LED 灯散热等，其中喷淋液冷和大功率 LED 散热是国家标准的主要起草单位。

广东合一于 2018 年 5 月成立了由 6 位院士领衔、7 位知名专家教授参与共同组建的"广东合一热控技术院士工作站"，旨在通用领域热管理和特殊行业热控制跨界工程应用中的科学和技术问题开展研究，已相继正式通过广州市院士专家企业工作站和广东省院士专家工作站认定。截至 2022 年 11 月，广东合一已申请专利 337 件，专利授权 232 件，其中发明专利授权 57 件，"芯片级喷淋液冷技术"的核心技术已在美国、日本、德国、新加坡、法国、印度，以及我国台湾地区等申请了专利保护。广东合一获得的荣誉包括 2021 年度第十届中国创新创业大赛暨第六届羊城"科创杯"创新创业节能环保行业决赛第一名、2020年度中国IDC产业"创新技术奖"、第八届数据中心标准峰会"2020年度数据中心科技成果奖"二等奖等。

广东合一致力于超导热材料技术、热控技术和纳米合金技术的开发和应用推广。公司利用自主研制的超导热材料，开发出具有完全自主知识产权的"芯片级喷淋液冷技术"，经第三方检测，其数据中能耗标准即PUE值小于1.1，达到世界先进水平。该技术在大数据中心、边缘计算等领域将大有用武之地，对数据中心的节能降耗、绿色低碳运营都具有现实意义。此系列产品通过高新技术产品认定并多次获得高新科技奖，连续两年入选国家工业和信息化部和广东省绿色数据中心先进适用技术产品目录。公司撰写的"液冷（喷淋式）技术要求"数据中心行业标准、"喷淋式直接液冷数据中心设计规范"和"数据中心喷淋式液冷服务器系统技术要求和测试方法"国家标准获批颁布。

2022年2月，我国"东数西算"工程全面启动，聚焦8个地区算力网雏形，广东合一的喷淋液冷以自主核心技术，支持并提升CPU负载上限至90%，从热管理路径开辟提高算力的新视角，助力提高算力质量，构建供需优化、互联互通的全国一体化算力网络。3月，2022年度广州市硬科技培育百强企业正式公布，广东合一凭借喷淋液冷技术高性能科技成果，低门槛应用条件，创新赋能和普适普惠实力，荣占榜单一席之位。11月，广东合一荣获第十一届中国创新创业大赛（广东赛区）三等奖，在广东"众创杯"创新创业大赛之大众创业创富赛中，广东合一以喷淋液冷技术荣获优胜奖。12月，喷淋液冷技术再次入选国家工业和信息化部发布的《国家工业和信息化领域节能技术装备推荐目录（2022年版）》，这是自2019年起广东合一的喷淋液冷核心技术第四年入选国家工业和信息化部推荐目录，向社会展现出广东合一喷淋液冷技术强大创新活力和绿色高效优势。

广东合一作为优秀的蓝迪平台企业代表，凭借自主研发的喷淋液冷核心技术，克服了国外的技术控制，将区别于冷板式和沉浸式冷液的全新喷淋冷液技术核心和专利牢牢抓在中国人自己手里，以中国技术描绘中国科技和信息安全蓝图，同时，也为国家"一带一路"倡议的实践作出了卓越的贡献，实现了自主技术和文化输出。

未来，蓝迪国际智库将继续发挥国家高端应用型智库的资源整合优势，在知识产权保护、国内外技术交流、市场拓展等领域深化合作，帮助广东合一联动上下游企业，推动喷淋液冷技术合作及其他领域的研究，紧抓新思路新机遇，将企业的创新成果推向更广阔的市场。

（九）柒贰零（北京）健康科技有限公司

柒贰零（北京）健康科技有限公司（简称柒贰零）成立于2014年3月，由《通信世界》创始人项立刚、爱立信学院院长余华联合创办，是国内首家聚焦家庭环境和商业场所环境的智能家居互联网生态平台，是国家和中关村双高新技术企业，也是智能家居Aiot硬件产品和相关行业解决方案的新锐企业。

柒贰零董事长项立刚出席第七届中国机器人峰会暨智能经济人才峰会
蓝迪国际智库机器人企业专场会并发言

柒贰零自建立以来一直专注于环境健康领域，公司的产品和解决方案覆盖了智能环境监测、空气净化及消毒、饮用水净化、消杀灭菌和清除农药残留等多个健康电器领域。柒贰零在研发和知识产权上持续投入，目前已拥有数十项国内外产品及技术专利。柒贰零聚集了一批智能硬件、App应用开发、云平台构建、大数据分析和整合营销的跨行业精英，是智能家居行业的领先践行者。柒贰零曾获得国内多项创新创业大奖，也是2019年度ICT中国创新奖和2018年度墨提斯奖、年度智能家居设备奖的获得者。凭借不断的技术创新、多年的产品研发迭代、激烈的市场竞争打磨、持续的运营优化提升和层出不穷的市场爆款产品，柒贰零已成长为空气消杀净化领域的头部品牌，并成为华为等全球领导品牌的智能家居生态的重要合作伙伴。

截至目前，柒贰零已经打造出10款"华为智选720全效空气净化器"系列产品、2款"720家用空气消毒机"系列产品、7款"720净生活"系列产品。为了满足后疫情时代公共服务场所的空气消杀净化需求，柒贰零首发了业界领先的5G/LTE物联网通信技术的720智能空气消杀净化系统——玄武2000，创造性地将消杀净化、物联通信、智能管理、数据展示无缝融合，该系统已获得国家发明专利1件、实用新型专利2件、外观专利2件、软件著作权3件。目前，该空气解决方案已广泛应用于各大酒店、展会、医院等公共场所，助力经济社会发展。

2022年，柒贰零不断奋进，聚焦科技创新，不断推出新产品的同时也取得收获了一系列荣誉。1月，柒贰零被认定为2022年度北京市"专精特新"中小企业；11月，柒贰零在华为HDC2022大会上获得鸿蒙智联贡献奖；12月，柒贰零入选"北京数字经济企业100强"。

（十）特来电新能源股份有限公司

特来电新能源股份有限公司（简称特来电）于2014年创立，是新能源汽车充电设备制造商和充电网运营商，主要从事充电设备的研发、生产、销售及充电网的建设与运营，为用户提供充电系统解决方案及充电网运营服务。特来电以"做政府放心、客户满意的中国最强最大充电网生态运营商"为目标,以"实现新能源车充新能源电,让尾气和雾霾远离人类"为使命,致力于推动新能源汽车充电和新能源发电的深度融合,构建实现"双碳"目标的有效路径,成为新能源革命的引领者。成立以来,特来电获得多项殊荣:2018 年 IF 产品设计奖(液冷直流充电终端);2019 年第一批专精特新"小巨人"企业、2019 年电网调度 AI 邀请赛一等奖、家知识产权优势企业、IF 产品设计奖(交流充电桩)、中国新能源汽车和可再生能源综合应用商业化推广项;2021 年全国制造业单项冠军产品(电动汽车充电模块)、全球新能源汽车十大创新技术;2022 年青岛市氢能与储能产业链链主企业以及由 Equal Ocean 颁发的 2022 年新能源科技 50 强(2022 China New Energy Tech 50)。

特来电总工程师、首席科学家龚成明在第八届中国国际电动汽车充换电产业大会开幕式上发言

特来电是世界充电网技术体系的开创者和引领者,致力于研发充电网、微电网、储能网"三网融合"的新能源互联网,以智能化能源管理系统为

基础，通过先进技术、精致产品、优质服务，为用户提供智能充电整体解决方案。其电动汽车群智能充电系统具有无桩充电、无电插头、群管群控、模块结构、主动防护、柔性充电等多个优点。智能充电产品包含群充产品线、小功率产品线、自动充电产品线、微网产品线、单桩产品线、汽车群充电解决方案等多个充电产品端。特来电作为新能源汽车充电设备制造商和充电网运营商，其产品具有终端规模较大、城市覆盖较广、实时的服务响应、专业的技术团队、灵活的对接方式和丰富的对接经验六大优势，为广大车主提供更互联、便捷、智能的充电体验。此外，特来电作为中国具规模的新能源汽车充电网生态运营商，其SaaS平台提供互联网+充电服务、集客和推荐、智能运维三大特色服务。

2022年新年伊始，特来电与三一重卡、湖北亿纬动力有限公司于长沙正式签署战略合作协议，强强联合开启战略合作新篇章，共同投身重卡行业绿色转型新赛道。未来，特来电将与三一重卡、湖北亿纬动力有限公司在能源交易、大数据管理、充电网等方面开展深度合作，资源共享、优势互补，共同推动绿电运输高效发展。2022年10月29日，特来电2022充电网新技术新产品发布会在青岛举行。特来电虚拟电厂平台、充电型微电网创新产品、梯次电池储能技术创新产品和驻地站"特惠充"创新产品一大平台和三大产品依次发布，其中"电动汽车主动支撑的交直流混合微电网优化调控和系统集成"与"梯次电池储能系统及创新技术"两大项目通过中国电力企业联合会鉴定委员会鉴定，成果达到国际先进水平。特来电以"充电网、微电网、储能网"为载体构建的虚拟电厂平台的发布，正式开启充电网"电时代"，将深度融合新能源发电和新能源汽车，能够辅助电网高效调峰，是实现碳中和的有效路径。

三、创新企业

（一）浙江强脑科技有限公司

浙江强脑科技有限公司（简称强脑科技）创立于2015年，是首家入选哈佛大学创新实验室（Harvard Innovation Lab）的中国团队，致力于成为全球领先的非侵入式脑机接口技术解决方案供应商，在康复、人机交互等领域具有领先优势。强脑科技的核心研发团队中，来自清华大学、浙江大学、哈尔滨工业大学、哈佛大学、麻省理工学院等全球顶尖学府的优秀毕业生占比超过70%。强脑科技已申请及在申请的脑机接口领域核心专利数百项，致力于将脑机接口底层技术应用于不同领域，以打造各领域的颠覆性产品。2019年中国科学院发布的全球人工智能企业TOP20榜单，强脑科技作为脑机接口领域代表入选。

目前强脑科技布局的重点领域为康复领域，公司在康复领域拥有Brain Robotics智能仿生手、Mobius智能仿生腿和开星果脑机接口社交沟通训练系统三款产品。2022年，强脑科技智能仿生手获得FDA上市批准，使其成为国内首家且唯一一家获得FDA认证的脑机接口公司。BrainRobotics智能仿生手是一款脑机接口技术与人工智能算法高度整合的智能产品，可通过检测佩戴者的神经电和肌肉电信号，识别佩戴者的运动意图，并将运动意图转化为智能仿生手的动作，从而做到灵巧智能，手随心动；智能仿生腿是融合脑机接口技术和人工智能算法的新型智能下肢，能够通过融合陀螺仪、肌电神经电采集等传感器处理实时数据，在用户使用时根据路况进行步态实时适应性调整，实现高仿真体验；开星果脑机接口社交沟通训练系统是孤独症研究、神经科学领域科学家及设计师联合打造的孤独症儿童专属训练产品，能够提供直观、实时的脑电波数据反馈、长期自动化分析记录和科学量化的脑电分析报告，使家长和康复师能够直观地了解孩子的训练效果、长期有效地追踪孤独症儿童的大脑情况并通过功能性神经反馈训练直接干预孤独症早期脑神经发育。除康复领域外，强脑科技还积极布局健康及教育领域，目前已经推出了深海豚（Easleep）脑机智能安全睡眠仪、Oxyzen仰憩舒压助眠系统、Focus专注力提升系统三种产品。在教育领域推出了人工智能脑科学课程（BrainAI）。

2022年强脑科技持续坚持自主创新，取得了一系列成果。1月，强脑科技第十万台二代可穿戴脑电检测设备下线，这是全球首个高精度脑机接口产品、单品实现10万台量产，意味着强脑科技消费级脑机接口设备的工程和技术难题已经得到有效突破，并且产品理念已获得消费者认可。3月，智能仿生手助力冬残奥会火炬传递。7月，强脑科技入选2022《财富》中国最具社会影响力的84家创业公司。9月，在2022中国（合肥）首届场景创新峰会上，BrainCo强脑科技获最佳场景创新奖。

强脑科技创始人兼CEO韩璧丞博士在第二届BEYOND国际科技创新博览会上作精彩发言

强脑科技已然在多个现实场景中开展创新实践，未来三至五年，强脑科技计划推出智能仿生膝、睡眠干预、阿尔茨海默病干预等产品。在消费级产品和数字疗法领域持续深耕，同时拓展技术应用领域，继续秉持科技向善、以人为本的初心，将非侵入式脑机接口技术真正落地转化为产品从而造福人类。

（二）鉴真防务技术（上海）有限公司

鉴真防务技术（上海）有限公司（简称鉴真防务）成立于2017年，

是国内领先的军民融合无人机安全管控防控整体解决方案提供商,是低空防务领域集技术研发、设备生产、系统集成、方案制定和销售服务于一体的科技领军企业。鉴真防务总部位于上海,分公司网状辐射湖南、湖北、山东、江西、陕西、四川等地,产品研发资源和业务渠道网络覆盖全国。鉴真防务获得的荣誉包括 2020 年度上海市"专精特新"中小企业、2021 第四届全球无人系统大会无人系统行业金翼奖的科技引领奖、入选 2021 上海最具投资潜力 50 家创业企业榜单等。

鉴真防务核心研发团队由国防科技大学、浙江大学等一流高等院校博、硕士共同打造,40 余项核心技术成果形成坚实基础支撑。鉴真防务自主研发的"智慧城市"低空安全综合管控系统,高效整合了雷达探测、频谱探测、信号探测、光电跟踪、导航信号诱骗、无线电压制、人工智能、区块链等高新技术,具备指挥调度、监控回传、飞行管理、态势感知等功能,通过自有无人机综合管控云平台,可对反无人机指挥车、机动站、固定站和便携式无人机反制器等低空防务系列产品进行全域远程组网,实现针对无人机的目标自动检测、识别、跟踪、分析和处置。

鉴真防务紧盯信息前沿,专攻新兴技术,持续在贯彻国家安全和军民融合深度发展战略上聚焦用力,低空安全技术产品在 F1 中国(上海)大奖赛、酒泉卫星发射、上合组织峰会、南海海域海上阅兵、中朝领导人大连会晤、央视春节联欢晚会、世界互联网大会、第一届至第四届中国国际进口博览会等重大活动中均获得成功应用,并与酒泉卫星发射中心、同济大学等共同成立低空与网络安全联合实验室,牵头在全联科技装备业商会下成立低空无人机管控专业委员会,广泛吸纳公安系统、重点军工、一流院校、产业链上下游顶尖企业等 20 余名专家任专委会委员,着力推进低空安全技术交流协作和无人机管控标准化系统化研究工作,荣获"上海市军民融合科技创新示范企业"称号,以强劲实力助推国家低空安全事业创新发展,为军地全方位低空安全保驾护航。

鉴真防务参加第七届中国机器人峰会暨智能经济人才峰会

2022年3月,上海市经济和信息化委员会正式公布"2021上海软件和信息技术服务业百强"和"2021上海软件和信息技术服务业高成长百家"双百名单。鉴真防务凭借在低空安全管控方面的技术创新和广泛应用入选"2021上海软件和信息技术服务业高成长百家"名单,技术创新能力获官方肯定。

未来,在创新、协调、绿色、开放、共享的新发展理念指引下,蓝迪国际智库将持续关注鉴真防务在商业模式创新、领域拓展和智能产业方面的规划,帮助其进一步扩大在无人机管控、空域管理和无人机应用板块的市场规模。以夯实低空安全业务,登上立体运营、智慧城市建设高峰为目标,不断优化运营模式,助力其发展成为行业独角兽企业。

(三)深圳行云创新科技有限公司

深圳行云创新科技有限公司(简称行云创新)成立于2016年,专注于为开发者打造产品和平台的创新企业,总部位于深圳,是一家国家高新技术企业。行云创新是云原生领域的佼佼者,汇集海内外优秀人才,技术团队来自甲骨文、华为、腾讯、微软等知名科技企业。短短几年,行云创新凭借安全可靠的技术经验,产品已广泛被互联网、汽车、金融、政府等行业用户认可，标杆客户包括华为、平安银行、格力、海尔、中信银行、上汽集团等世界500强企业。

行云创新作为云原生行业专家，自成立以来便致力于一站式全云端研发支撑，构建为创新加速的开发云服务，为应用的架构设计、开发、测试、交付、运维和运营等提供全生命周期可视化管理，并集成DevOps，实现CI/CT/CD（持续集成/持续测试/持续部署），让企业聚焦于业务创新，快速安全地实现数字化转型。行云创新从项目管理、架构设计、代码编写、测试运行到运维运营，一张网页涵盖开发、运行软件所需的一切支持，助力独立开发者和企业实现容器、DevOps、微服务架构落地，显著提升开发效益。

针对目前的市场环境与多方问题，行云创新技术售前团队着力打造了数字化应用创新研发解决方案，以提升企业开发成果复用率，加速应用快速迭代交付，满足企业业务快速变化的需求。该方案集成DevOps理念，无缝衔接开发、测试、运维环节，提供统一环境，提升运营效率。使数字资产可视化，实现代码不落地，保证企业信息安全。让企业轻松拥有混合云架构，实现业务一键发布全球任意云端，避免被单一云供应商绑定。

行云创新一站式云原生开发平台产品CloudOS，包含云原生应用架构设计、在线协同编码开发、基于云原生的API管理和接口测试、多云交付和应用调度、灰度发布、流水线、应用运维、服务治理、多容器集群管理、云边一体化业务交付等能力。目标是提升应用架构敏捷度，大大加快软件开发迭代速度，提高IT资源的弹性和利用率，助力企业客户加速实现业务价值。

产业数字化浪潮中，云原生已成大势。2022年3月，阿里云宣布包括行云创新在内的31家企业入选阿里云首期云原生加速器。随着云原生的迅速普及，全云开发的时代已经到来，加入阿里云云原生加速器首批企业，行云创新将与更多合作伙伴一起共建云原生行业新生态，为更多客户提供涵盖云原生开发、测试、运维、可观测等一站式云解决方案，助力企业高效实现数字化转型。

凭借在云原生领域的深耕，行云创新将不断优化技术和产品，致力为客户打造自主可控、开发的平台生态。未来，蓝迪国际智库将帮助行云创新进一步开拓国内外市场，用安全可靠的科技手段帮助更多企业实现数字化转型。

（四）上海泷洋船舶科技有限公司

上海泷洋船舶科技有限公司（简称上海泷洋科技）成立于2018年，位于上海自贸区临港新片区——临港海洋科技园，是一家从事船舶与海洋工程领域的电力推进系统、智能电力推进系统、船舶岸电和港口岸电系统、新能源绿色船舶、智能船系统的高科技企业。目前拥有10多件专利与知识产权，3个商标，通过3个质量体系认证（ISO 9001/ISO 14001/IS 45001），获得认定上海临港新片区第一批所得税优惠企业，是智能船联盟理事单位、军民融合全国理事会理事单位、船舶与海洋工程学会理事单位、全国工商联会员企业。

上海泷洋科技专注于电力推进和海洋工程领域，公司技术力量雄厚，与上海交通大学、合肥工业大学、各大设计院等科研院所合作密切，拥有20多名长期从事船舶与海洋工程领域的教授、硕士、博士、工程师及技术人员，经验丰富、技术成熟。以"全心全意为客户提供最优方案"为使命，以一流服务和高质量赢得客户满意，成为集成电力推进与智能控制系统领域的名牌。

上海泷洋科技的业务单元包括智能电力推进系统、船舶健康管理系统（船级物联网）、智能机舱控制系统、智能能效管理系统（含EMS&PMS）、智能船舶控制系统（船级工业互联网）、智能电站系统、船用储能系统、船用新能源混合动力总成系统、船舶生态环保装备、船用关键装备（变频器、电机、发电机、电源、新一代配电板）等。具有全面的工厂自动化系统集成能力和为船舶与海洋工程制造企业全面电气配套的服务能力，为客户提供从检测器件、执行器件、变频与电源、配电系统到自动控制系统、智能船舶控制系统、能量管理系统等全流程产品与服务。

蓝迪国际智库专家与上海泷洋科技董事长王成武合影

未来，蓝迪国际智库将携手上海泷洋科技，聚焦行业细分领域，以"科学管理、合作共赢"的经营理念和"立足上海，辐射华东，服务全国，面向世界"的发展思路，专注于电力推进和智能控制领域科技创新。助力上海泷洋科技成为智能电力推进与智能船系统行业的引领者。

（五）飞诺门阵（北京）科技有限公司

飞诺门阵（北京）科技有限公司（简称飞诺门阵）成立于2019年，是一家提供软硬一体化智能边缘计算解决方案的高新技术企业。飞诺门阵面向城市级数据构建立体化综合智能服务体系，并致力于通过下一代网络计算架构，统一调配计算、通信、存储资源，将传统的中心式计算变成可自由调配算力的分布式计算，推动云原生架构向边缘下沉，面向边缘侧智能与安全，实现计算、网络的融合编排。飞诺门阵先后获评北京市"专精特新"中小企业、"十四五"科技创新先行示范单位、2021中国AI金雁奖等，与清华海峡研究院、上海师范大学、南通先进通信技术研究院等机构共建联合实验室与研发中心，与黄河水利委员会、中国智慧能源产业联盟、北京市安防协会、重庆市公安刑侦总队、张家口市教育局及能源局、希捷科技、西门子研究院、国家电投集团科学技术研究院等达成战略合作，构建自主可控安全的新一代网络计算产业创新生态。

自成立以来，飞诺门阵一贯秉承"产研双线、齐头并进"的理念，致力于新一代网络计算架构的体系创新，研发了 XASE 云网安智一体化架构及涵盖边缘云平台、AI 中台、边缘硬件、行业视频应用、魔盒系列等的数十个云边协同产品。陆续出版了《非冯诺依曼网络计算体系》《人工智能伦理与安全》《数字新基建：开启数字经济新时代》等 5 部专著，申请了40 余件发明专利并有 13 件已授权，拥有软件著作权近 50 项，参编国家标准超过 4 项、行业标准与团体标准超过 20 项，积极融入并初步建立了相关技术与行业生态。

飞诺门阵以"构建人工智能时代自主可控的非冯诺依曼通用网络计算体系"为愿景，专注于打造非冯诺依曼架构下的新一代可控、可信、安全的互联网计算体系。通过边缘计算设备、边缘云、AI 中台、垂直行业应用四层产品，赋能以数据中心、智能计算中心为代表的算力基础设施和以 5G、人工智能、云计算、区块链、工业互联网等为代表的新技术基础设施建设，在智能安防、交通、水利等领域实现应用，从根本上解决新型信息技术大规模应用的高并发、低延时需求与现有计算设施不匹配的问题，全面提升国家新基建众多应用中的底层计算通信架构。

飞诺门阵核心产品 XASE 架构是基于自主可控的新一代网络计算体系颠覆式理论创新，结合过去三年在多个行业的落地实践经验与客户反馈，以飞诺智慧引擎为核心，实现服务集约化、能力标准化、运营体系化、分析智能化、交付自动化，一站式解决用户的云、网、安、智问题。基于该架构，飞诺门阵研发了多款场景化"魔盒"产品及解决方案，面向安防、水利、教育、能源、医疗等场景提供全套数智化服务，从根本上解决边缘场景下算网智安叠加的复杂性与新型信息技术大规模应用需求的矛盾，实现云边协同计算的平民化，全面提升国家新基建众多应用中的底层计算通信架构。

2022年，飞诺门阵荣获2022年度（行业）信息化最佳商业模式创新奖、2022年度中国商业联合会科学技术奖、科技创新型企业等奖项。2023年元旦伊始，飞诺门阵正式宣布完成A+轮战略融资，投后估值近6亿元。该轮融资由中能基金领投，中科碧华、广东红鼎跟投，于2022年底完成投资协议签署和交割。融资资金将用于飞诺门阵XASE云网安智一体化架构的核心技术创新与行业产品研发，并进一步在安防、水利、能源、教育等领域深耕拓展，全力打造"云边端"融合协同和"空天地海"一体化智能数字信息基础设施。

世界百年未有之大变局加速演进，中国要掌握网络空间主动权和话语权、保证网络空间安全，还需不断厘清战略思路、锚定发展目标，包括开辟新型计算系统架构及核心软件的"新赛道"，研发具有可自持、可制衡、可博弈能力的知识产权，打造一批技术先进、自主可控安全的技术与产品，构筑我国在未来网络计算体系结构与新型计算技术方面的竞争新优势。

飞诺门阵董事长在"新科技产业发展讨论会"上发言

飞诺门阵作为蓝迪国际智库企业平台成员，未来将参与蓝迪平台"智慧城市"整体解决方案。蓝迪国际智库将帮助飞诺门阵寻找战略投资伙伴，建立健全质量标准体系，打造成熟的解决方案，并进一步开拓国内外市场。

（六）北京上奇数字科技有限公司

北京上奇数字科技有限公司（简称上奇数科）成立于2020年，是北京智源人工智能研究院重点孵化支持的创新型AI企业，致力于产业知识的数字化、模型化和服务化，研发成功全球首个产业知识计算引擎，基于该引擎构建了涵盖数据仓库、产业字典、知识矩阵、服务组件、产业大脑等拥有自主知识产权的一系列AI工具、软件和平台，支撑用户构建以"数据和算法"驱动的产业治理和投资决策新模式。

上奇产业云目前已汇聚了优质企业5000万家（包括4万家上市公司），核心专利1亿件，产业人才10万名，创新机构2万家，产业政策10万条，经济信息500万条，投资数据100万条，覆盖城市300个，园区3000个等产业要素数据。同时完成了100余个产业图谱、2000余个算法模型、200余个应用场景的产品研发，支撑用户构建以"数据和算法"驱动的产业治理和投资决策新模式。部署了5万个数据采集源，每日更新，与工商、知产、投资等多源数据高频交换，通过算法引擎同步完成数据关系挖掘和知识提取。

2022年3月3日，十二届全国人大外事委员会副主任委员、中国社会科学院"一带一路"国际智库专家委员会主席、蓝迪国际智库专家委员会主席赵白鸽赴北京上奇数科考察调研。赵白鸽重点了解了上奇数科在人工智能领域的领先技术和先进产品，仔细询问了各项产品的落地应用与实践。对上奇数科所取得的各项成就表示高度认可，赵白鸽指出，在以人工智能为标志的第四次科技革命和产业变革中，要积极推进人工智能、大数据、云平台等各项科学技术等与现代产业的深入融合，助力产业智能化、数字化升级，上奇数科要紧紧抓住时代机遇，深入推进人工智能技术与现代城市建设的融合发展，赋能城市建设的高质量发展。人工智能融合产业发展是未来产业升级的关键，也是未来产业发展的新动能。上奇数科在人工智能赋能应用场景方面做了深入而专业的探索，为未来人工智能赋能各行各业提供了成功经验借鉴，希望上奇数科在未来的发展中继续保持强劲的势头，推进产业基础高级化、产业链现代化，提高经济质量效益和核心竞争力。

上奇数科董事长兼 CEO 孙会峰向蓝迪国际智库专家委员会主席赵白鸽介绍和演示"产业大脑"

蓝迪国际智库专家此次深入调研上奇数科，了解上奇数科领先技术和产品，为上奇数科与蓝迪国际智库平台内资源的切实对接做了良好的前期铺垫，也为蓝迪国际智库利用自身完善的智库网络、城市网络、国际网络和企业网络助力上奇数科融入国内国际双循环、融入"一带一路"建设奠定了良好基础。

(七)珠海镓未来科技有限公司

珠海镓未来科技有限公司（简称镓未来）成立于2020年10月，是一家专注于第三代半导体技术研发、应用的高端氮化镓功率器件设计的制造商。镓未来以"建立镓氮生态，成就电能绿业"为使命，致力于高性能级联结构氮化镓产品的研发和生产，为业界提供从30~6000瓦氮化镓器件及系统设计解决方案。

镓未来核心团队由国际知名氮化镓器件专家吴毅锋博士领衔，全身心致力于氮化镓技术的研发及应用开发，研发人员占总人员比例超60%，硕博占研发团队比例超70%，技术骨干主要来自英特尔、德州仪器、华为海思等行业龙头。镓未来依托高起点、强队伍，实现氮化镓技术的国产化，推动氮化镓器件技术的世界领先，实现能源的绿色、高效利用；依托国际化的技术研发团队，镓未来积累了20多项专利，覆盖从器件结构、关键工艺、封装到电源系统设计等全过程，在团队、技术、供应链等方面构建多重优势。

目前，镓未来的主要产品分为三类：第一类是用于快充和适配器的小功率氮化镓器件，产品线覆盖650V480毫欧姆到70毫欧姆，覆盖33~330瓦；第二类是用于算力电源、服务器电源的大功率氮化镓器件，主要为650V35毫欧姆和50毫欧姆两个规格，支持到最高4千伏电源应用；第三类是用于电网、光伏发电、风能逆变的辅助电源的900伏氮化镓器件，开关损耗远低于同等电压MOSFET，且更具有成本优势。其中，PD快充镓未来已经成为小米生态链和联想生态链的合作企业，大功率算力电源已经服务到比特微这些头部客户。截至2022年11月，镓未来的35毫欧姆氮化镓已经批量应用于算力电源、户外储能，出货量超过100万颗，产品的可靠性经受住了市场的考验，已经能够满足3千瓦电源产品要求。在数据中心电源、高性能个人电脑电源上也通过了测试，跟国内头部客户在合作项目开发，预计2023年第四季度量产。此外，镓未来还在进行下一代产品的开发，目标是单颗器件满足5千瓦功率等级，预计2024年初会量产。

对于当前的国产化趋势，镓未来认为，相较于碳化硅，氮化镓完全国产化的难度要低得多，虽然现在很多关键工序是在海外和中国台湾晶圆厂完成的，但不存在技术受限的问题，预估三到五年可以实现全产业链国产化。强大的技术优势将推进新一轮科技创新的高潮，在光伏储能、国家电网、消费电子、汽车OBC、通信产业、工业应用等领域掀起一场新能源变革。镓未来将依托丰富的产业化研发及市场运营经验，坚守为中国碳中和战略方向砥砺前行的初心，为市场提供更加便携高效、安全性更好的绿能产品，惠及千家万户。

（八）珠海一微半导体股份有限公司

珠海一微半导体股份有限公司（简称一微半导体）2014年成立于横琴，是一家以机器人技术及大规模高集成度数模混合芯片设计为主的国家高新技术企业，拥有数模混合集成电路（SoC）设计、机器人算法、机器人开发平台等多项前沿技术及大规模芯片量产经验，致力于成为全球移动机器人领域核心芯片、核心算法以及系统解决方案的主流技术平台，是移动机器人专用芯片领域的领航者。

一微半导体自成立以来，先后荣获中国智能科学技术奖吴文俊人工智能科学技术奖、第七届企业创新工程项目及第十届芯片专项奖、第三届全国机器人专利创新创业大赛一等奖、首届"创新中国"硬科技新锐企业100强及第二届横琴科技创业大赛二等奖等荣誉，同时被评为"广东省机器人骨干企业""广东省'专精特新'中小企业""珠海市独角兽潜力企业"。2021年，荣获第十六届"中国芯"优秀市场表现奖。一微半导体在发展过程中高度重视技术研发及知识产权的积累，截至目前已累计申请知识产权超过1300件，其中PCT及国外专利申请超过150件，专利申请量在清洁机器人技术与芯片领域位居全球前列，先后被评为"广东省知识产权示范企业""国家知识产权优势企业"。

目前，一微半导体的产品已广泛应用在海尔、小米、美的、Anker、KARCHER、SEB等诸多国内外知名终端厂商，得到了客户的高度认可。尤其是 AM890 产品，引起市场以及客户的高度关注。AM890 产品是基于多传感技术融合的全集成的机器人环境建模与导航（SLAM）专用芯片，是单芯片解决方案。一颗集成 SoC 包含 1 个 32 位 RISC 运动控制 MCU，3 个对称运算处理器 MPU，多种硬件专用加速电路，集成视觉和激光处理器算法引擎、算法硬件单元、视觉特征获取引擎、导航引擎、图像引擎、地图引擎、sensor 处理引擎，集成片内高速 SRAM，DDR。支持多种摄像头接口，IO 为 2.7~3.6 伏电压，CORE 为 1.2 伏电压。支持多种低功耗模式、多种复位和唤醒功能、多种安全保密支持、多种通用外设。一微半导体拥有的机器人运动控制和同步定位导航（SLAM）专用 SoC 芯片设计能力，能同时提供惯性导航（ES-LAM）、激光导航（LidarSLAM）和视觉导航（VSLAM）的芯片、算法及完整解决方案，产品主要应用在个人/家庭用机器人、专业服务机器人等领域。

2022 年，一微半导体在世界半导体大会上荣获两项大奖，并在 2023 中国半导体投资联盟年会暨中国 IC 风云榜颁奖典礼上荣获年度优秀创新产品奖；2022 年 8 月，一微半导体凭借在移动机器人专用芯片领域强大的自主创新能力及突出的产品优势，入选国家级专精特新"小巨人"企业，获得 2022 中国 IC 风云榜年度技术突破奖等。此外，一微半导体还牵头承担了广东省重大科技专项及国家重点研发计划"智能机器人"专项，该国家研发专项是"十三五"芯片项目。

（九）广州极飞科技股份有限公司

广州极飞科技股份有限公司（简称极飞科技）成立于 2007 年，作为一家机器人和人工智能技术公司，极飞科技不断致力于用科技为农业赋能，一直致力于无人化农业的探索和研究，极飞科技是国家乡村振兴战略重点高新企业，是全球最大的农业无人机企业。极飞科技的使命：提升农业生产效率。极飞科技的愿景：构建一个满足人类未来一百年发展需求的农业生态系统，让全世界的人们都能获得充足、丰富和安全的食物。

极飞科技打造无人化的智慧农业生态系统，为农民服务和促进农业发展；从技术服务到技术赋能，通过极飞数字农业基础设施与精准农业智能装备，极飞在全球各地的智慧农业合作伙伴可以为本地乡镇级的终端用户提供智慧农业服务，包括农田测绘服务、农田 AI 处方服务、无人机全自动播撒服务等，实现多元化、差异化的农业社会化服务。在技术普及过程中产生的大量生产数据，聚集了金融机构、农产品销售渠道、农化企业和政府监管机构等跨界合作伙伴，通过数据服务为终端用户进一步提供更高价值的服务，例如生产过程的数字化记录可以帮助农户以更低的成本获得平等的授信、贷款和保险机会；基于作物、环境、地势、管理方式及产量预测的数据，保险公司和金融机构能精准地将农户的生产行为量化，更好地管理授信风险，提升农村金融保险服务质量。

极飞科技将无人机、机器人、自动驾驶、人工智能、物联网等技术带进农业生产，通过构建无人化智慧农业生态，让农业进入自动化和精准的4.0 时代。截至 2021 年底，极飞智慧农业科技产品已覆盖 50 个国家和地区，农业无人化设备运营数量 82371 个，累计为农民提供无人化生产服务1.03 亿次，累计农田作业面积 66 万平方千米，累计减少农作物损失 1042万吨。可满足 2084 万人一年的粮食需求。节约农业用水 3060 万吨，降低了二氧化碳排放共 96 万吨。通过搭建农业知识服务平台"极飞学园"、组织线下培训活动等多种形式，培养了 79532 名科技新农人。极飞启动新一轮的"30 万科技新农人培养计划"，向农业一线输送一批"懂科技、会经营、爱农业"的新型职业农民，服务于乡村振兴和农业现代化。

2022 年，极飞科技超级棉田第二季启动，目标是实现亩产 400 千克，在管理环节实现 80% 的无人化率，提升水肥管理能力，同时将与其他新农人一起探索超级棉田模式的可复制性；同年，极飞科技与光明农发集团签署战略合作协议，双方将携手以智慧技术赋能田间管理，大力推广无人机飞播飞巡飞防、智能灌溉、北斗导航、AI 辅助决策、智能监管等多项农业信息化、自动化技术，进一步提升农场田间管理的智慧化水平。此外，极飞科技同年还与中非发展基金签署战略合作协议，双方将在以往合作的基础上，发挥双方在智慧农业技术、非洲市场渠道等方面的优势，探讨以

"投、贷、援、捐"结合的新模式,推动中国智慧农业技术、装备落地非洲,支持非洲农业数字化转型升级,培育壮大数字合作新引擎。

(十)北京蓝晶微生物科技有限公司

北京蓝晶微生物科技有限公司(简称蓝晶)致力于设计、开发、制造和销售新型生物基分子和材料,其中包括生物可降解材料 PHA、再生医学材料、美妆新功能成分、新型食品添加剂、工程益生菌等,帮助消费品、食品、医疗、农业和工业等众多行业的 B 端客户在行业内开展差异化竞争。蓝晶在北京、深圳、上海和江苏盐城均设有研发中心和办公室,客户和合作伙伴包括多家来自食品、消费品行业的世界 500 强企业。蓝晶的核心产品为海洋降解生物聚合物蓝晶™PHA。蓝晶™属于天然高分子材料 PHA,由微生物利用淀粉或油脂合成。蓝晶™PHA 不仅具有类似化石基塑料的力学性能,还具有优异的强度、耐热性、阻隔性等特质,可被广泛应用于绿色包装、餐饮具、化妆品、纤维织品以及其他高端应用制品。此外,蓝晶™PHA 具备优异的降解性,可在多种人工以及自然环境中实现自发降解,为实现全球碳中和并解决塑料垃圾污染,提供了独特的解决方案。

此外,蓝晶首创了一项突破性的生物制造底层技术"生物混动 Biohybrid"。基于生物混动技术,蓝晶利用空气中的二氧化碳和植物油脂作为混合碳源来合成蓝晶™PHA。二氧化碳与生物质作为混合碳源,即"生物混动 Biohybrid"这个名字的由来。当前,基于生物混动技术生产蓝晶™的中试验证已经顺利完成。在未来 24 个月内,采用该技术生产的蓝晶™就可以实现大批量供应。蓝晶将持续优化生物混动技术,以逐步提高蓝晶™产品中温室气体来源的碳原子比例。作为一种底层的生产技术,"生物混动 Biohybrid"可以被应用到几乎所有的生物制造过程中。在未来,它可以被用来制造无数种化学品和材料,以满足客户的需求。

在充满不确定性的 2022 年,蓝晶克服了多重困难与挑战,在江苏盐城落成了蓝晶™PHA 一期工厂——BioFAB1。从破土动工到规模生产,实现了"当年动工、当年生产"。BioFAB1 预计每年可生产 5000 吨蓝晶™PHA,为稳定可靠的供应打下了坚实基础。2022 年蓝晶凭借其绿色创新材料以及在公司治理中对于 ESG 理念的优秀实践，入选"年度社会企业 TOP10"榜单；凭借在分子材料领域的持续创新和合成生物学"零碳产业链"的成功践行，荣获"REAL100 创新家"称号。

未来，蓝迪国际智库希望能充分发挥智库的资源整合优势，助力蓝晶微生物赋能产业链上下游的合作伙伴，创造出能辐射更广泛受众范围的生物科技产品，为全球更多企业提供绿色可持续的解决方案，为实现人类可持续发展目标贡献中国力量。

第四部分

蓝迪国际智库重点合作省市

第七章 重点合作省市

产业兴则经济兴，产业强则城市综合实力强，产业对区域经济发展至关重要。在产业集群化发展的时代，大力改造提升传统产业，促进产业升级变革，提升区域经济创新能力，推动高质量发展，是各个城市在日益激烈的竞争中立足的重要途径。各产业城市卡位国家战略，进行差异定位，围绕优势产业聚焦打造城市产业名片，培育引进高成长、创新性"隐形冠军"企业，完善产业链条、形成聚集优势，搭建全过程、全要素的企业培育生态体系，形成火热的产业转型升级浪潮，已经势在必行。而区域之间发展的不平衡，导致各地发展阶段和发展模式的差异。尤其是经济全球化浪潮下，城市是开放合作的重要引擎。为此，各地方政府不断出台更具吸引力的产业政策，不断优化营商环境，推动产业升级，促进高质量个性化发展。

蓝迪国际智库自成立以来，一直致力于与各级政府的精诚合作，高度重视区域城市的协调联动发展，重点布局国内具有重大经济发展战略的关键区域和重要城市，积极搭建高频互动、紧密协作、灵活高效的"智库+城市"合作平台。针对合作城市的实际需求，蓝迪以国际国内一流智库特有的擘画设计能力，深入调研，精准诊断，整合平台优质专家资源，积极建言献策，为政府提供包括政策咨询、战略规划、产业发展、城市品牌打造、引资招商、资源导入等全方位优质服务，并根据区域特色和产业基础，务实推动以结果为导向、以增强区域核心竞争力为目标的科研成果转化应用，并通过精准把脉，协助地方政府完成以增强区域产业链、供应链安全和韧性为目标的产业链、创新链的"查链、补链"工作和产业招商工作，赋能区域产业高质量发展。

全球化发展浪潮中，蓝迪国际智库遵照国家战略，赋能"区域+节点城市"对接相关"国家"创新合作机制的实践。例如，"横琴粤澳深度合作区+澳门"对准"葡语系国家","RCEP 创新试验基地+青岛"对应"东盟国家、德国、日韩","上合示范区+胶州"链接"上合组织成员国","中东欧国家经贸合作示范区+宁波"瞄准"16+1 合作机制国家"等，以国际化战略，将国内城市网络与国际网络连通，从而推动"双循环"大背景下地方区域新一轮的经济转型、产业调整、对外开放。

蓝迪国际智库重点关注以京津冀为核心的环渤海经济圈、以上海为中心的长三角经济圈、以粤港澳大湾区为核心的珠三角经济圈经济发展问题的同时，也高度关注以青海为代表的生态保护及可持续发展问题，重点合作城市包括珠海、青岛、苏州、宁波、吉安、保定、西宁等城市并取得了系列成果。未来，蓝迪国家智库将进一步总结服务模式，助力平台企业与产业城市紧密连接，共同推动区域产业创新、高质量发展。

一、珠海：横琴粤澳深度合作，助推产业多元发展

横琴粤澳深度合作区（简称深合区）是"一国两制"下探索"粤港澳"合作新模式的新型示范区，是深入实施《粤港澳大湾区发展规划纲要》的重点举措，是丰富"一国两制"实践的重大创举，是全面深化改革、建设更高水平开放型经济新体制的重要部署。深合区建设为澳门长期繁荣稳定发展和更好地融入国家发展大局注入了新动能。

深合区位于中国广东省珠海市横琴新区内，在珠海市最南部，珠江口西侧，南濒南海，东邻港澳，总面积约 106 平方千米，户籍人口 30745 人，常住人口 44527 人。自《横琴粤澳深度合作区建设总体方案》出台以来，政策红利不断释放，域内企业数量和科创成果明显增加。深合区统计局官网公布的最新数据显示，2022 年前三季度的区域生产总值（GDP）为329.46 亿元，实有企业 54572 户，其中内资企业 46563 户，外商及港澳台投资企业 8009 户（澳资企业注册总量 5238 家）。与澳门隔河相望、一衣带水的横琴已经发展成为粤澳合作的"桥头堡"。

深合区十字门水道实景

图片来源：横琴粤澳深度合作区行政事务局。

（一）横琴粤澳深度合作区的战略定位

2021年9月5日，中共中央、国务院正式公布《横琴粤澳深度合作区建设总体方案》，明确了合作区"一条主线""四个战略定位"和"四项主要任务"。其中，"一条主线"指的是围绕"促进澳门经济适度多元发展"。"四大核心战略定位"：一是促进澳门经济适度多元发展的新平台，立足粤澳资源禀赋和发展基础，围绕澳门产业多元发展主攻方向，加强政策扶持，大力发展新技术、新产业、新业态、新模式，为澳门长远发展注入新动力；二是便利澳门居民生活就业的新空间，推动深合区深度对接澳门公共服务和社会保障体系，为澳门居民在深合区学习、就业、创业、生活提供更加便利的条件，营造趋同澳门的宜居宜业生活环境；三是丰富"一国两制"实践的新示范，坚守"一国"之本，善用"两制"之利，立足深合区分线管理的特殊监管体制和发展基础，率先在改革开放重要领域和关键环节大胆创新，推进规则衔接、机制对接，打造具有中国特色、彰显"两制"优势的区域开发示范，加快实现与澳门一体化发展；四是推动粤港澳大湾区建设的新高地，充分挖掘粤港澳大湾区制度创新潜力，用足用好澳门自由港和珠海经济特区的有利因素，加快提升深合区综合实力和竞争力，有力支撑澳门—珠海极点对粤港澳大湾区的引领作用，辐射带动珠江西岸地区加快发展。"四项主要任务"包括发展促进澳门经济适度多元的新产业、建设便利澳门居民生活就业的新家园、构建与澳门一体化高水平开放的新体系、健全粤澳共建共管共享的新体制。

（二）横琴粤澳深度合作区管理机制

《横琴粤澳深度合作区建设总体方案》明确，横琴由原属珠海管辖的自贸区升级为广东省直管。深合区管理委员会实行"省长+特首"双主任制，在粤港澳大湾区建设领导小组领导下，粤澳双方联合组建深合区管理委员会，管理委员会下设执行委员会。澳门特区政府将在中央的指导下，按照总体方案的要求，与广东省政府、珠海市政府一起积极推进深合区的建设，探索建立深合区收益共享机制。

深合区正式封关后，将施行"一线"放开、"二线"管住政策，构建与澳门一体化、高水平开放的新体系，使货物和人员进出高度便利，实现深合区与澳门之间各类资源要素高效便捷安全流动的良好局面。政策实施范围为横琴岛"一线"和"二线"之间的海关监管区域，总面积约106平方千米。其中，横琴与澳门特别行政区之间设为"一线"；横琴与中华人民共和国海关境内与其他地区之间设为"二线"。"一线"放开，指的是对深合区与澳门之间经"一线"进出的货物（过境深合区货物除外）继续实施备案管理，进一步简化申报程序和要素。关于研究调整横琴不予免（保）税货物清单政策，除国家法律、行政法规明确规定不予免（保）税的货物及物品外，其他货物及物品免（保）税进入。"二线"管住，指的是从深合区经"二线"进入内地的免（保）税货物，按照进口货物有关规定办理海关手续，征收关税和进口环节税。对深合区内企业生产的不含进口料件，或者含进口料件在深合区加工增值达到或超过30%的货物，经"二线"进入内地免征进口关税。从内地经"二线"进入深合区的有关货物视同出口，按现行税收政策规定实行增值税和消费税退税，涉及出口关税应税商品的征收出口关税，并根据需要办理海关手续，研究调整适用退税政策的货物范围，实行负面清单管理。

此外，深合区域内将探索构建电子围网系统，推动金融市场率先高度开放，遵照国家统筹规划、服务实体、风险可控、分步推进的指导原则，探索跨境资本自由流入流出和推进资本项目可兑换；在跨境直接投资交易环节，遵照准入前国民待遇加负面清单模式简化管理；在跨境电商结算环节，推动结算便利化实践，银行真实性审核由事前审查转为事后核查；在市场准入环节，实施准入承诺，在"管得住"前提下落实"非禁即入"，对具有强制性标准的领域，原则上取消许可和审批，建立健全备案制度，市场主体承诺符合相关要求并提交相关材料进行备案，即可开展投资经营活动；信息和数据安全领域，在确保个人信息和重要数据安全的前提下，支持珠海、澳门高校及科研机构的科研数据跨境互联互通。

（三）横琴粤澳深度合作区产业基础及布局

自开发之初，横琴就被赋予了促进澳门产业多元发展的使命。国家"十四五"规划纲要明确指出，重点突出粤澳合作共建横琴，支持澳门发展中医药研发制造、特色金融、高新技术和会展商贸等产业。2022年颁布的《横琴粤澳深度合作区建设总体方案》对国家"十四五"规划纲要作了进一步细化，并明确要大力发展促进澳门经济适度多元的新产业，聚焦科技研发和高端制造、中医药及生物医药大健康、文旅会展商贸和现代金融四大产业。深合区揭牌成立一年多以来，粤澳集成电路设计产业园、粤澳先进智能计算联合实验室等高能级平台落地，国家级、省级科创平台达26家，国家高新技术企业335家，产业扶持体系基本构建，产业发展势头良好。

深合区统计局官网公布的最新数据显示，2022年前三季度产业构成分布中，第一产业占比0.02%，第二产业占比11.20%，第三产业占比88.80%（见图7-1）。第三产业对地区生产总值的贡献率为89.17%，其中主要是金融业在持续发力。金融业占区内行业比重为41.7%，增加值82.17亿元，同比增长11%，占地区生产总值的36.7%（见图7-2）。截至11月底，深合区金融类企业699家，经证监会批复的基金管理公司资产管理规模45907亿元，中基协存续备案的私募基金产品1823只，培育上市、挂牌企业6家。中外资金融机构本外币存款余额2181.36亿元，同比增长43.2%；中外资金融机构本外币贷款余额1796.80亿元，同比增长34.0%。

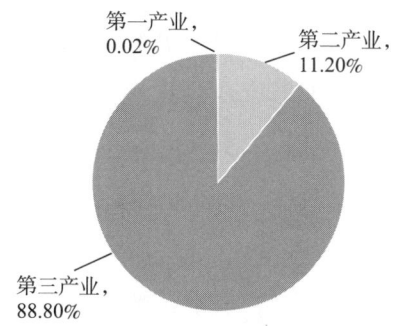

图 7-1　深合区 2022 年前三季度产业结构分布

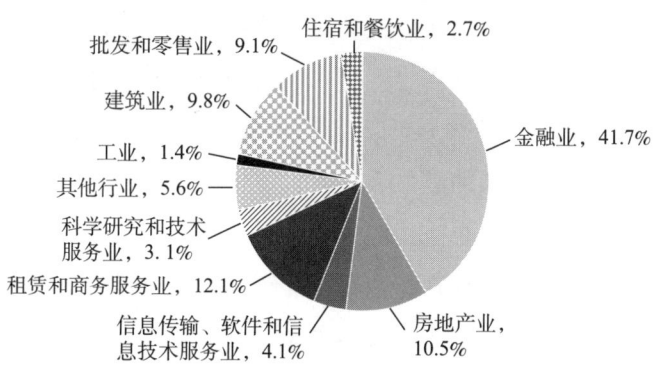

图 7-2　深合区 2022 年前三季度行业结构

（四）横琴粤澳深度合作区营商环境及优惠政策

2021年9月17日，深合区管理机构正式揭牌，横琴开发进入粤澳全面合作、共商共建共管共享的新阶段。在不到两年的时间里，深合区建设实现开局良好、起步扎实，深合区政府相关部门从法律、税务、产业、政务服务和便利通关方面，相继出台一系列政策，为创造更好的营商环境而不懈努力。

法律层面：《横琴粤澳深度合作区建设总体方案》规定，深合区将"充分发挥'一国两制'制度优势，在遵循宪法和澳门特别行政区基本法前提下，逐步构建民商事规则衔接澳门、接轨国际的制度体系"。将粤港澳大湾区内部因不同法律体系冲突给经贸往来带来的制度阻碍降到最低，并将深合区打造成联结粤港澳大湾区与葡语系国家及全球的制度接口，通过构建高标准营商环境，吸引熟悉或适应葡语系国家法律制度以及欧盟法律体系的企业或个人发展对华经贸关系。

税务层面：国家和广东省政府为支持深合区发展而制定的首批"双15%"优惠政策，于2022年6月16日正式落地实施。这项优惠政策的实施，有利于将澳门适度多元发展的产业全部纳入政策范围。对深合区内符合产业条件的企业，按15%的税率征收企业所得税；对企业符合条件的资本性支出，允许在支出发生当期一次性税前扣除或加速折旧和摊销；对在深合区设立的旅游业、现代服务业、高新技术产业企业新增境外直接投资所得，免征企业所得税；在深合区工作的境内外高端人才及紧缺人才，其个人所得税负超过15%的部分予以免征；在深合区工作的澳门居民，其个人所得税负超过澳门税负的部分予以免征。

产业层面：为推进深合区"四大产业"创新发展，2022年相继出台八项优惠政策。具体包括，在现代金融产业领域，推出了《横琴粤澳深度合作区外商投资股权投资类企业试点办法（暂行）》和《横琴粤澳深度合作区支持企业赴澳门发行公司债券专项扶持办法（暂行）》两项金融专项政策，帮助企业赴澳发债。在区域融资环境建设方面，推出了《横琴粤澳深度合作区企业上市挂牌专项扶持办法》和《横琴粤澳深度合作区促进中小微企业融资发展扶持办法》，助力金融支持实体产业发展。在科技研发和高端制造产业方面，推出了《关于支持元宇宙产业发展十方面税收措施》和《横琴粤澳深度合作区促进集成电路产业发展若干措施》，支持元宇宙及芯片产业发展。2022年10月，为促进生物医药产业研发创新，出台了《横琴粤澳深度合作区支持生物医药大健康产业高质量发展的若干措施》，为深合区生物医药大健康类企业打造全生命周期支持环境。为减轻深合区实体企业的经营负担，2022年3月28日，深合区执行委员会印发了关于《降低横琴粤澳深度合作区企业综合成本的十条措施》，分别从租金成本、工作人员租房和生活成本、商业配套运营成本、招聘成本、耗能成本等方面推出系列措施。

政务服务层面：为便利两岸企业商事登记，从2022年4月起，琴澳实行"商事登记跨境通办机制"，两地工商部门在澳门、深合区分别设置服务联系点，就地为当地投资者提供商事登记办理服务。无论是澳门投资者办理深合区商事登记，还是内地投资者办理澳门商业登记，足不出境便可实现"一地两注、跨境通办"。

便利通关层面：自2022年8月22日起，深合区内全面放开澳门非营运小客车（9座及9座以下）出入深合区总配额，便利澳门居民来往横琴。2022年9月1日起，外交部驻澳公署对在澳外籍人士赴深合区实行更加便利的签证政策。其中，外籍非永久居民可申请与居民身份证有效期一致的多次签证；专业外籍雇员可申请一年多次签证；临时来澳、拟赴深合区参加会展的外籍人士可申请三个月多次签证。2022年11月25日，琴澳重点跨境民生工程——澳门轻轨延伸横琴线项目海底隧道顺利贯通，通车后，乘客可在横琴口岸与广珠城轨延长线（珠机城轨一期）快速换乘，实现珠澳区域公共交通的快速衔接，为两地居民创造舒适便捷的跨境出行环境，为澳门融入粤港澳大湾区"一小时生活圈"目标的实现打下坚实基础。

二、青岛："智造"新动能开放不停步

青岛在山东省的地位举足轻重。从主要经济指标来看，青岛以占全省10%的人口和7%的面积，完成了占全省近17%的生产总值、约30%的进出口额，成为山东省经济活力最强、最具竞争力的城市。在很多具体指标上，青岛也比较强势，比如上市公司数量，青岛名列第一；高新技术企业，青岛超过6600家，在省内遥遥领先。尤其是进入"十四五"时期以来，山东省进一步加强青岛在全省的核心地位，在着力提升青岛能级上多次作出部署，赋予青岛一系列重任。

青岛市沿海区域实景

图片来源：青岛日报。

2022年8月，国务院以国发〔2022〕18号文件印发《国务院关于支持山东深化新旧动能转换推动绿色低碳高质量发展的意见》，赋予山东省建设绿色低碳高质量发展先行区重大使命。这是党中央提出"双碳"战略以来，全国第一个以绿色低碳高质量发展为主题的战略布局；是新中国成立以来，第一个以国发文件赋予山东省的重大战略任务，是山东省发展历史上具有里程碑意义的大事件，为山东省发展提供了重大机遇，注入了强劲动力。而2022年12月，山东省委、省政府印发的《山东省建设绿色低碳高质量发展先行区三年行动计划（2023—2025年）》明确提出，提升青岛中心城市能级，实施青岛"强龙头"战略。到2025年，力争实现青岛经济总量在全国主要城市中进位争先，常住人口达到1100万人，青岛进入城市能级加速提升的新阶段。

（一）实体经济强市之基

实体经济一直是青岛的立市之本、强市之基，是成就今天青岛和追逐新的城市梦想的根基。青岛实体经济基础雄厚，拥有门类齐全、结构完备的工业体系，涵盖41个行业大类中的39个，曾经创造了"上青天"的辉煌。

2022年，青岛大力开展实体经济振兴发展三年行动，着力打造24条重点产业链,支持行业龙头企业实施"倍增计划",加强产业链配套,做好延链补链强链文章,加快构建具有国际竞争力的现代产业体系。

与此同时,成效正在显现。虚拟现实产业发展迅速,获批共建国家虚拟现实创新中心。微电子产业园竣工投产,歌尔虚拟现实整机和光学模组一期开工建设。新型显示产业异军突起,融合光电显示新材料项目12个月建成投产,京东方移动显示模组项目13个月实现投产。智能家电、新能源汽车海洋装备等优势产业迈向高端,海尔卡奥斯生态园项目全面开工。青岛连续两年位居全国先进制造业百强市第七,在全省制造业版图上的龙头地位也越来越牢固。

虚拟现实产业园、新型显示产业园、集成电路产业园相继揭牌,青岛面向未来的城市产业格局日渐清晰。2022年1—11月,青岛工业投资增速突破15%,战略性新兴产业投资和高技术投资增速分别达到16.4%和30.2%,数字经济核心产业投资同比增长26.9%,全市实际利用外资规模保持全省第一、计划单列市第二,高质量招商引资正筑牢实体经济根基。2022年前三季度,青岛33个海洋产业增长面达97%,实现海洋产业生产总值同比增长10.2%,青岛经略海洋的引领作用更加突出。

2022年,青岛高新技术企业数量突破6600家,人才总量突破257万人,《全球创新指数2022》榜单中,青岛升至全球第三十四、全国第九,城市创新能级不断提升。青岛港集装箱量跃居世界第五,2022年全市货物进出口总值预计突破9000亿元,再上一个新千亿台阶,不断擦亮"国际门户枢纽"这张名片。青岛共安排城市更新建设项目1280个,年度投资1583.9亿元,城市面貌日新月异,产业项目加速导入,为打造宜居宜业宜游高品质湾区城市提供了坚实支撑。与此同时,青岛获评"全国法治政府建设示范市",蝉联"中国最具幸福感城市",一体化政务服务能力位列全国重点城市第一梯队,在打造现代化治理样板城市的道路上,青岛蹄疾步稳、勇毅笃行。

（二）对外开放勇立潮头

对外开放是山东省的特色优势，也是青岛的特色优势。努力打造"对外开放新高地"是绿色低碳高质量发展先行区建设的重要目标之一。

一直以来，青岛始终是山东省面向世界开放的"桥头堡"，正是由于以开放发展为牵引，青岛在山东省的龙头地位才得以逐步形成。尤其是近年来，国家开放战略反复叠加，一系列高能级开放平台汇聚。青岛作为山东省对外开放的龙头地位越发稳固。中国（山东）自由贸易试验区青岛片区、上合示范区、国家级西海岸新区都是改革创新的高地。

作为山东自贸试验片区面积最大、实践任务最集中的片区，自贸试验区青岛片区挂牌运营以来，以制度创新为核心，以可复制可推广为基本要求，积极推进改革创新、对外开放和产业发展，在全国自贸片区中处于第一梯队，完全符合对外开放新高地的定位。比如，由于肩负国之重任，上合示范区自设立以来，全力打造"一带一路"国际合作新平台，积极拓展国际物流、现代贸易、双向投资、商旅文化交流等领域合作，取得积极成效。

作为国家级新区，西海岸新区则精准聚焦国家战略，主动担当示范引领，深入实施经略海洋、融合创新、自贸试验区建设和体制机制创新提质行动，累计争创市级以上改革试点134项，同时，深入推进全省综合改革试点等重大试点任务，50余项改革经验可复制推广。为此，综合实力稳居国家级新区前三、全国百强区第四，连续三年获评全省高质量发展先进区。

当前，青岛正突出"枢纽型"城市发展导向，通过提升综合交通枢纽功能、投资贸易集聚能力、重大平台开放能级、国际交往合作水平四个方面，稳步推动国际门户枢纽城市建设，让青岛加快融入、服务新发展格局，逐步提升城市能级。

面向未来，山东省要打造对外开放的高地，青岛则要打造高地中的高地。为此，一系列举措即将全面展开。例如，支持青岛打造"一带一路"国际合作新平台，建设国际门户枢纽城市；高标准建设上合示范区，全面提升区域物流、现代贸易、双向投资合作、商旅文发展"四个中心"建设水平；实施中国（山东）自由贸易试验区升级版，支持自贸试验区探索更多首创式、差异化、集成性制度创新；打造中日韩地方经贸合作示范区，以济南、青岛、烟台、潍坊、威海、日照等城市为核心区，畅通中日韩"海上高速公路"，建设中日（青岛）地方发展合作示范区；高水平举办跨国公司领导人青岛峰会等活动；突出青岛中德生态园、济南中欧绿色制造产业园等载体作用，精准对接欧美国家商协会和重点企业，深化绿色低碳等领域贸易投资合作。

改革开放是实现高质量发展的关键。作为我国首批沿海开放城市，青岛始终勇立潮头，处在对外开放的前沿阵地。勇立潮头者，内在一定不断被激发高质量发展的动力和活力，成为自身发展的强劲动力。

（三）投资青岛未来可期

2023年新年伊始，山东省"两会"上，省政府工作报告多处"点赞"青岛：高速磁浮交通系统等突破国外垄断，国信1号等填补国内空白；"一群两心三圈"格局持续优化，西海岸新区加力提升；自贸试验区试点任务基本完成，上合示范区建设扎实推进；上合青岛峰会、跨国公司领导人青岛峰会等影响广泛；国家虚拟现实创新中心获批成立；济南、青岛国家级互联网骨干直联点开通运行。青岛良好的产业基础、营商环境、产业政策，使之成为产业投资、创新发展的沃土。青岛被投资者热捧的原因，在于它本身具有的战略定位、区位优势和综合实力。

1. 青岛港口吞吐能力强

2022年，山东省沿海港口吞吐量达到17.5亿吨，跃居全国首位，而青岛港吞吐量占全省港口吞吐量的36%以上。早在2012年，青岛港就成为山东省第一个4亿吨大港。2012年，青岛港货物吞吐量首次跨越4亿吨，集装箱吞吐量破1400万标箱，稳居世界第七大港。青岛港自1892年开埠以来，在一百二十多年的发展历程中，尤其是新中国成立后的七十多年间，港口发展迅猛，货物吞吐量由1949年的72万吨跨越到2021年的吞吐量超过6.3亿吨，位居世界第四；完成集装箱吞吐量2371万标箱，跃居世界第六，青岛港在服务黄河流域和北方经济高质量发展的进程中，毫无疑问是"主港口"之一。

2. 青岛制造业实力突出

根据公开统计数据，2021年青岛国内生产总值1.41万亿元，排名全国第十三，一般公共预算收入1368亿元，在全国主要城市中排名第十三，在我国北方仅次于北京和天津；人口1025.7万人，在全国城市中排名第十六。

青岛制造业实力突出。2021年11月，工业和信息化部中国电子信息产业发展研究院的赛迪顾问发布了先进制造业百强市（2021）榜单，经对全国293个地级市的先进制造业研究和评估，山东省有13个城市入围，与江苏省并列第一；青岛排名第七，位列全省第一，也是唯一入选前十的北方城市。

3. 胶东经济圈贡献大

胶东经济圈对山东省经济增长的贡献率在三个经济圈中占比最大。2022年，山东省国内生产总值数据暂未公布，山东省统计局2021年数据显示，全省生产总值为83095.90亿元，其中省会经济圈、胶东经济圈和鲁南经济圈的主要经济指标分别实现生产总值31074.6亿元、35534.7亿元和16463.7亿元，胶东经济圈对全省经济增长的贡献率为43.2%，占比最高。

根据相关文件精神，到2025年，省会经济圈地区生产总值力争达到3.6万亿元以上，常住人口达到3800万人左右；胶东经济圈地区生产总值突破4万亿元，常住人口达到3300万人；鲁南经济圈力争地区生产总值达到2万亿元。由此可见，胶东经济圈在"三圈"中地位依然最重。

一直以来，在国家发展大局中，青岛发挥着至关重要的作用：成为首批14个沿海开放城市之一，设立第一批国家级经济技术开发区，获批计划单列市，获批副省级城市，成为国家军民融合示范区。尤其是改革开放以来，青岛始终走在国家发展的前列，努力当好国家改革开放的试验田与先行区，不断履行着"青岛承诺"，贡献着"青岛力量"。

2022年8月，《青岛市营商环境优化提升三年行动规划（2022—2024年）》发布，围绕开展"政务服务环境、法治环境、市场环境、创新创业环境"四大提升行动，共推出100条改革举措。2023年1月，青岛市委全面依法治市委员会印发《关于持续优化法治化营商环境的实施意见》，推出持续优化法治化营商环境的22条措施。持续优化，力争营商环境竞争力在全国第一方阵持续争先进位。一个开放、包容、活力的青岛，欢迎海内外企业投资兴业。

（四）智库助力行稳致远

山东省充分发挥连接日韩、辐射东南亚、西接欧亚大陆的区位优势，推动陆海内外联动、东西双向开放。2018年6月，习近平总书记视察山东，要求山东主动融入国家开放大局，提高开放水平，扩大高质量招商引资，深度融入"一带一路"建设，打造对外开放新高地。2021年10月，习近平总书记在山东主持召开深入推动黄河流域生态保护和高质量发展座谈会，再度强调山东"努力在服务和融入新发展格局上走在前"。

青岛位居京津冀、长三角、日韩之间的几何中心，其中，环胶州湾区域拔地而起上合示范区、中国（山东）自由贸易试验区青岛片区、RCEP青岛经贸合作先行创新试验基地等多项对外开放战略支点，已处在国家新一轮更高水平对外开放的最前沿。

蓝迪国际智库作为国家新型智库，其宗旨是以打造中国特色新型智库为目标，服务于国家治理体系和治理能力现代化，以"一带一路"倡议为载体，推动构建国际新格局与人类命运共同体，以第四次产业革命与数字经济为引擎，促进科技创新与成果转化。蓝迪国际智库长期关注青岛这一中国长江以北地区纵深开放新的重要战略支点，深入上合示范区、RCEP青岛经贸合作先行创新试验基地等地调研，组织专家咨询，加快推动青岛环胶州湾区域"融入新发展格局，推动高水平开放"。

蓝迪国际智库代表团赴青岛考察调研

其中，上合示范区建设是"国之重任"，旨在打造"一带一路"国际合作新平台。2022年，上合组织正式进入第三个十年的全新发展时期，加快建设上合示范区使命光荣，任务艰巨。2022年，蓝迪国际智库经深入调研与系统论证，形成《在双循环与对外开放新格局中加强上合地方经贸合作示范区建设的报告》。系统分析上合组织经贸合作所面临的内外部机遇与挑战，进一步明确了上合示范区加强上合组织国家多领域合作的支点作用。在总结经验成果的基础上，规划了加强上合示范区未来发展的有效路径与重要举措，并围绕平台建设、物流保障、金融支持、展会升级四个方面提出建议，助力上合示范区在新发展格局中更好地承接国家战略，打造上合组织地方经贸合作典范。

RCEP青岛经贸合作先行创新试验基地是在RCEP签署仅15天时，青岛立足优势、抢先打造的新发展名片。目前，已扎实落地中国北方国际油气交易中心、山东国际航运交易所、大宗商品数字化科技平台等"五中心一所一台"示范引领项目。2023年1月1日，RCEP正式生效，RCEP创新试验基地面向日韩、联动东盟开放合作效用逐渐显现。2022年，蓝迪国际智库调研发现，山东青岛围绕深化与RCEP成员国开放合作开展了一系列积极探索实践，形成了一批首创式、集成性的创新成果，在RCEP先行先试方面走出新路。因此，调研形成《地方抢抓RCEP机遇带动区域发展——RCEP青岛经贸合作先行创新试验基地的实践》研究报告。该报告探究青岛参与RCEP的先天条件，总结了青岛RCEP创新探索的实践成果，同时提出了五项相关建议，旨在对青岛加速打造RCEP经贸合作示范城市，高水平建设对外开放的新高地，在全国范围内发挥引领示范作用提供借鉴和参考。

蓝迪国际智库汇聚头部智慧力量，通过专家调研走访、政企产业对话、闭门高层咨询、形成举措建议、推出智库报告等系列行动，助力青岛更深理解上合示范区在承接国家战略中的重要意义，更好发挥上合示范区对接上合组织、RCEP、自贸区经济合作的独特价值，形成环胶州湾国际合作强大合力，更准确理解RCEP生效带来的机遇与风险，制定与国际接轨的突破性创新政策，抢占开放发展的制高点。

三、苏州：工业强市创新不止

苏州自古即富庶之地，享有"上有天堂、下有苏杭"之美誉。作为中国重要的工业强市和国家高新技术产业基地，2022年，苏州递交出一份耀眼的成绩单：全年社会消费品零售总额超过9000亿元，居江苏省第一，在中国消费者协会百城消费者满意度测评中跃居首位；全年技术合同交易额超过800亿元，成交额居江苏省首位；新增国家级制造业单项冠军9家、国家级专精特新"小巨人"企业122家，超江苏全省四分之一；预计认定国家高新技术企业5531家，有效高新技术企业数达13473家，较2021年增长20.7%，高新技术企业的申报数、认定数、净增数和有效数四项指标继续保持江苏省第一、全国第四；新增境内外上市公司29家，总数达到241

家,其中科创板上市公司48家。

2023年1月13日商务部公布的2022年国家级经济技术开发区综合发展水平考核评价结果显示,苏州工业园区排名第一,实现"七连冠",独占鳌头。昆山经济技术开发区位居第五,吴江经济技术开发区与吴中经济技术开发区分别位列第二十四和二十五。苏州在全国产业格局中的地位非比寻常,特别是改革开放以来,苏州加快工业化进程,已经形成了完整的先进制造业集群,成为全国以至全球的工业重地。

苏州市湖东CBD商圈实景

图片来源:中建三局。

(一)苏州制造业发展显著成果

苏州是中国重要工业强市、国家高新技术产业基地、全国第三大出口城市、长三角第二大中心城市。2021年苏州工业突破40000亿元规模,正式超越上海、深圳,问鼎全球第一大工业城市。2023年1月苏州市"两会"上的《政府工作报告》显示,苏州"规模以上工业总产值达到4.36万亿元,增长4%"。可见,苏州的综合实力成色十足。

制造业是国民经济的主体,被视为立国之本、兴国之器、强国之基。

城市作为制造业高质量发展的重要空间载体，承载制造业转变发展方式、优化产业结构、转换增长动力的重要使命。党的十八大以来，聚力发展实体经济、推动制造业高质量发展成为国内诸多城市的发展着力点。作为国内工业体系最完备的城市之一，苏州在制造业高质量发展方面一直走在前列。前不久，中国信息通信研究院信息化与工业化融合研究所发布的《城市制造业高质量发展评价研究报告（2022年）》，首次评出全国制造业高质量发展50强城市榜单（2022年），其中，苏州排名全国第一。该报告从规模速度、发展质效、创新发展、绿色发展、开放发展、数字转型、产业集聚、企业能力和安全稳定九大维度选取了22项指标，客观上反映出苏州制造业高质量发展的综合实力。

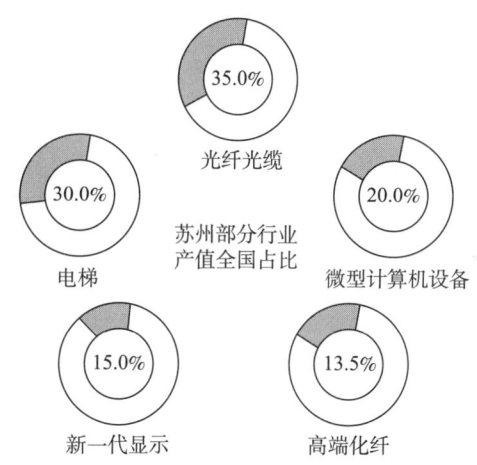

图7-3　苏州重要工业品在全国占有重要地位

资料来源：苏州市工信局官网。

苏州经济的关键增长点后劲可期，高新技术企业是制造业高质量发展的关键带动力。《政府工作报告》指出，苏州市高新技术产业产值占规模以上工业总产值比重达到52.5%，新入选生物医药及高端医疗器械、高端纺织两个国家先进制造业集群，占全省一半。从企业数量分析，2022年，全市预计认定国家高新技术企业5531家，有效高新技术企业数达13473家，较2021年增长20.7%，首次跃升至全国第四，高新技术企业的申报数、认定数、净增数和有效数四项指标继续保持全省第一。此外，新增国家级制造业单项冠军9家、国家级专精特新"小巨人"企业122家，超全省四分之一。数字的背后，既是苏州制造业高质量发展的突出成绩，也蕴含着未来高成长性的增长后劲。

（二）苏州制造业发展典型特征

苏州作为长三角的重要核心、全国的头部城市，在改革开放四十多年来的发展中，其制造业形成了自己的鲜明特点。

1. 外资与内资共生共赢

苏州是我国充分利用全球化浪潮、中国入世机遇，全方位、大规模融入全球产业链，依托以外贸加工为主的外向型经济实现跨越式发展的典型。苏州的产业结构已经形成了内外联动、内资与外资共生共赢的格局。苏州民营经济已占半壁江山。2021年，民营经济完成民间投资3393亿元，占全市固定资产投资的60%，民营企业税收贡献超60%，吸纳就业总人数超80%，民营高新技术企业占全市高新技术企业总数的比重超85%。苏州拥有23家全国民营制造500强企业，数量位居全国第二。

苏州以外向型经济为主导的特点仍然非常突出，外资对苏州制造业仍具有重要的支撑和引领作用。截至2021年底，苏州累计使用外资1400多亿美元，其中制造业占68.6%，苏州目前有1.7万家外企，其中制造业9000多家。制造业使用外资的行业，主要包括通信、电器机械、设备制造、化工；主要国家和地区来自中国香港、日本、新加坡、美国等。昆山、工业园区、高新区、太仓等板块，外资占规模以上工业总产值皆超过50%。从2016年开始，外资总量呈逐年下降趋势，但汽车制造业、医药制造业等技术密集型行业利用外资的占比逐年扩大。

2. 传统产业与新兴产业协调共进

苏州在传统产业向高端化发展，兼顾培育新兴产业方面，做到了很好的平衡。钢铁、化工、纺织等苏州传统的优势产业，打破原有的发展模式和路径，从要素拉动转向创新驱动，向先进钢铁材料、先进高分子材料、高端纺织材料、高端装备等转型，不断提升整体水平和竞争力。与此同时，苏州积极推动传统产业的智能化改造和向服务型制造转型，围绕企业缺方案不敢转、缺技术不会转、缺数据不能转、缺资金不愿转等难题，通过免费诊断、技术输出、平台赋能、贴息奖补等措施，营造全流程服务生态，助力企业转型。

为优化产业布局、提升产业层次，2009年以来，苏州积极培育和发展包括生物医药、先进材料、新能源、人工智能等新兴产业，如今已经颇见成效。如生物医药产业，经过十几年深耕发展，现已成为苏州的优势产业和特色产业，截至2021年底，苏州当年新增11家生物医药领域上市企业、新上市6个创新药，均居全国前列。

3. 集群式发展与大中小企业互利互促

近十年，随着苏州制造业从劳动密集型生产转向技术密集型智能制造，从生产型制造转向服务型制造，一方面，越来越多的技术和工艺融入产业集群，以传统优势产业纺织为例，苏州已经形成了包括吴江丝绸板块、张家港毛纺毛衫板块、常熟服装板块在内的多个专业化特色明显的纺织产业集群中心。另一方面，越来越多的先导产业集群也在茁壮成长。当前，苏州除了电子信息、汽车及零部件、高端装备等全国知名产业集群外，在生物医药、集成电路、节能环保、新材料等领域也有着较强集群优势。其中生物医药聚集企业3000余家，从业人员5万名，入选国家战略性新兴产业集群；工业园区成为全球八大纳米技术产业聚集区之一，是全国纳米人才最集中、产业聚集度最高的区域。

苏州特大企业和"专精特新"企业的数量，也显示了苏州大中小企业协同发展的特点。体量大、综合能力强的龙头企业是拉动产业发展的支柱力量，"专精特新"企业是提升产业竞争力和掌握产业链关键核心环节的基础。在2022年《财富》世界五百强榜单中，苏州有3家上榜企业——恒力、盛虹和沙钢。苏州拥有国家级专精特新"小巨人"企业172家，江苏省专精特新"小巨人"企业804家，位列全省第一。

4. 产业升级与"产城人"融合齐步并进

在高质量发展过程中，苏州注重"产城人"融合与城乡融合齐头并进，以"一体两翼"的布局有机融合城市更新与古城保护，探索出一条产业发展与城市功能升级协同推进之路。同时苏州深厚的人文传承和优美的城市环境，成为众多企业家选址苏州的重要原因之一，为产业的持续发展提供了后劲。

（三）苏州制造业发展实践经验

1. 创新驱动强化创新的核心地位和支撑作用

坚持把科技创新作为制造业高端化发展的核心竞争力，科技创新综合实力连续十二年位居全省第一。2021年，苏州全社会研发投入占地区生产总值比重达3.8%左右，全市高新技术产业实现产值2.16亿元，同比增长17.2%，占规模以上工业产值比重达52.5%。聚焦国家战略需求，成功获批国家新一代人工智能创新发展试验区、国家生物药技术创新中心、国家第三代半导体技术创新中心，加快建设国家超级计算昆山中心，正式启动"深时数字地球"国际大科学计划，高标准建设总投资200亿元的材料科学实验室。推行"揭榜挂帅"机制，向龙头企业征集"卡脖子"技术难题，在芯片制造、高端医疗等领域形成一批攻关项目。

2. 集群布局巩固"拆不散、搬不走、压不垮"优势

苏州作为工业大市，制造业门类齐全、体系完善，拥有国内领先的规模优势，工业门类涵盖35个工业大类、167个中类、491个小类，拥有新材料、装备制造和电子信息三个万亿元级产业。把创新集群建设作为推动产业转型升级的主要抓手，重点支持发展的电子信息、装备制造、新材料、生物医药四大产业，2021年实现产值规模达37074亿元，占规模以上工业总产值比重达89.75%。推动更多产业链向"微笑曲线"两端延伸，进入价值链中高端，集中推进新型显示、软件与集成电路等十大重点产业链发展。

建立市领导挂帅的"链长制",形成包含一个发展规划、一个支持政策、一个工作专班等的"八个一"产业链发展模式,集中推动新型显示、软件与集成电路等十大重点产业链发展。做强金融资本支撑,成立规模60亿元的首期苏州天使投资引导基金,为新一代信息技术、高端装备制造等产业领域注入优质资本活水。

3. 赋能提质全力推进智能化改造和数字化转型

注重把握数字化变革的大趋势,瞄准数字经济"主赛道"与"新赛道",加快产业数字化进程,为制造业高质量发展赋能增效。2021年,完成"智改数转"项目10634个(涉及工业企业7153家,其中规模以上工业企业5054家),力争2023年实现1.2万家规模以上工业企业全覆盖。打响"工业互联网看苏州"品牌。引进国家十五大工业互联网双跨平台中的12家落户,"互联网+先进制造业"基地、互联网与工业融合创新示范企业、上云企业等数量均居全省第一。2021年新增全球"灯塔工厂"3家,累计数量5家,位居全国第一。推动标杆企业"经验输出",组织200多家企业走进"灯塔工厂"交流学习,推广智能制造顾问制度。出台智能化改造贴息奖励实施细则,设立工业企业智能化改造贴息奖励资金。截至2021年底,41家银行参与"智能制造贷"合作,与383家企业签订专项贷款合同,授信总额248.6亿元,实际发放贷款73.3亿元。

4. 开放合作深层次融入国内国际双循环

以开放带动汇聚国内外高端要素,打造全球高端制造业集聚高地,累计实际利用外资超1400亿美元,约占全省三成。抓好中新、中德、中日、海峡两岸等重大开放平台,积极发挥20家省级以上开发区的主阵地作用,吸引外资项目落地。目前,苏州实际运营外资企业近1.7万家,156家世界500强投资落地400多个项目,全市规模以上企业中外资企业占比超过三分之一。省认定的跨国公司地区总部和功能性机构达151家,占全省总数的51.2%,90%以上外资大中型工业企业建有研发机构。积极融入上海科创中心建设,与上海共同打造科技资源开放共享与协同发展服务平台,两地集聚开放共享仪器设备 5 万余台（套）。

5. 要素保障持之以恒打造最优营商环境

2021 年，全国工商联公布《2020 年万家民营企业评营商环境报告》，苏州位居全国第三，获评"营商环境最佳口碑城市"。具体体现在以下几个方面：出台《关于聚力高水平人才平台建设助推数字经济时代产业创新集群发展的意见》，全力打响"人到苏州才有为"工作品牌、打造国家级人才平台。启动实施姑苏重点产业紧缺人才计划，认定高端装备制造、新材料等先进制造业领域紧缺人才 7211 人，占入选总人数的 65.36%。以"一事一议"方式，全力引进处于世界科技前沿、能够迅速抢占产业制高点的原创性顶尖团队。连续举办 13 届苏州国际精英创业周活动，引进省"双创人才" 314 人、"姑苏领军人才" 644 人，带动项目落户 9069 个，先进制造业项目占比超过 95%。精准助力企业申报资金扶持，创新"政策计算器"，集成包括国家、省、市、县级市（区）不同层面政策的大数据库，经整合归类后，企业搜索关键词 1 秒智能生成报告，变"企业找政策"为"政策找企业"。

（四）苏州携手智库力推进产业发展

苏州高度重视与高端智库的紧密联系，多次邀请蓝迪国际智库赴苏州进行产业调研，对接国际合作，推介优质企业，组织专家研讨。

苏州有关领导曾表示，在改革开放的进程中，苏州诞生了全国第一家内河保税港区——张家港保税区、第一家自费开发区——昆山开发区，建设了中国与新加坡两国政府间的第一个旗舰项目——苏州工业园区，有力引领带动了苏州经济社会发展。苏州特别希望，蓝迪国际智库持续关注苏州、跟踪苏州、服务苏州，为苏州新时代高质量发展时刻把脉问诊、经常建言献策、助力推动突破，确保双方合作取得更大实效。

同时，围绕"开放再出发"主题，助力苏州加快谋划新的国家级战略平台落户，推动现有平台功能提升，搭建起更加广阔的发展舞台；放大各类国家级、省级开放平台叠加互动"集成效应"，以试点突破催生中德合作、中日合作在苏州释放更多开放潜力；把苏州拥有的近60项省级以上改革试点优势转化为治理效能，争取更多国际性大型会议定期在苏州举办等方面提供强有力支持。

2022年11月28日，蓝迪国际智库组织昆山开发区高质量发展研讨会

2022年11月28日，昆山开发区高质量发展研讨会暨蓝迪国际智库高层咨询会在苏州昆山召开。会议由中共昆山市委、昆山市人民政府、中国社会科学院"一带一路"国际智库指导，昆山经济技术开发区管委会、蓝迪国际智库承办。多位专家围绕打造现代化建设县域示范、构建高端制造业集群主题共同探讨"十四五"新形势下昆山经济技术开发区在产业、生态、数字化等领域的发展定位、路径和举措。作为国家新型智库，蓝迪将继续聚焦苏州，围绕政策创新、课题调研、项目对接、生态打造等多方面内容开展合作交流，助力苏州高质量发展。

四、宁波：加速锻造科创"强引擎"

宁波，经济增长最亮眼的城市之一：经济总量跃居全国第十二；继上海、深圳、北京、苏州、东莞之后，晋级第 6 座"外贸万亿之城"；制造业单项冠军、专精特新"小巨人"企业双双力压沪深，位列全国第一

宁波市三江口实景

图片来源：浙江日报。

（一）科技创新跑步迈向"第一方阵"

2023 年 1 月 29 日，宁波召开新春第一会，进行"打造一流城市、跻身第一方阵"动员。会上集中发布了包含 30 个项目的创新、改革、开放三张攻坚清单，集中签约了总投资 2201 亿元的 101 个重大项目，直指创新发展。2022 年，宁波全市 GDP 总量突破 1.5 万亿元，占全省比重首次超过 20%。宁波诸多发展成果的取得，离不开对科技创新的坚持。

1. 锚定新技术领跑新赛道

当前，新一轮科技革命和产业变革正在重构全球创新版图、重塑全球经济结构，5G、人工智能、云计算、元宇宙等新兴技术日趋成熟，一些具有全局性、长远性重大影响的产业竞争新赛道已经浮现。

2022 年底，一个国家制造业创新中心在宁波获批组建，其研究对象正是石墨烯——"新材料之王"。这是一种世界上已知最薄、最坚硬、导电性导热性最好的新型纳米材料，被各国专家认为是未来材料学发展的重要方向。一纸批文的背后可能意味着一个千亿级新兴产业的崛起。在锂离子电池、超级电容器、防腐材料等多个领域，宁波已形成一系列具有重要产业化背景的石墨烯应用技术成果，申请发明专利达数百项。不单是石墨烯，

作为全国 7 个新材料产业基地之一，宁波的新材料产业总体规模全国领先，一些细分领域已经达到国际一流。中国科学院宁波材料所所长黄政仁认为，紧盯国际一流水平，持续加大研发。他建议，支持宁波在新材料领域纳入国家重点实验室预备队，支持宁波建设制造业创新中心、大科学装置等重大创新平台。

宁波创新的力量，来自"真金白银"的大投入。根据新近发布的《宁波市加大全社会研发投入专项行动方案（2022—2026 年）》，到 2026 年，宁波市力争全社会研究与试验发展经费占地区生产总值比重达到 3.75%。

2. 打造新模式创造新业态

身处大变局中，市场需求具有引领创新的重要作用，能否读懂和把握市场需求，决定创新的水平。市场瞬息万变，需求飘忽不定，如何踏准创新节奏，唯有以持续不断的模式创新、业态创新、产品创新来贴近客户取向、满足客户需求，才可能蹚出一条新路来。

当前，国际贸易整体增长乏力，但挑战和机遇并存。RCEP 等新的国际经贸协定，正颠覆传统国际贸易格局。在这一大背景下，跨境电商等外贸新业态新模式勃然兴起，谁能更早、更深地参与其中，谁就能逆势走出"独立行情"，甚至成为新规则的制定者。春江水暖鸭先知。2021 年，宁波就已成为全国首个跨境电商千亿之城。新冠疫情暴发三年来，越来越多的"宁波制造"通过跨境电商店铺、自建独立站、海外仓，直接触及海外终端消费者，拓展新的利润空间。

颇具传奇色彩的是，传统外贸企业乐歌股份变身公共海外仓服务供应商，服务超过 400 家客户。若是倒退几年，没有人能够想到，一家外贸企业，竟是一个拥有 100 多名软件工程师的 IT 团队。据不完全统计，宁波目前已有近 70 家企业在全球 20 多个国家和地区建设经营海外仓 209 个，总面积占全国的六分之一。

新需求，意味着更宽广的用户群体和更大的市场机遇。在宁波，一批外贸企业正在尝试"两条腿"走路，一边稳外贸订单，一边目光向内，招募内销团队，专门为国内市场设计产品。为此，一批好用又实惠的新潮品牌，迅速走红网络。需求引领创新，数字经济背景下，创新会被进一步强化和放大。为拓宽重塑供应链，一大批"宁波制造"企业，正在积极加快数字化改造，优化生产流程，努力提升效能。

3. 构建新机制激发新动能

区域竞争，说到底是人才竞争。一个顶尖人才，或将撑起一片区域产业发展的"新高度"。2020 年，宁波提出打造工业互联网领军城市，并将工业互联网列为重点建设的三大科创高地之一。这份底气，来自中控科技集团创始人、国内工业互联网领域顶尖专家褚健的加盟，并在宁波创立工业互联网研究院。

依托工业互联网研究院，宁波制造业企业加速"上云"，一批工业互联网领域的创新企业破壳而出，加速成长。引人才、育项目，背后是制度创新造就的沃土。归根结底，就是要为各类人才创新创业营造人尽其才、才尽其用的良好制度环境。2022 年初，宁波在甬江实验室率先开展"两个直接"和"三个自主"人才自主评价，坚持谁用人谁评价，已自主认定 27 名人才。得益于此，成立仅一年多的甬江实验室，目前已引进了 14 支高水平研究团队、25 名学术带头人和近 300 名科研人员。得益于这一政策，科研院所、企业面向全球招才引才底气也更足，有意向的人才也看到了宁波的开放和包容。截至目前，宁波已累计分别引进国家级、省级引才工程人才 196 人、514 人。

这两年，宁波打造科创大平台大手笔频出。2022 年，宁波锚定世界一流标准谋划建设甬江科创区，编制发布甬江科创区规划，谋划 165 个项目，总投资约 2300 亿元。宁波东方理工大学（暂名）、甬江实验室加快建设。近年来，宁波持续优化营商环境，采取了一系列重要举措，包括推进政务服务 2.0 等营商环境数字化应用；加快推进开办企业全业务一网通办等制度改革。

（二）全新起航着力打造高能级战略平台

宁波经济技术开发区是宁波对外开放的主战场、产业集聚的主平台、创新发展的主阵地。2022年1月，新的宁波经济技术开发区挂牌成立，整合了原宁波开发区、宁波保税区、北仑港综合保税区、梅山综合保税区、大榭开发区五大国家级开发园区，是浙江自贸试验区宁波片区核心区，总面积614.57平方千米，与北仑区全域融合。

2023年1月，商务部发布的2022年国家级经济技术开发区综合发展水平考核评价结果出炉。此次考核评价首次施行新修订的《国家级经济技术开发区综合发展水平考核评价办法（2021年版）》，对217家国家级经济技术开发区2021年度发展情况，进行了全面"体检"和量化评价。宁波经济技术开发区位列全国第十七，表现亮眼。此外，宁波经济技术开发区进出口总额保持全国第九，较2020年度提升1位，原因主要有四点：

第一，综合实力强劲。2021年实现地区生产总值2382.5亿元，居全省第四、全市第二，规模以上工业总产值、外贸进出口、财政总收入等10项主要经济指标总量居全市首位，以不足宁波十六分之一的面积和人口，创造了宁波六分之一的地区生产总值、近四分之一的财政收入、超过五分之一的规模以上工业总产值和三分之一的外贸进出口总额。2022年上半年地区生产总值1219.2亿元，同比增长5.2%，累计集聚各类市场主体超过17万家。

第二，港口资源丰富。位于大陆海岸线中段，是海上丝绸之路与长江经济带的交汇处，"一带一路"重要战略支点，设有北仑、大榭、穿山、梅山四大港区，是宁波舟山港主要作业泊位所在地，与100多个国家和地区的600多个港口有贸易往来，2021年宁波舟山港货物吞吐量连续十三年稳居全球第一，集装箱吞吐量居全球第三。

与此同时，开放优势突出。是全省开放时间最早、国家级功能区最集中、功能政策优势最突出的区域，"港口+自贸区+保税区"功能叠加优势显著，高效连接国内国际两个市场，有效利用国内国际两种资源。外贸进出口额、外资利用水平全省第一，与 200 多个国家和地区建立贸易关系，外贸进出口总额占全省 10%、全市 35%；累计引进外资项目 2300 余个，有 40 家世界 500 强企业落地投资，实际利用外资约占全市 40%。自贸试验区宁波片区、中东欧经贸合作示范区建设加快推进，2021 年自贸区宁波片区各项经济指标在全省 10 个自贸片区所在行政区中位列第一，对标 RCEP 等国际经贸规则，获批开展跨境贸易投资高水平开放试点，投资贸易自由化便利化水平全国领先，油气贸易、离岸贸易、国际集拼中转、跨境电商、港航金融等业态蓬勃发展，其中跨境电商进口业务居全国首位。

2022 年 11 月 25 日，蓝迪国际智库召开宁波枢纽自贸区建设专题研讨会

第三，临港产业发达。临港大工业集群集聚。依托港口和开放优势，已形成以绿色石化、汽车、装备、钢铁、能源等为主体的临港产业集群，拥有注塑机、数控机床、模具等优势传统产业体系，集聚了电子信息、集成电路、高端装备、新材料等新兴产业，基本形成了龙头企业带动、上下游产业链配套齐全的发展格局。全区现有工业门类33个，规模以上工业企业1000家，其中高新技术企业374家，百亿级企业10家，有一批国家级专精特新"小巨人"、单项冠军、市级"大优强"培育企业，2021年规模以上工业总产值5000亿元。建有灵峰现代产业园、芯港小镇"万亩千亿"新产业平台、临港经济示范区等产业平台。获批全国首批"两业融合"发展试点单位、国家级双创示范基地、国家新型工业化产业示范基地、国家循环经济试点园区、国家智能装备高新技术产业化基地等称号。现代服务业发展迅速。港航物流、国际贸易、服务贸易、数字经济、金融服务等发展迅速，拥有限上服务业企业近2000家，营业收入超50亿元商贸服务总部77家，2021年全区限上商品销售额1.64万亿元，占全市45%；集聚投资机构和投资平台1.3万余家，注册资金达1.86万亿元，近80%的创投基金投向省内、市内创业创新项目。

第四，营商环境一流。北仑城市活力生机迸发，港产城文融合发展，是全国首批文明城市、全国优秀旅游城市、中国公众首选宜居城市，历史文化底蕴深厚，九峰山、梅山湾等山海风景秀美，教育、医疗、商业、体艺、星级酒店等资源丰富，充分满足购物休闲娱乐旅游需要。"两小时交通圈"内有上海、宁波和杭州等地四大国际机场，通过铁路、高速公路和长江水道与内陆腹地相连。政府服务高效便捷，享有部分省级经济管理许可权，拥有自行审批3亿美元以内项目的许可权，2023年以来，省市又分别下放32项、145项管理权限到自贸片区，通过数字化改革精简优化行政审批流程。区内产业政策有力，出台有专门政策鼓励扶持主导产业培育、优质项目引进、企业上市培育、企业创新发展、拓宽融资渠道。科创资源丰富，拥有北航宁波创新研究院、北大海洋药物研究院、万华高性能材料研究院等一批重点科研院所，全区人才总量超过34.6万名，其中博士、高级工程师、海外工程师、领军特优人才等专家400余名，高技能人员6.5万名，是全国首批《中长期青年发展规划》实施试点地区，对创业创新形成强力支撑。

五、青海:"零碳产业园"首落青藏高原

青海,地处祖国的大西北,是长江、黄河、澜沧江"三江之源",是我国重要的生态屏障。绿水青山间,美丽青海焕新颜。近年来,乘着数字经济奔涌的浪潮,青海紧抓低碳转型的产业新机遇,着力打造国家清洁能源高地,为助力实现"双碳"目标探索有效路径。于是,全国首个100%清洁能源可溯源绿色大数据中心成立,业内首个源网荷储一体化分布式光伏自供电系统落成;世界级风、光、水可再生能源基地扎根。在青海,互联网、大数据、5G等新兴技术与绿色低碳产业正深度融合。

(一)推进建设国家清洁能源产业高地

青海省充分发挥水风光资源富集的优势,高效推进"国家清洁能源产业高地"建设,具体体现在以下四个方面。

1. 构建新型电力系统

优化整合本地电源侧、电网侧、负荷侧资源,实现源网荷储各环节间协调互动,提高电力系统功率动态平衡能力。并围绕壮大光伏制造、锂电储能等特色优势产业集群,以强产业链抓招商,以稳供应链抓服务,贯通上下游产业链关键环节,一批国内外知名行业领军企业落户青海。

2. 立体布局能源产业

加强光伏产业链条系统集成,延伸光伏发电市场应用,做强光伏产业制造集群,已构建起电子级多晶硅、硅片、太阳能电池、组件制造,系统设计与集成、光伏电站建设和运维等较为完整的光伏研发制造产业链;实施创新驱动发展战略,突破大规模水光互补关键技术,打造百兆瓦太阳能发电实证基地,提升光伏转换效率,"青海产"中国首条量产规模IBC电池及组件生产线采用独特低成本高效率工艺方案,技术持续保持行业领先水平;以"零碳产业园"为载体,构建促进清洁能源消纳、支撑能源产业发展的产业链供应链,支持重点工业园区实现清洁低碳电力供应。

3. 多元发展新型储能

一批以沙漠、戈壁、荒漠为重点的大型风电光伏基地建设，重大水电工程、抽水蓄能电站建设等项目加快推进。"新能源+储能"协同发展，海南光储一体化实证基地、50万千瓦光热项目开工建设；共享储能在技术应用、服务模式实现创新突破，建成了国内首个基于区块链技术的共享储能市场化交易平台。全省26个站点纳入国家《抽水蓄能中长期发展规划》，总装机容量达4170万千瓦，规模位居全国第二，黄河公司国家光伏发电试验测试基地配套20兆瓦储能电站项目成为国家首批储能试点示范项目。

4. 稳步建设电网结构

"十四五"电力规划的东南部"日"字形环网，中西部"8"字环网的坚强750千伏主网架结构初步形成，供电可靠性、省间互济、新能源汇集输送能力将得到有效提升。另外，为积极推进清洁取暖，青海制定了《2022年全省清洁取暖工作方案》，并加快实施农网巩固提升工程，让能源发展更加惠民。

（二）打造青藏高原首个"零碳产业园"

青海省为落实国家"双碳"目标任务，充分利用自身充足的绿电资源、丰富的盐湖和矿产资源，以及独特的农畜产品资源，探索形成可复制、可推广的新能源产业发展模式，在海东市河湟新区，建设国内规划面积第二大（22.09平方千米）、青藏高原范围首座"零碳产业园"。园区将形成锂电池、新能源装备、绿色畜牧三大主导产业，以及支撑零碳产业发展的生产服务业，打造千亿级零碳产业集群。

2021年底，青海"零碳产业园"举行签约仪式，正式启动建设。建成后的"零碳产业园"，将充分发挥智慧清洁绿色产业园的作用，即实现一年365天，每天24小时绿电供应；分布式电源、储能、电动汽车实现多元化负荷"即插即用"；"双碳"监测分析平台精准透明零碳闭环管理；每年100亿千瓦时清洁电量需求。

"零碳产业园"规划旨在以零碳为标准，统筹基础设施、产业体系和配套服务设施的规划建设，打造以绿电为能源基础，以绿锂、绿硅、绿氢、绿色畜牧、科创服务为主导产业的创新型智慧"零碳产业园"，引领青海省高质量发展。

青海"零碳产业园"签约暨园区绿电工程开工仪式

根据园区零碳目标定位，"零碳产业园"划分为总体空间规划、零碳产业体系规划和零碳系统构成三大专题单元，并分为近期、中期和远期三大目标。该园区将形成锂电池产业集群、新能源装备产业集群、绿色畜牧产业集群三大主导产业，以及支撑零碳产业发展的生产服务业。通过分期发展、层级演进、集群化发展的策略，系统性构建零碳产业链条，打造千亿级零碳产业集群。

2022年6月11日，青海省委副书记、省长吴晓军调研青海"零碳产业园"，听取园区总体规划、建设进度和配套设施等情况。吴晓军表示，要准确把握"双碳"战略要求，将绿色、低碳的理念贯穿施工全过程；着力培育壮大大数据等战略性新兴产业，全力推动数字经济与清洁能源深度融合发展；加快交通基础设施建设，积极谋划城市群交通重大连接线建设；更好发挥青海资源禀赋和特殊优势，紧抓低碳转型重大机遇，高起点高标准高质量打造"零碳产业园"，不断提升生态优先、绿色发展的质量和效益。

（三）蓝迪积极推进"零碳产业园"建设的构想

1. 建设基础条件优越

青海正如其名，纯净清澈。由于地处高原，清洁能源资源品类齐全，开发优势显著，开发潜力巨大。而且，太阳能、水能、风能资源位居全国前列，水能资源理论蕴藏量位居全国第五，黄河上游是全国十三大水电基地之一，调节性能十分优越。与此同时，太阳能资源技术可开发量位居全国第二，光伏发电成本全国最低，风能技术可开发量位居全国前列，地热能、天然气、页岩气储量丰富，盐湖锂资源和盐类资源优势显著，为电化学储能和光热发电产业发展提供了优越的支撑条件。10万平方千米以上的广袤荒漠化土地，为国家清洁能源产业高地创造了基础条件。"先行、先试、开拓、赋能"在清洁能源道路上，青海既有资源禀赋，又具实干决心。为此，清洁能源发展，一路"领跑"全国。

近年来，青海在碳达峰碳中和先行先试、能源革命、能源安全、能源产业等方面取得长足进步。省部共建实质性推进，与国家能源局联合印发《青海打造国家清洁能源产业高地行动方案》，省部共建第一次协调推进会确定的六个方面、41项重点工作基本落实。组建省级重点先进储能实验室，创新打造全国首家"电力高频数据碳排放"智能监测分析平台。钙钛矿电池技术研究取得重大突破，经权威机构测试四端叠层电池效率达到28.08%，跻身国际一流水平。全球第一条清洁能源特高压外送通道——青豫直流稳定运行，玛尔挡水电站、羊曲水电站相继复工，两个千亿元产业基础进一步夯实。储能先行示范区和以清洁能源为主的新型电力系统示范区建设取得新进展。三江源清洁供暖示范县建设等重点工程项目扎实推进。三江源"绿电百日"、清洁能源占比等屡创世界第一、全国第一，为实现"双碳"目标奠定了基础。

作为清洁能源大省，近年来，青海构建了高比例清洁能源供应体系，能源结构持续优化，不断"刷新"多个第一。国网青海省电力公司数据显示，截至2021年10月底，青海电网全网总装机4070.4万千瓦，青海电网清洁能源装机3678.1万千瓦，装机占比90.4%，新能源装机2485.2万千瓦，装机占比61.1%，青海电网已经成为全国清洁能源、新能源装机占比最高的省域电网。

2. "双碳"背景下的必经之路

"零碳产业园"的概念源于新西兰，是产业园规划建设管理等方面系统性融入"碳中和"理念，综合利用节能、减排、固碳、碳汇等多种手段，通过产业绿色化转型、设施集聚化共享、资源循环化利用，在园区内部基本实现碳排放与吸收自我平衡，生产生态生活深度融合的新型产业园区。在强调智慧、绿色、节能、科技以及"双碳"背景下，"零碳产业园"的新生，是全球绿色发展的新型走向和必然选择。

"双碳"大背景下，青海既有清洁能源富集的资源禀赋，又有国家重大战略叠加的政策红利，更有东接甘肃、南联西藏、西引新疆和直通中原的电网枢纽优势。"零碳产业园"项目的启动，是青海持续推动新能源产业、助力能源多元化、智能化、绿色化升级的生动范本，更是为国家"双碳"战略目标实现贡献青海智慧、创建全国碳中和先行区的具体实践。

3. 智库助力落实"双碳"战略

2020年9月，中国明确提出2030年前"碳达峰"与2060年前"碳中和"目标。2021年3月，习近平总书记在中央财经委员会第九次会议上提出：实现碳达峰、碳中和是一场广泛而深刻的经济社会系统性变革，要把碳达峰碳中和纳入生态文明建设整体布局。2021年10月，中共中央、国务院印发的《关于完整准确全面贯彻新发展理念做好碳达峰碳中和工作的意见》正式发布。"双碳"战略是我国的重要国家战略之一，是我国在国家实力、全球责任、国际认同等方面的重要体现。为此，青海省积极响应国家号召，充分利用自身充足的绿电资源、丰富的盐湖和矿产资源，以及独特的农畜产品资源，探索形成可复制、可推广的新能源产业发展模式，在海东市河湟新区，建设国内规划面积第二大、青藏高原范围首座"零碳产业园"。

蓝迪国际智库作为中国特色新型智库，始终着眼国家大政之需，将低碳节能、绿色发展作为重要研究课题，自"双碳"战略目标确立后，蓝迪国际智库通过提供培训项目树立低碳环保思维、组织专家为地区低碳政策提供咨询参考建议、培育扶持拥有低碳相关技术的创新企业等方式，凝聚共识、推广技术，不断助力"双碳"目标的实现。截至目前，蓝迪智库平台已吸纳一批"双碳"领域权威专家学者，构建起低碳企业网络，通过联动行业先行者，带动更大范围内"双碳"工作科学、合理、有序推进。2020年9月，蓝迪国际智库受邀在青海省召开高层咨询会，会议关注青海黄河流域生态保护与高质量绿色发展，形成高质量智库报告，助推三江源国家公园建设。

2023年，蓝迪国际智库将充分发挥智库势能，通过政策培训、实施举措、机制创新、项目对接、生态打造等多方面内容，助力青海更好发挥资源禀赋和特殊优势，共推"双碳"高质量发展。

展　望

人们总是在回望中走向未来。

回顾2022年，由于全球新冠疫情反复延宕、俄乌冲突令核危机信号闪现、国际地缘政治竞争加剧等因素影响，导致世界处于不确定的动荡之中。一切都在打破，一切又在重建。尽管国际局势风云变幻，处于"两个一百年"的交汇点，处于全面小康后成为现代化大国、现代化强国新阶段的中国，由于准确把握人类历史发展方向和世界发展大势，以全球维度的大视野和大格局，在共建人类命运共同体的进程中，兑现了大国承诺，履行了大国担当。尤其是中国经济顶住压力持续发展，在战疫情、抗大灾、稳经济、闯难关、应变局、化危机过程中，一步一个脚印承压前行，实现生产总值3.0%的增长。宏观经济大盘总体稳定，综合国力再上新台阶。这样的成绩，既是对新时代序幕之年的一份高分答卷，更是对世界经济发展贡献出坚实的中国力量。

冷观百年变局的巨变与挑战，勇气驱动前行。

2023年，是全面贯彻落实党的二十大精神的开局之年，是实施"十四五"规划承上启下的关键之年。在2022年12月召开的中央经济工作会议上，对2023年经济工作作出定调，即"稳字当头、稳中求进"。强调落实好区域协调发展战略，坚定不移深化改革，疏通国内大循环的堵点，坚定不移强化创新，提高全要素生产率等。通过近期经济数据分析推测，2023年中国经济将会整体好转。这种预测并非虚妄，是由以往的经验和今日的现实做支撑：一是长期积累的物质基础雄厚，二是超大规模国内市场优势明显，三是新动能支撑作用进一步增强，四是坚持深化改革开放红利持续释放，五是宏观调控经验丰富。

2023年是中国提出共建"一带一路"倡议发出的十周年。连通世界、交流互鉴、合作共赢的"一带一路"，已经成为深受欢迎的国际公共产品和国际合作平台。持之以恒致力于"一带一路"建设的中国，从倡议提出到2022年，中国已经同150个国家和地区，32个国际组织签署了200多份共建"一带一路"合作文本。截至2022年8月底，与"一带一路"沿线国家的贸易额累计超过12万亿元，对沿线国家非金融类直接投资超过1400亿元。迈上新征程的中国，始终将"一带一路"沿线国家和地区人民的生活巨变，作为真正伟大而具有历史意义的事业。

已经尽己所能、倾其所有为全人类共同发展作出贡献的中国，迈着扎实推进中国式现代化的前进步伐，将更加着力推进高水平对外开放，更加紧密联系世界、拥抱世界、学习世界、贡献世界。以海纳百川的广阔胸襟，以脚踏实地、坚定从容的步伐，与世界相交，与时代相通，在开放中创造机遇，在合作中破解难题，携手各国共同开创世界更加美好的未来。

以深入落实"一带一路"倡议为宗旨，以"共商、共建、共享"为原则，以助力国家优化全球治理体系和促进世界经济增长为目标的蓝迪国际智库，在2023年将助力中国继续推动"一带一路"的高质量发展。为深化全球发展合作，为世界注入更多稳定性和正能量作出应有的贡献。

蓝迪国际智库将在以下三个方面发挥积极作用：

第一，站在历史正确的一边，站在人类进步的一边，在坚持中国式现代化正确方向的基础上，全力推动"一带一路"建设。通过与"一带一路"沿线国家开展国际经贸合作，让世界各国看到在全球共享的发展中我们的努力和贡献，也让全世界感悟到中国在构建人类命运共同体这一伟业中我们的努力与贡献。

第二，进一步助力国家落实好区域协调发展战略，疏通国内大循环的堵点，坚定不移强化创新，提高全要素生产率等。其中包括助力政府以产业链招商打造产业链集群；协助战略性新兴产业企业自立自强加快补链扩链强链；培育并形成既能组织中下游产业链水平分工，又能实现垂直整合的制造业龙头企业；培育中国自己的生态主导型链主企业；谋划布局一批符合未来产业变革方向的整机产品，占据新时代产业变革的制高点等；以此带动和促进第四次科技革命在全球的拓展。

第三，作为国家新型智库，蓝迪国际智库将在创新服务模式方面，进一步进行探索与尝试。在原有已经形成独特品牌的"政企两手抓、双促进""打通'双循环'关键堵点""挖掘—培育—促进"为主要特征的服务基础上，助力我们的企业"走出去"，发挥企业在新型全球化中的关键作用，让中国式现代化的企业力量成为引领全球可持续发展的强大动力。